本书受教育部人文社会科学研究项目青年基金项目（18YJC820083）和中央高校基本科研费用资助

互联网时代的证券业务创新与法律监管

袁康 著

人民出版社

序

　　创新是人类社会永恒的主题,证券市场概莫能外。我国证券市场自建立以来,从证券无纸化到网上证券交易,从普通交易到信用交易,从新股发行核准制到注册制,从多层次资本市场建设到资本市场双向开放,无不体现着创新驱动发展的基本方向。经过三十多年的发展,我国证券行业规模不断扩大,各项创新业务加快推进,服务实体经济能力逐渐提升。随着我国经济从高速增长阶段转向高质量发展阶段,中国金融体系正面临深刻变革,通过继续坚持改革创新推动高质量发展,是证券行业在新的经济发展形势下的重大历史使命。

　　顶层设计和市场实践的协同,是证券行业创新的核心逻辑。证券市场的发展与实践,为行业创新提供了土壤,市场进化的内生需求给证券行业创新带来了强大动力,证券市场参与主体尤其是证券公司在参与市场竞争、提升服务质效、拓展业务类型的过程中必然需要不断创新。而立法机关和监管部门对证券市场的顶层设计又在很大程度上型塑着行业创新的空间,包容审慎的制度框架和监管政策能够在为行业创新提供良好环境的同时防范创新所带来的次生风险,确保创新在符合市场健康发展的轨道上进行。申言之,证券市场的深化发展离不开行业创新,而创新过程中又需要通过制度完善和监管优化在支持保障创新的同时有效防范风险。因此我们在探讨证券行业创新时,法律监管是须臾不可或缺的重要议题。

互联网技术的发展和普及,深刻地改变了经济活动和社会生活。大数据、云计算、人工智能、区块链等词汇正在加速走进经济社会的各个角落,门户经济、平台经济、共享经济、智能经济等互联网时代的新兴模式已经成为触手可及的日常。毋庸讳言,技术创新所推动的业务模式创新足以让我们感叹"远方不远,未来已来"。在证券行业,移动互联、社交网络、信息门户等互联网技术的应用已经开始改变传统证券公司的服务方式和路径,区块链、人工智能、大数据的应用也将催生数字资产、智能投顾等新生事物。春江水暖鸭先知,处在证券行业一线的市场人士必然会最为及时且积极地拥抱技术创新,充分借助技术的赋能完成证券业务模式的创新。然而作为法律人,我们应当冷静地思考:互联网技术下的证券业务创新模式是否真的改变甚至颠覆了传统业务模式?新型技术应用外观下的业务实质是否发生了根本变化?创新业务模式给证券市场秩序和投资者保护带来了哪些冲击和挑战?现行法律制度和监管规则应当如何调适和回应?

也许是因为年轻人对新事物的敏感和热情,袁康副教授近年来一直密切关注着科技发展与金融市场的融合。作为一位公司法、金融法的研究者,他能够敏锐地跟上互联网时代发展脉动,积极了解和追踪网络技术发展及其在金融行业的应用,并且持续地思考技术进步与业务创新中的法律问题与监管关切,虽是学界新兵却能勇立潮头,成为国内最早一批研究股权众筹、区块链和金融科技的法律学者,并形成了不少颇具影响的成果。尤其值得赞许的是他始终保持了开放的思维和开阔的视野,没有将自己关在书斋之中,而是与市场上的实务专家和行业精英保持着密切的互动,在向他们学习和与他们合作的过程中为自己的研究汲取了丰富的实践素材和学术给养,使其研究具备了鲜明的实践底色和现实价值。这本《互联网时代的证券业务创新与法律监管》正是他在与长江证券、天风证券等券商合作承担中国证券业协会重点研究课题的过程中积累下来的研究成果。

全书从证券公司业务实践出发设置了四编，分别围绕股权众筹、区块链应用、综合理财平台和证保合作等四类业务创新的具体模式、实现路径、监管因应和制度完善开展研究。尽管本书在研究这四类业务创新时各有侧重，但四条逻辑主线却始终贯穿其中。第一，互联网时代的发展和网络技术的进步，将为证券行业的业务创新带来巨大的想象空间。在外部驱动和内生需求的共同作用下，证券业务创新绝不仅是书中提到的几种模式。随着市场实践的进一步深化，行业创新的未来将呈现出无限的可能。第二，业务创新虽是市场进化的必然，但也离不开制度的保障和规范。面对层出不穷的业务创新，法律制度和监管规则需要在鼓励创新和防范风险之间妥善地寻求平衡，以确保市场发展的同时能够维护金融安全并保护投资者。第三，互联网技术和模式的应用往往只是改变了信息交互的形式和效率，尽管证券业务创新呈现出不同的形态和模式，但其业务实质总是万变不离其宗。对新型证券业务的监管需要穿透技术外观的迷雾，精准界定其业务实质和相关法律关系，进而对其实施准确、及时、有效的监管。第四，面对变动不居的证券市场，法律监管也应当与时俱进。通过构建"创新友好型"的法律规则和监管框架，为证券行业的创新发展提供丰富的制度禀赋和有利的监管环境，从而为我国证券市场的现代化提供坚实的制度支持。尽管本书提到的四类业务可能因为各种原因未能实际应用或者已是明日黄花，但我相信这些基本的理念和共识在其他类型的证券业务创新中同样适用，这也正是本书能够超越这四类业务创新而具备普遍适用性的根基所在。

虽然按作者的说法，本书只是对过去研究的总结和对自己的交代，但不可否认本书对于证券市场的研究者、实践者和监管者而言都具有很高的参考价值。或许他仅凭兴趣一腔热情地开始相关研究时并未预计到能够形成一本专著，但不积跬步无以至千里，不积小流无以成江海，为人为学都离不开这份坚持与执着。正所谓：你若盛开，清风自来。如今本书即将付梓，作为作者的导师我深感欣慰。希望他未来能够继续努力，戒骄戒躁，也期待他能和我国证券市场一道锐意创新，行稳致远。

是为序。

冯　果

武汉大学法学院院长

教育部"长江学者"特聘教授

2020 年 8 月 10 日

目 录 CONTENTS

第三编　互联网综合理财平台的业务实践与法律问题

第一编

PART ONE

证券行业开展股权众筹业务的
市场实践与制度设计

第一章　股权众筹业务的发展概况及其法律构造

　　肇始于第三次科技革命的信息化浪潮深刻地改变了人们的生活。互联网的发展和普及使得信息交换变得更为及时和便捷,低成本和高效率的天然优势使得互联网不断地渗透到社会经济的各个角落,并且对信息交换的传统模式形成了巨大的冲击。在信息化浪潮中,金融市场受到的影响尤为瞩目,互联网成为金融活动的重要通道,在信息技术进步的影响下通过互联网实现更低的交易成本,传统金融模式出现了深刻的变革,甚至出现了基于互联网的全新金融模式,即互联网金融模式。在信息化给金融市场注入全新活力的同时,也存在着新的时代命题,其中包括信息爆炸所带来的信息甄别成本,以及互联网衍生的新样态的金融风险,以及互联网金融模式的交易结构和监管框架等。

　　社会活动的本质是信息的交换,而信息交换的方式则反映着社会变迁的进程。伴随着人类社会的进化,信息的生产和处理手段的高度发展导致了社会生产力和生产关系的变革,此即所谓的信息革命。而最新的信息革命即是以计算机技术和通信技术为基础,拓展到其他社会经济部门,并以此改造传统的社会经济结构,亦即信息化过程。信息革命使得现代信息交换不同于以纸面文字和印刷为表征的传统信息交换模式,而是通过 0 和 1 这种二进制数据来对信息进行虚拟化的处理,并且信息的表现和传递能够脱离书面载体而存在。并且,现代信息交换也不同于利用电话、电报和电视等通信手段进行简单的信息传递,而是借助了计算机能够对海量信息进行高效的处理。概言之,信息化的过程使得信息的生产、传递和处理日益脱离实体束缚,愈益以一种数字化和虚拟化的形式通过计算机网络得以完成。金融活动作为社会经济活动的一种表现形式,其在信息化的背景下也产生了深刻的变革,具体表现为金融工具的无纸化、金融交易的网络化和金融机构的虚拟化。

随着互联网技术的发展,支付手段更为便捷,信息匹配成本更低,交易行为可以直接在网上完成。这就使得资金的供需双方得以脱离金融中介而直接进行交易,加速了金融脱媒的进程。传统意义上必须依赖金融中介才能完成的金融活动,在互联网的作用下开始变得直接,这就形成了既不同于商业银行间接融资,也不同于资本市场直接融资的第三种金融模式,即互联网金融模式。① 这种新型金融模式突破了传统意义上对金融中介的依赖,也超越了现有金融法律制度的框架,是根植于互联网技术的时代产物。

在互联网技术不断进步的背景下,金融交易的网络化和金融机构的虚拟化将互联网与金融市场有机地整合起来。互联网金融的发展由此出现了三种路径。其一是传统金融机构开始在互联网领域寻求突破。例如传统商业银行日益重视网上银行和手机银行业务,并且不断通过业务创新寻求利用互联网糅合客户需求的新方案。如建设银行研发推出了善融商务的电商平台,力图将其金融服务与非金融服务进行融合最终促进金融服务的发展。还有平安集团与腾讯和阿里巴巴合资设立众安在线财产保险公司,将线下的保险搬到线上。② 其二是互联网企业尝试介入金融市场提供金融服务。互联网企业利用其技术优势、客户和数据资源,大举进军金融市场。例如互联网企业纷纷设立了支付宝、财付通等第三方支付平台。还有阿里巴巴设立阿里小贷,基于其电商业务中积累的经验和资料,利用数据挖掘技术进行征信手段创新,在小额信贷方面取得了显著

---

① 参见谢平等:《互联网金融模式研究》,载《新金融评论》2012 年第 1 期。
② 参见刘琦琳、宋玮:《"三马"跨界融合》,载《财经》2012 年第 26 期。

的成绩。其三是利用互联网设立全新的融资平台的新型金融模式,这也是真正意义上的互联网金融模式。这种新型融资平台不再是以经营资金为主要业务的金融中介,而是为资金供需双方提供虚拟交易场所的网络站点,撮合双方直接进行交易并收取服务费。最典型的两种模式即人人贷和众筹融资。人人贷即 P2P(peer-to-peer)融资模式,是个人对个人直接信贷。P2P 网络借贷平台即利用互联网实现资金供求信息的快速匹配和资金资源的有效配置。例如我国的宜信、拍拍贷等。而众筹融资(crowdfunding)则是单一资金需求方从不特定多数的资金供给方获取资金的新型融资模式。① 这类新型的金融模式都是基于互联网的发达而形成的,其相对于传统金融模式而言是一种革命性的创举。

一、 互联网时代的新型金融模式：解构众筹融资

(一)众筹融资的概念

众筹融资是一种利用社交网络由大量人群集体协作完成的融资方式。② 其基本模式是筹资者在众筹平台上发布融资请求,说明融资用途和使用方案,感兴趣的投资者自愿提供资金,并根据融资请求获得相应的物质或精神回报。与向少量的成熟投资者(如 VC、PE 和天使投资人)融资不同,众筹融资立足于向一大群投资者筹集资金,每个投资者只需投资少量的资金。③ 并且众筹融资不需要银行或承销商等中介机构,任何人只要能够通过社交网络说服公众相信其理由和想法,均可以直接从投资

---

① See Joan MacLeod Heminway, Shelden Ryan Hoffman, Proceed at Your Peril: Crowdfunding and the Securities Act of 1933, Tenn.L.Rev.Vol.78, 2011, pp.879-881.

② See Joan MacLeod Heminway, Shelden Ryan Hoffman, Proceed at Your Peril: Crowdfunding and the Securities Act of 1933, Tenn.L.Rev.Vol.78, 2011, pp.879-881.

③ See Paul Belleflamme, Thomas Lambert, Armin Schwienbacher, Crowdfunding: Tapping the Right Crowd, Center for Operations Research & Econometrics, Discussion Paper, No.2011/32.

者处实时获取资金且无需承担其他中间费用,单个投资者提供少量资金,聚沙成塔积少成多,形成筹资者所需资本。① 众筹融资是微金融与众包在互联网中的融合,代表着信息时代一种全新的互联网金融模式。②

首先,众筹融资的形式来源于众包(crowdsourcing)。所谓众包,是指将某项工作外包给非特定的大众网络,由后者共同协作完成的一种创新模式。③ 众包起源于软件开发中的开源运动(open source movement),后者指的是某种软件的源代码向公众公开,由不特定的软件开发者们根据自己的兴趣持续地改进该软件,增加新的特征和功能甚至将其分拆为新的程序,通过开发者群体的共同努力实现软件的整体改进,如 Linux 系统。之后众包进一步发展,渗入到更多的领域,比如维基百科等。在众包中发挥主体性功能的群体(the crowd)由一个个单独的个体组成,并通过互联网联合起来形成一股强大的力量。一言以蔽之,即集合众多人的贡献实现一个共同目标。众筹融资正是基于众包的形式,将大量的只具有少量资金且欠缺投资能力的投资者的力量集合起来,汇集成一定数量的资金供筹资者使用。

其次,众筹融资的本质是一种微金融(microfinance)。微金融的原义是指基于消除贫困的考量向穷人提供小额信贷,通过资金支持促进穷人获得减贫和发展的机会。④ 其基本的表现形式是由一个从事小额信贷的金融机构向不特定的多数资金需求者提供少量资金。而众筹融资则是大量不特定的资金提供者向一个资金需求者提供少量资金。显而易见,众筹融资与微金融正好是一个相反的过程,即不再是一对多而代之以多对

---

① See C. Steven Bradford, Crowdfunding and the Federal Securities Laws, Columbia Business Law Review, No.1, 2012, p.11.

② 参见谢平:《互联网金融模式的机遇和挑战》,载《21 世纪经济报道》2012 年 9 月 3 日,第 016 版。

③ See Jeff Howe, Crowdsourcing: Why the Power of the Crowd Is Driving the Future of Business, Three Rivers Press, 2008, p.8.

④ See Susanna Khavul, Microfinance: Creating Opportunities for the Poor, Academy of Management Perspectives, vol.24, 2010, pp.58–72.

一提供少量资金。尽管有人以此认为众筹融资与微金融有区别，①但事实上两者都是数额较小的资金的流动，并且通过众筹融资方式获取资金的也都是无力负担正规渠道高额融资成本的初创企业或其他缺乏资金的主体，众筹融资实际上也是在解危济困。因此，众筹融资的实质是微金融的一种表现形式。有学者也明确提出，众筹融资是近20年来微金融和众包两大创新的天然衍生。②

最后，众筹融资的基础是互联网的发展。互联网技术的进步带来了支付方式、信息处理和资源配置上的重大变革，尤其以电子商务和社交网络的兴起为代表。愈益成熟且安全的网上支付系统为资金的流转提供了便捷可靠的通道，日益增长的电子商务消费群体也成为众筹融资中的潜在投资者。社交网络的发展使得资金供求信息的发布、传播和匹配更为迅速有效，在搜索引擎等工具的辅助下，筹资者的相关信息更加透明，基于此筹资者可以吸引大量的潜在投资者，而投资者也可以便捷地作出投资选择，进一步拓展投资途径。若是没有互联网，发起众筹融资的影响范围和目标群体将受到极大的限制，融资的规模和信息有效性将会大打折扣，这都将导致众筹融资的失败。可以说，正是互联网为众筹融资提供了滋生土壤和运行通道。

（二）众筹融资的类型化分析

众筹融资自其出现后开始广泛应用于电影制作、艺术创作、创意产品以及个人梦想实现上，投资者的回报主要是在电影字幕上署名、获赠唱片、创意产品的成品或者直接无回报。但随着这种有效融资方式逐渐被人们重视，其适用领域开始向直接股权投资扩张，投资者开始寻求股权和

①　See Gijsbert Koren, Crowdfunding, Microfinance and Peer to Peer Lending, Available at http://www.smartermoney.nl/?　p.73.

②　See Andrew C. Fink, Protecting the Crowd and Raising Capital Through the JOBS Act, available at SSRN: http://ssrn.com/abstract=2046051 or http://dx.doi.org/10.2139/ssrn.2046051.

红利等经济回报。不同的回报性质事关众筹融资的性质以及监管的介入，因此在研究众筹融资时必须要将其进行类型化分析以正本清源，进而准确地对其进行法律定位。

有学者根据回报内容的差异将众筹融资分为捐赠众筹、奖励众筹、预购众筹、借贷众筹和股权众筹五种类型。[①]（1）捐赠众筹（donation model），指的是投资者提供资金的性质为捐赠而不收取任何回报的众筹融资类型。从理论上看这种类型只关注投资者是否获得回报，筹资者是否是营利主体在所不问。但实践中纯粹的捐赠众筹平台比较少，并且通常只允许慈善活动或非营利性组织发起众筹，例如 GlobalGiving。[②]（2）奖励众筹（reward model），即投资者收取的回报不是基于筹资者的营业活动及利润，而是具有一定纪念意义的物品或署名，例如旅行明信片或唱片上署名。[③]（3）预购众筹（pre-purchase model），即以筹资所开展的生产或创作而形成的产品作为投资者回报，相当于投资者提前出资订购某种新产品，例如通过 Kickstarter 获得众筹融资的 Pebble 手表项目。[④]（4）借贷众筹（lending model），即投资者以本金和利息为预期回报，将分散的资金暂时集中给筹资人使用。典型的众筹门户有 Kiva 和 Prosper 等。（5）股权众筹（equity model），即指向投资者提供相应的股份为回报并支付股息和红利的众筹融资类型。这一类型是事实上构成了证券发行，因此受到严格的监管。JOBS 法案颁布后，美国的股权众筹迎来了春天，以 FounderClub 为代表的众筹门户开始为大量初创企业提供众筹

---

① See C. Steven Bradford, Crowdfunding and the Federal Securities Laws, Columbia Business Law Review, No.1, 2012, pp.14-27.

② See GlobalGiving, available at www.globalgiving.org.

③ See Tim Kappel, Ex Ante Crowdfunding and the Recording Industry: A Model for the U.S.? Loyola of Los Angeles Entertainment Law Review, Vol.29, 2009, p.375.

④ 工程师埃瑞克·米基科瓦斯基（Eric Migicovsky）的 Pebble 智能手表项目在 Kickstarter 上融资，投资者 115 美元资助的回报是一块预计市场价格 150 美元以上的 Pebble 手表。该项目大受欢迎，共融资 10266845 美元，共吸引到 68929 个出资人。参见 http://news.chinaventure.com.cn/47/20120723/92473.shtml。

融资服务。① 此种分类方式的特点在于对众筹融资进行了细分,便于对众筹融资模式进行直观的理解。

也有学者根据是否有资金回报为基础,将众筹融资分为赞助型众筹(patronage crowdfunding)和投资型众筹(investment crowdfunding)。② 赞助型众筹中的筹资者不向投资者支付资金回报,通常是不回报或者仅仅是提供一些纪念品或其他方式作为回报。前面所提到的捐赠众筹、奖励众筹和预购众筹即属于赞助型众筹。目前众筹融资的主要模式还停留在赞助型众筹的类型上。③ 相比于赞助型众筹已经流行十余年而言,投资型众筹还属于新生现象。其中投资型众筹又分为复合赞助众筹(patronage-plus crowdfunding)和纯投资众筹(pure investment crowdfunding)。前者要求投资者获得除纪念品或成品回报之外,还应获得筹资者项目收益的分成。例如在英国的 Bandstocks 网站的一个唱片融资项目,不仅给投资者提供唱片,还向投资者支付唱片销售净收入分成。④ 而纯投资众筹则仅向投资者提供经济利益作为回报,包括利息、分红等。借贷众筹和股权众筹即为此类。也有学者将其称之为捐赠模式(donation model)和营利模式(profit-seeking model)。⑤ 这种分类方式的意义在于较好地厘清了对于众筹融资的监管界限。赞助型众筹融资体现为单务合同或者买卖合同,对不特定投资者利益的影响不大,更多的是依靠投资者个人的喜好或者判断,不需要监管的过度介入,可以交由市场自行调节。而

---

① 股权众筹平台 FundersClub 全面模式解析,http://xueyuan.51zjxm.com/chenggonganli/20121026/3530.html,2012-11-27。

② See Edan Burkett, A Crowdfunding Exemption? Online Investment Crowdfunding and U.S. Securities Regulation, Transactions: The Tennessee Journal of Business Law, Vol.13, 2011, pp.71-77.

③ See Matt Villano, Small Donations In Large Numbers, With Online Help, N.Y. TIMES, Mar. 18, 2010, at F31.

④ See Tim Kappel, Ex Ante Crowdfunding and the Recording Industry: A Model for the U.S.? Loyola of Los Angeles Entertainment Law Review, Vol.29, 2009, p.381.

⑤ Andrew C. Fink, Protecting the Crowd and Raising Capital Through the JOBS Act, available at SSRN: http://ssrn.com/abstract=2046051 or http://dx.doi.org/10.2139/ssrn.2046051.

投资型众筹则因其属于向不特定人发行的收益不确定的投资合同而构成证券发行行为,关涉到投资者的利益,因此需要纳入监管框架之中。

(三)众筹融资与其他类似新型金融模式

众筹融资通过互联网将筹资者与融资者直接连通的形式,与互联网金融模式下的一些概念具有相似的外观,例如人人贷(peer to peer lending,P2P)与网上直接公开发行(DPO)。对于众筹融资与这些概念之间的关系仍然观点不一,争议尚存。

人人贷中借款人无需通过传统的金融中介,而直接在网上寻找贷款人并完成借贷关系。[1] 有学者基于贷款人来源的不特定以及借贷平台的网络化,认为众筹融资中的借贷众筹即是人人贷。[2] 但是更多人倾向于认为众筹融资与人人贷之间存在着一定的区别。[3] 其理由在于众筹融资是集合了大量的小额资金,单笔资金数额的限制使得众筹融资具有典型的微金融属性,而人人贷的单笔数额受到的限制不大,只要信息匹配成功即可完成较大数额的借贷。另外,众筹融资中除了借贷之外,还有大量的赞助和发行股份的交易结构,而人人贷的交易结构只是纯粹的借贷。更为重要的一个理由是在众筹融资中往往是单个筹资者与大量的投资者之间构成了"一对多"的主体结构,而人人贷中则可能有单个借款人直接向单个贷款人获取资金的情况,亦即人人贷的主体结构中包含着"一对一"的主体结构。[4] 事实上,人人贷主要有两种模式,一种是借贷双方依托人人贷网络平台的信息匹配而直接发生借贷关系,网络平台只是起到管道

---

[1] See Kevin E. Davis, Anna Gelpern, Peer-to-Peer Financing for Development: Regulating the Intermediaries, N.Y.U.J.Int'l L.& Pol.Vol.42,2010,p.1209.

[2] See C. Steven Bradford, Crowdfunding and the Federal Securities Laws, Columbia Business Law Review, No.1,2012,pp.20-24.

[3] See Edan Burkett, A Crowdfunding Exemption? Online Investment Crowdfunding and U.S.Securities Regulation, Transactions:The Tennessee Journal of Business Law, Vol.13,2011,p.47.

[4] See Clint Schaff, Kiva.org:Crowdfunding the Developing World, available at http://www.urbanministry.org/wiki/kivaorg-crowdfunding-developing-world,2012-11-28.

作用,而另一种则是人人贷网络平台向贷方发行票据获得资金后根据借方的请求发放贷款,在这种模式下网络平台成为介入到借贷关系中的主体。① 只有第一种模式即借贷双方直接发生借贷关系且贷款人数量为多人的情况下,人人贷才构成借贷众筹。概言之,笔者认为人人贷与众筹融资是一组并不完全重合的概念,两者在一定程度上存在着外延的重合但更多的是差异。

网上直接公开发行指的是公司抛弃传统的通过承销商公开发行股份的传统路径,代之以通过网络直接向投资者发行股份的融资模式。② DPO 最经典的一个案例即为春街酿造公司(Spring Street Brewing Company)通过自己公司的网站发布招股说明书并募集资金,在没有中介机构参与的情况下直接向投资者融资并获得了成功。③ 这种模式将发行人与不特定的多数投资者直接连接在一起,并且由发行人自行负责发行事务而无需借助承销商的力量。④ 这种结构与股权众筹神似,甚至有人认为股权众筹实质上是网上直接公开发行的另一种称谓。⑤ 尽管存在着相似之处,但具体而言两者仍有一定的区别。首先,不论是赞助型众筹还是投资型众筹,即使细化到股权众筹,都有众筹门户作为筹资者与投资者之间的媒介。而网上直接公开发行则更多的是利用发行人自己的网站。其次,众筹融资具有较强的微金融属性,其融资规模较小,⑥相比于动辄

① See Andrew Verstein, The Misregulation of Person-to-Person Lending, University of California Davis Law Review, Vol.45, 2011, p.445.

② See William K.Sjostrom, Going Public Through an Internet Direct Public Offering: A Sensible Alternative for Small Companies? FLA.L.REV., Vol.53, 2001, pp.529-531.

③ See John C.Coffee, Brave New World? The Impacts of the Internet on Modern Securities Regulation, Business Lawyer, Vol.52, 1997, p.1195.

④ See Bernard S.Black, Information Asymmetry, the Internet, and Securities Offerings, J.SMALL & EMERGING BUS.L.Vol.2, 1998, p.91.

⑤ See Edan Burkett, A Crowdfunding Exemption? Online Investment Crowdfunding and U.S.Securities Regulation, Transactions: The Tennessee Journal of Business Law, Vol.13, 2011, p.78.

⑥ See Jouko Ahvenainen, Crowdfunding for startups: Idea behind this emerging model is to fix the current inefficiencies of private seed funding for firms, BUS.TIMES, May 3, 2010, available at 2010 WLNR 9097842.

数百万美元融资额的网上直接公开发行而言,显然难以望其项背。一个更为显著但往往却被忽视的差异在于众筹融资的投资者是基于对筹资者创意或品味的认同以及强烈的参与愿望,[1]即使是有资金回报的投资型众筹也与网上直接公开发行中投资者传统的收益预期有着动机上的差异。

应该说,作为一种新型融资模式的众筹融资或多或少地会与现有模式存在某种程度上的重合。但是准确地把握其与类似融资模式的区别,是全面厘清其法律结构并对其进行有针对性监管的前提。毫无疑问,众筹融资尤其是投资型众筹,将引发新一轮融资革命,并且在互联网对经济社会生活进一步渗透的背景下,大有对传统证券业务构成冲击甚至取代后者的趋势。

二、 新型融资模式的法律迷思: 股权众筹的法律构造

(一)股权众筹的定义与法律特征

作为众筹融资的一种典型形式,股权众筹一方面为初创企业和项目提供了股权融资的可能性而受到创业者的高度关注,点燃了市场的热情,然而另一方面也因其在监管和合规方面的模糊性而备受争议,监管部门对股权众筹模式也持有谨慎的态度。在当前对于众筹融资的研究和讨论中,股权众筹吸引了更多的注意力。然而"股权众筹"这一概念并未在现有研究中得到明确的定义。Bradford 将股权众筹视作投资者以股权或类似于股权的安排的形式从其投资的项目中获取收益的众筹模式,[2]Belle-

---

① See K.Giriprakash, Come Here to Fund a Promising Idea, BUSINESS LINE (Hindu), Aug.4, 2010, at 9, available at 2010 WLNR 15425105.

② See S.C.Bradford, Crowdfunding and the Federal Securities Laws, Columbia Business Law Review, Vol.2012, No.1, 2012.

flamme 等人指出股权众筹与其他传统融资模式的核心区别在于融资过程本身,即创业者通过众筹平台提出公开募集资金要约,投资者基于相关信息作出投资决策,众筹平台则通过提供标准化投资合同和相应支付服务来促成交易的达成。同时,Belleflamme 等人也认可了单笔的股权众筹额度要远小于一般的风险投资或天使投资。① 澳大利亚公司和市场咨询委员会(Australia Corporations and Markets Advisory Committee,ACMAC)将股权众筹定义为拟融资的公司(发行人)通过在线互联网络平台(众筹中介)向潜在的众多投资者出售证券筹集小额资金的一种公司融资形式,主要满足初创企业(start-up companies)尤其是知识创新型(innovative knowledge-based)初创企业早期的融资需求(充当种子资本)。②

以上对股权众筹进行定义的尝试都在不同程度上把握了股权众筹的核心要素,结合上述定义,我们认为:股权众筹是一种创业者通过互联网平台向众多投资者销售股权或类似于股权的权益份额的融资方式。股权众筹的主要特征表现在以下几个方面:

第一,股权众筹是适用于初创企业的小额融资模式。股权众筹本身是基于创新型初创企业或创业项目的融资需求而出现的。由于初创企业在注册资本、年度营业收入、设立时间、融资额度等方面不能满足当前资本市场融资模式的要求,初创企业在寻求通过常规资本市场募集资金的通道受阻,故而选择通过股权众筹这一替代性融资方案筹集资金。有的国家明确地将适用股权众筹的初创企业限定为创新型初创企业,如意大利和澳大利亚,也有国家同样允许普通的初创企业适用股权众筹。基于公平考量和对小微企业发展的扶持,我们认为不宜将普通的初创企业排除在外,即股权众筹应当对所有初创企业一并适用。另外,基于众筹融资

① See Paul Belleflamme, Thomas Lambert, Armin Schwienbacher, Crowdfunding: Tapping the Right Crowd, Journal of Business Venturing, Vol.28, 2013.

② See ACMAC, *Crowd Sourced Equity Funding*, Discussion Paper of Australia Corporations and Markets Advisory Committee, September2013, p.8.

的微金融属性,股权众筹所募集的资金也只能限定在一定的额度之内。

第二,股权众筹通过互联网平台进行。众筹融资作为互联网金融模式的典型代表,其最核心也是最显著的特点便是融资过程通过互联网完成。从股权众筹的交易过程来看,融资方通过互联网平台即众筹门户发布众筹项目供投资方选择,相关的信息披露、投资者适当性管理、资金和股份的转移都借助互联网平台进行。众筹门户作为中介,利用其搭建的互联网平台撮合交易,促成融资过程并提供相应的服务。众筹门户本身也成为互联网金融时代中的一类新型主体,这给金融法制提出了新的挑战。

第三,股权众筹的投资标的是股权或类似于股权的权益份额。股权众筹与其他众筹融资类型的最本质的差异是回报形式的不同,即股权众筹是以股权或类似于股权的权益份额为对价的融资行为,具有明显的投资性。投资者愿意参与股权众筹,主要是为了基于股权或类似的权益获取股息、红利等收益。其他众筹融资类型要么以将来的可期待的货物为回报甚至不要求回报,这类明显具有赞助色彩的众筹融资模式不具有投资属性。就投资型众筹而言,借贷众筹因是以本金和利息为回报内容,也与股权众筹具有明显的差异。另外,除了通过出资换取相应的公司股权以外,有限合伙的合伙份额也可以成为股权众筹的投资标的。

第四,股权众筹的投资者是不特定的公众。众筹融资的基本模式即是通过互联网集合众多投资者的小额资金,因此股权众筹的资金来源于数量众多的投资者。由于股权众筹往往借助于社交网络、众筹门户信息平台等网络媒介进行项目推介,潜在的投资者范围比较难以限定,故而投资者无法特定化,任何注意到股权众筹信息且在众筹门户注册的用户皆有可能成为股权众筹的投资者。由于投资者是不特定的公众,也就构成了《证券法》上的公开发行,从而形成了股权众筹的法律障碍。

(二)股权众筹模式的主体构造

众筹融资的类型丰富多样,基于投资者自愿的赞助型众筹具有单务合同属性,因而法律构造相对简单,但基于资金回报预期的投资型众筹则因为权利义务的复杂性以及关涉不特定公众的投资权益,筹资者以投资收益为对价向不特定的投资者募集资金,涉及证券发行,会引发证券法调整以及监管的介入。其法律构造则相对而言更为复杂。理论界对于众筹融资的法律疑问也更多地集中于投资型众筹的法律性质以及各类参与主体的法律地位之上。[①]

一般认为,在众筹融资中,筹资者通过众筹门户发布筹资需求信息,投资者根据该信息作出投资决策并将资金转移给筹资者,整个融资过程需要由三类主体共同协作方得以完成,即筹资者、众筹门户和投资者。[②]

1. 筹资者的法律定位

(1)筹资者的定义

筹资者,即利用股权众筹模式募集资金的主体,也可称为股权众筹的发起人或者发行人。就一般情况而言,利用股权众筹进行互联网小额集资的主体往往都是小规模法律实体,通常表现为初创企业。因为股权众筹并非将投资标的局限于股权本身,而是包括了股权和类似于股权的权益份额,因此初创企业组织形式的不同也会造成投资标的的差异。若初创企业是公司,则筹资者向投资者支付的对价即为初创企业的股权;若初创企业是合伙,则筹资者向投资者支付的对价便是初创企业的合伙份额。就初创企业的行业性质而言,许多国家如意大利只允许创新型初创企业开展股权众筹融资,这就将筹资者限定为从事高新技术行业、具有较强创

[①] See C. Steven Bradford, Crowdfunding and the Federal Securities Laws, Columbia Business Law Review, No.1, 2012, pp.49—80.

[②] 参见袁康:《互联网时代公众小额集资的构造与监管——以美国 JOBS 法案为借鉴》,载《证券市场导报》2013 年第 6 期。

新能力的小微企业。而有些国家如英国则并未作此限定,只要是有融资需求的小型初创企业便具有开展股权众筹融资的资格。我们认为股权众筹虽然是互联网技术的产物,但仅将其适用于高新技术行业有违促进小微企业发展的基本政策旨向,筹资者范围不宜过分严苛。另外,除了已经设立的初创企业能够通过股权众筹募集资金实现增资扩股之外,还有可能存在尚未设立的初创企业通过股权众筹募集资金完成设立行为。因此,筹资者也有可能是作为拟设立企业的代理人发起股权众筹的自然人。

（2）筹资者的证券发行

投资型众筹中的筹资者(promoter)是众筹融资的发起人,通过许诺股权或利息回报向不特定的投资者募集资金。与没有经济利益回报的赞助型众筹不同,投资型众筹中的股权或利息回报可能会使众筹融资具有证券发行的特征因而引发证券法的调整。[①] 因此投资型众筹融资是否构成证券发行,筹资者是否属于发行人,是研究投资型众筹的法律结构首要的问题。

要解决这个问题,首先需明确证券的定义。尽管我国证券法将证券界定为"股票、公司债券、存托凭证和国务院依法认定的其他证券"[②],但学界对于这一界定进行了批评并呼吁扩大证券的范围,进行一般性的界定。[③] 美国证券法中用"投资合同"(investment contract)概括了除股票、债权等之外未明确列举的金融工具并共同构成了证券的定义。美国最高法院在 Howey 案中提炼出了投资合同的四个标准,即(1)以获得利润为目的;(2)投入资金;(3)用于共同的事业;(4)利润主要来自他人的努

[①]　See Thomas Lee Hazen, Crowdfunding or Fraudfunding? Social Networks and the Securities Law: Why the Specially Tailored Exemption Must Be Conditioned On Meaningful Disclosure, North Carolina Law Review, Vol.90, 2012, p.1735.

[②]　《证券法》第2条。

[③]　陈洁:《金融投资商品统一立法趋势下证券的界定》,载《证券法苑》(第五卷),法律出版社2011年版,第1—23页。

力。① 在众筹融资中,尽管并非所有的筹资者都会与投资者订立书面合同,但是基本上都存在着要约、承诺以及相互间的权利义务内容等合同的构成要件。② 因此,众筹融资中筹资者与投资者之间的合同关系存在无疑。我们可以用 Howey 标准检验众筹融资中的合同是否构成证券。

第一,投资型众筹确以获得利润为目的。与赞助型众筹不获取利润相区别,投资型众筹以固定收益或资本权益作为回报,在借贷众筹中,筹资者向投资者偿还本金并支付约定的利息,而在股权众筹中投资者可以获得相应的股息和红利。第二,投资者向筹资者投入了资金。在众筹融资中都存在着资金从投资者向筹资者的转移,投资者根据众筹计划所披露的信息作出投资决策。赞助型众筹获取的资金主要用于公益或个人消费,投资者不予取回,故不构成投资行为,而投资型众筹所获取的资金则用于经营,投资者以收回本利为基础,属于投资行为。第三,众筹融资所获资金用于共同的事业。根据众筹融资的普遍规则,若融资数额未达到预定目标则视为失败,资金将返还投资者,而一旦融资数额超过预定目标则众筹成功,所筹资金由筹资者使用,在投资型众筹中,投资者的固定收益或资本权益建立在众筹项目的成功运行基础之上,此即共同的事业。第四,投资者的利润主要来源于筹资者的努力。众筹融资的投资者往往不直接参与众筹项目公司的管理,投资收益的产生依赖于筹资者的成功经营。因此,从这个分析看来,众筹融资份额符合 Howey 标准,构成了证券法理论中的"证券"。由于众筹融资是通过网络向不特定的公众筹集资金,投资者数量众多且不特定,因此构成了证券公开发行。

基于投资者保护的考虑,证券发行需要向监管部门注册且进行充分的信息披露。但是过于严格的监管会增加融资的时间成本和经济成本,

---

① SEC v.W.J.Howey Co.,328 U.S.293(1946).

② See Joan MacLeod Heminway,Shelden Ryan Hoffman,Proceed at Your Peril:Crowdfunding and the Securities Act of 1933,Tenn.L.Rev.Vol.78,2011,p.863.

不适用于经济实力较弱的初创企业。① 由于众筹融资其融资规模较小，基于减少初创企业或小微企业融资成本的考量，可以对小额发行进行豁免。② 我们可以从美国证券法的实践中寻找证据：美国证券法中的 Regulation A 对于融资额小于 500 万美元的证券发行进行了豁免，规定了低于一般公开发行的要求，尤其是免于一般劝诱禁止的限制使得众筹融资通过互联网的推广宣传获得一定数额的资金更加便利。③ 也有人认为 Regulation D 对于私募发行的豁免也适用于众筹融资，④但事实上众筹融资的投资者更多的是互联网上的一般投资者，与 Regulation D 中合格投资者要求不相符。概言之，众筹融资的筹资者或者说发行人，一般都是规模较小且融资数额较少的初创企业、个人或其他组织。一方面选择众筹融资模式是因其自身能力限制使然，另一方面也正是因为融资规模小方使其具备豁免的基础。

2. 众筹门户的法律定位

众筹门户(funding portal)，即众筹中介(crowdfunding intermediary)，指提供众筹信息发布、查询和匹配并促成众筹交易等中介服务的网络平台。在这一平台上，筹资者发布融资需求信息，投资者根据这些信息选择其感兴趣的众筹项目，并在相应的交易系统中完成资金的转移。实际上，众筹门户在众筹融资的过程中起着撮合交易、项目推荐和提供交易场所的作用，在某种意义上与证券经纪商、投资顾问和交易所有着相似之处。问题的关键在于，众筹门户在众筹融资过程中究竟扮演何种角色，直接关系到众筹门户的权利义务以及监管要求，因此需要对众筹门户的法律地

---

① See Stuart R.Cohn, Gregory C.Yadley, Capital Offense: The SEC's Continuing Failure to Address Small Business Financing Concerns, New York Journal of Law and Business, Vol.4, 2007, p.6.

② 参见［美］路易斯·罗斯、乔尔·赛里格曼：《美国证券监管法基础》，张路等译，法律出版社 2008 年版，第 288 页。

③ See James D.Cox et al., Securities Regulation: Cases and Materials, Aspen Publishers, 6th edition, 2009, pp.319-323.

④ See C.Steven Bradford, Crowdfunding and the Federal Securities Laws, Columbia Business Law Review, No.1, 2012, pp.49-80.

位进行准确定位。

众筹门户撮合资金供需双方的匹配,是否构成交易所? 根据我国《证券法》的界定,"证券交易所、国务院批准的其他全国性证券交易场所为证券集中交易提供场所和设施,组织和监督证券交易,实行自律管理,依法登记,取得法人资格"①,即交易所的基本功能是为证券集中交易提供场所和设施,且交易所的设立必须经国务院批准并依法登记。美国的《1934 年证券交易法》第 3(a)(1)条则将交易所定义成"为将证券买卖双方汇集在一起,或以其他方式就证券履行通常由一般所理解的证券交易所来履行的各项职能而构成、维持或提供一种市场或各种设施的任何法人、非法人组织、协会或团体,包括由该等交易所维持的市场和设施"②。众筹门户将发行证券的筹资者与购买证券的投资者连接起来并促成交易的达成,在一定程度上具有交易所的外观。但是,根据 Rule 3b-16 的规定,要构成交易所,须有将多个买方和卖方的指令汇集起来的交易系统。③ SEC 也确定了若只有单个卖方将自己的股票销售给投资者的系统,并不属于交易所。④ 尽管外观相似,若众筹门户并无交易系统,则其并不构成交易所。即便有的众筹门户有交易系统,但根据众筹融资的构成来看,也只是单个筹资者向多个投资者发行证券,并且发行后的证券不能转售交易,即其交易的证券只有单个卖方,不符合交易所中多个卖方(multiple sellers)的要求。因此,众筹门户并不具有交易所的属性。⑤

众筹门户为投资者购买证券提供服务,是否构成经纪商? 美国《证券交易法》第 3(a)(4)条将经纪商定义为"为他人账户从事证券交易业

① 《证券法》第 96 条第 1 款。
② Securities Exchange Act of 1934 § 3(a)(1).
③ Exchange Act Rule 3b-16.
④ Regulation of Exchanges and Alternative Trading Systems,63 Fed.Reg.70844-01.
⑤ See C. Steven Bradford, Crowdfunding and the Federal Securities Laws, Columbia Business Law Review,No.1,2012,pp.50-51.

务的人"①,单从众筹门户组织证券发行显然无法判断其是否构成经纪商,但是可以通过评估其是否从事营业(engaged in a business)以及是否影响证券交易(effecting transactions in securities)来进行判断。② 众筹门户以组织众筹融资,为筹资者与投资者之间的证券发行提供服务为其常规业务并收取费用,毫无疑问构成了从事营业标准。而对于是否构成影响证券交易的标准,则需要考虑(1)是否在证券交易中扮演了重要角色(包括劝诱、谈判或实施交易);(2)是否基于证券交易收取了报酬;(3)是否从事了影响证券交易的业务;(4)是否处理了交易标的证券。③ 在众筹融资中,有些众筹门户不仅仅只是为筹资者与投资者之间提供信息匹配,还直接介入并推动了证券发行和交易的完成,其中包括提供投资咨询和建议、构建交易结构、接收和转移募集资金、融资后的持续性介入、参与协商谈判、发布劝诱广告并获取盈利。④ 因此,除了仅仅提供信息匹配的众筹门户可能不构成经纪商,那些介入融资关系中的众筹门户符合经纪商的认定标准,可以被认定为经纪商并需办理相关的注册登记。

众筹门户处理并提供投资信息,是否构成投资顾问? 根据美国《投资顾问法》第202(a)(11)条,投资顾问指为取得报酬而直接或通过出版物或著述就证券的价值或就投资、购买或出售证券的明智性向他人提供咨询,或将其作为其经常性业务的一部分而出具或发布有关证券的分析或报告的人。⑤ 也就是说,投资顾问的判断标准包括:(1)是否获取报酬;(2)是否提供投资咨询;(3)投资咨询是否是其经常性业务。但是,在

---

① Exchange Act § 3(a)(4).

② See Abraham J. B. Cable, Fending for Themselves: Why Securities Regulations Should Encourage Angel groups, 13 U.Pa.J.Bus.L.Vol.13, 2010, pp.107-136.

③ Guide to Broker-Dealer Registration, SEC (Apr.2008), available at http://www.sec.gov/divisions/marketreg/bdguide.htm, 2012-12-1.

④ See C.Steven Bradford, Crowdfunding and the Federal Securities Laws, Columbia Business Law Review, No.1, 2012, pp.52-67.

⑤ Investment Advisers Act of 1940 § 202(a)(11).

Lowe v.SEC 案①中,最高法院确定了出版商豁免(publisher exemption)规则,即"包含对证券和黄金市场一般评论、市场指数和投资战略评论以及买卖或持有特定股票或黄金的具体建议"的新闻和图标服务属于出版商的不构成投资顾问。众筹门户由于其网站页面显示的问题,可能会存在隐性的推荐,即首页显示或置顶的众筹项目似乎代表着其倾向性,确实会对投资者的投资决策产生客观的引导效果。但是,众筹门户的信息一般是向其用户无差别地免费提供,尽管该咨询信息亦是经常性提供,但并不存在针对特定投资或特定客户的个性化建议,因此可以将众筹门户视为出版商予以豁免。② 也就是说,只要众筹门户并不向某些特定客户提供收费的个性化咨询服务,都可以不被视为投资顾问。

鉴于众筹门户是一种新型的市场主体,各国监管当局往往并不明确其具体属于哪类传统机构,而是概括地将其作为众筹门户进行注册。同时,众筹门户作为股权众筹的平台提供者,也应对发行人信息披露和投资者适当性管理承担相应的义务。

3.投资者的法律定位

投资者,即股权众筹模式中资金的提供者,是出于对股权众筹项目的认同,以盈利为目的,同意让渡其资金所有权从而取得股权或类似于股权的权益份额的主体。赞助型众筹的投资者是基于自愿将资金提供给筹资者使用,其与筹资者之间形成赠与合同或买卖合同的关系,并不涉及投资关系。而在投资型众筹中,投资者基于对投资回报的预期将资金有偿提供给筹资者使用,并取得相应的利息收入或投资权益,这种投资关系相比于合同关系而言更为复杂且权益保护的诉求更为突出。

众筹融资的特点决定了单笔投资额数量较少,机构投资者或者天使投资人基本上不会选择众筹融资模式进行投资,其所面向的投资者范围

---

① 472 U.S.181(1985).

② 参见[美]路易斯·罗斯、乔尔·赛里格曼:《美国证券监管法基础》,张路等译,法律出版社 2008 年版,第 648 页。

除了是对众筹项目确实感兴趣的富人之外,主要是资金实力较弱的草根主体,包括一般职员甚至是学生。这些投资者的资金实力有限、风险承受能力有限、投资知识有限、信息获取能力有限,是投资者群体中最为脆弱的部分。

出于投资者保护的要求,需要对投资者的范围与投资数额进行合理的限制。由于众筹融资本来就是没有投资门槛的草根金融模式,传统意义上的投资者适当性与众筹融资的初衷背道而驰因而显然并不适用,而只能是通过限制投资数额及其在投资者收入中所占比重来尽可能最小化投资风险。即一方面,监管部门会对参与股权众筹的投资者的投资额度规定一定的投资限额,单笔投资和年度投资总额不得超过一定的限度。另一方面,各国的立法也都建立了投资者适当性管理制度,通过对投资者进行分类,明确了不同类型的投资者在股权众筹中的投资额度的限制。另外,这些草根投资者信息获取和分析的能力极为有限,加上众筹融资信息披露要求不高,且通过互联网发布的信息良莠不齐,容易加剧信息不对称进而导致众筹融资欺诈横行。① 不能因为投资额和可能的损失额较小而忽视对于草根投资者的保护。

还有一个问题在于通过众筹平台进行投资的投资者投资权益的形态以及行使权益的可能性,包括能否或者如何介入筹资者的治理,权益能否转让等。正如前文所述,众筹融资是属于主要依靠他人努力获取收益的投资行为。② 但筹资者如何合理使用募集资金以及如何开展经营活动,直接关系到投资者预期收益能否实现,故而介入筹资者的治理是一个重要的问题。就借贷众筹而言,投资者与筹资者之间属于借贷关系,投资者作为债权人并不享有资本权益,不能直接享有表决权介入公司治理。而

---

① Thomas Lee Hazen, Crowdfunding or Fraudfunding? Social Networks and the Securities Law: Why the Specially Tailored Exemption Must Be Conditioned On Meaningful Disclosure, North Carolina Law Review, Vol.90, 2012, p.1735.

② See Joan Mac Leod Heminway, Shelden Ryan Hoffman, Proceed at Your Peril: Crowdfunding and the Securities Act of 1933, Tenn.L.Rev.Vol.78, 2011, pp.903-904.

在股权众筹模式下,投资者的资金构成了众筹项目公司的资本,投资者相应的具有股东地位。但由于股东人数众多以及所占股权比例极小,单个股东基本上不可能直接对公司治理产生实质性影响。众筹门户虽然在融资时搭建了筹资者与投资者沟通的桥梁,但融资完成后却客观上形成了投资者介入筹资者公司治理的障碍。抛开投资者是否有介入公司治理的积极性不论,尽管股权众筹中的投资者在法理上具有股东地位,但却缺乏介入公司治理的途径,也缺乏介入公司治理的组织化力量。此外,众筹平台实际上只是发行平台,并不提供交易和转售的功能,投资者一旦完成投资便较难转让投资权益,缺乏相应的退出通道。解决这个问题有赖于众筹融资模式的进一步完善和众筹门户功能的拓展。

(三)股权众筹模式的行为构造

1.股权众筹项目发起

股权众筹的第一步是筹资者通过众筹门户发起众筹项目。筹资者借助众筹平台向众多不特定的投资者募集资金并以股权或类似于股权的权益份额为对价,其行为是否构成证券公开发行是厘清股权众筹法律构造的首要问题。尽管我国证券法将证券界定为"股票、公司债券、政府债券、证券投资基金份额和国务院依法认定的其他证券",[①]但学界对于这一界定进行了批评并呼吁扩大证券的范围,进行一般性的界定。[②] 美国证券法中用"投资合同"(investment contract)概括了除股票、债权等之外未明确列举的金融工具并共同构成了证券的定义。美国最高法院在Howey案中提炼出了投资合同的四个标准,即(1)以获得利润为目的;(2)投入资金;(3)用于共同的事业;(4)利润主要来自他人的努力。[③] 在

---

① 《证券法》第2条。
② 陈洁:《金融投资商品统一立法趋势下证券的界定》,载《证券法苑》(第五卷),法律出版社2011年版,第1—23页。
③ SEC v.W.J.Howey Co.,328 U.S.293(1946).

股权众筹中,尽管并非所有的筹资者都会与投资者订立书面合同,但是基本上都存在着要约、承诺以及相互间的权利义务内容等合同的构成要件。① 因此股权众筹中筹资者与投资者之间的合同关系存在无疑。我们可以用 Howey 标准检验股权中的合同是否构成证券。第一,股权众筹以获得利润为目的。在股权众筹中投资者能够取得发行人的股权,并以获得相应的股息和红利为目标,具有明显的获得利润的预期。第二,投资者向筹资者投入了资金。在股权众筹中,资金从投资者转移至筹资者,投资者根据众筹项目所披露的信息作出投资决策。筹资者所获取的资金用于经营,投资者以收回本利为基础,属于投资行为。第三,股权所获资金用于共同的事业。根据众筹融资的普遍规则,若融资数额未达到预定目标则视为失败,资金将返还投资者,而一旦融资数额超过预定目标则众筹成功,所筹资金由筹资者使用,在股权众筹中投资者的资本权益建立在众筹项目的成功运行基础之上,此即共同的事业。第四,投资者的利润主要来源于筹资者的努力。股权众筹的投资者往往不直接参与众筹项目公司的管理,投资收益的产生依赖于筹资者的成功经营。因此,从这个分析看来,股权众筹份额符合 Howey 标准,构成了证券法理论中的"证券"。由于众筹融资是通过网络向不特定的公众筹集资金,投资者数量众多且不特定,因此构成了我国《证券法》第 10 条所规定的公开发行证券。

2. 股权众筹项目审核

筹资者能否通过众筹门户发起股权众筹项目,取决于该项目能否通过审核。项目审核包括两个层面的审核,即证券监管机构的审核和众筹门户的审核。就证券监管机构的审核而言,主要是对于证券公开发行行为的审核。基于投资者保护的考虑,证券发行需要向监管部门注册且进行充分的信息披露。但是过于严格的监管会增加融资的时间成本和经济

---

① See Joan Mac Leod Heminway, Shelden Ryan Hoffman, Proceed at Your Peril: Crowdfunding and the Securities Act of 1933, Tenn. L. Rev. Vol. 78, 2011, p.863.

成本,不适用于经济实力较弱的初创企业。① 由于股权众筹融资规模较小,基于减少初创企业或小微企业融资成本的考量,可以对小额发行进行豁免。② 我们可以从美国证券法的实践中寻找证据:美国证券法中的Regulation A 对于融资额小于 500 万美元的证券发行进行了豁免,规定了低于一般公开发行的要求,尤其是免于一般劝诱禁止的限制使得众筹融资通过互联网的推广宣传获得一定数额的资金更加便利。③ 因此,股权众筹可以适用小额发行豁免的逻辑免于监管部门审核,有的国家要求股权众筹只需要向监管部门进行备案即可,而有的国家甚至无需备案。就众筹门户的审核而言,众筹门户应当基于对作为其注册用户的投资者的信义义务,承担对股权众筹项目进行审核的义务,同时筹资者基于与众筹门户的委托关系也应当接受众筹门户的审核。众筹门户的审核主要是为了确保股权众筹项目的真实性和透明度以减少欺诈并保护投资者权益,审核的主要内容应该集中于筹资者的信息披露事项和投资者的适当性。应该说,众筹门户的审核,既是其基于与投资者和筹资者之间的合同关系而应享有的合同权利,也是其基于投资者保护的要求所应履行的法定义务。

3. 股权众筹项目推荐

当筹资者发起的股权众筹项目经众筹门户审核通过之后,众筹门户即会将该股权众筹项目在众筹平台上发布。众筹门户发布众筹项目信息,可视为其对股权众筹项目的推荐。然而,众筹门户对股权众筹项目的推荐是否构成投资咨询行为则需要视具体的推荐方式而定。根据美国《投资顾问法》第 202(a)(11)条,投资咨询指为取得报酬而直接或通过

---

① See Stuart R.Cohn,Gregory C.Yadley,Capital Offense:The SEC's Continuing Failure to Address Small Business Financing Concerns,New York Journal of Law and Business,Vol.4,2007,p.6.

② 参见[美]路易斯·罗斯、乔尔·赛里格曼:《美国证券监管法基础》,张路等译,法律出版社 2008 年版,第 288 页。

③ See James D.Cox et al.,Securities Regulation:Cases and Materials,Aspen Publishers,6th edition,2009,pp.319-323.

出版物或著述就证券的价值或就投资、购买或出售证券的明智性向他人提供咨询,或将其作为其经常性业务的一部分而出具或发布有关证券的分析或报告的人。[①] 也就是说,投资咨询的判断标准包括(1)是否获取报酬;(2)是否提供投资咨询;(3)投资咨询是否是其经常性业务。但是,在Lowe v.SEC 案[②]中,最高法院确定了出版商豁免(publisher exemption)规则,即"包含对证券和黄金市场一般评论、市场指数和投资战略评论以及买卖或持有特定股票或黄金的具体建议"的新闻和图标服务属于出版商的不构成投资顾问。众筹门户由于其网站页面显示的问题,可能会存在隐性的推荐,即首页显示或置顶的众筹项目似乎代表着其倾向性,确实会对投资者的投资决策产生客观的引导效果。但是,众筹门户的信息一般是向其用户无差别地免费提供,尽管该咨询信息亦是经常性提供,但并不存在针对特定投资或特定客户的个性化建议,因此只要众筹门户并不向某些特定客户提供收费的个性化咨询服务,都可以不被视为投资咨询。但是,若众筹门户只对某些特定类型的客户提供相应的投资分析结论,对特定股权众筹项目进行推荐并收取费用,则构成了投资咨询行为,相应地就要进行投资咨询业务核准。

4. 股权众筹项目投资

投资者在对筹资者经众筹门户发布的股权众筹项目进行分析评估后,基于对该项目的认同会作出投资决策,并向筹资者提供资金。投资者的投资行为中可能涉及两个法律问题需要进行关注:一是投资者适当性问题,即何种投资者有资格参与股权众筹项目、投资者在参与股权众筹项目时应该受到哪些限制? 二是投资款的支付问题,即投资者所支付的资金应当以何种方式交付筹资者? 就投资者适当性来看,鉴于众筹融资的草根性,股权众筹在本质上即是为所有小规模投资者提供进行股权投资的机会,即所谓的"让每个人都有机会做天使投资人",所以不宜采取常

---

① Investment Advisers Act of 1940 § 202(a)(11).

② 472 U.S.181(1985).

规的投资者适当性规定设置投资者参与股权众筹的准入门槛。但是由于小规模投资者风险承受能力有限,为了保护其不至于因投资失败导致个人财务危机,很多国家的立法都限定了股权众筹单笔投资额度最高限制以及年度投资总额的最高限额。就投资款支付来看,投资者的资金支付方式和资金流向则要取决于股权众筹的具体交易模式。有的众筹门户直接收取投资者的资金,在众筹成功后将资金交付给筹资者。这种交易模式简单直接,但其中存在着较大的利益冲突和道德风险,有可能出现众筹门户挪用资金的现象。而有的众筹门户则寻求第三方金融服务机构提供支付结算等方面的辅助支持,由银行作为第三方提供资金存管服务,投资者将资金存入第三方账户,众筹完成后资金直接划拨给投资者,从而确保资金安全。在前种模式下,众筹门户需要申请相应的业务许可并受到更为严格的监管,而在后种模式下,众筹门户只是作为信息交换中介而无需满足严格的监管要求。

5. 股权众筹项目完成

当众筹项目所募集的资金数额达到筹资者拟募集的资金总额时,股权众筹项目即告完成,此时投资者的资金就要交付筹资者,但与此同时作为投资资金对价的股权也需要交付给投资者,相应而产生的股权登记问题则成为一个比较棘手的法律难题。首先,筹资者的组织结构的不同会导致股权或类似于股权的权益份额差别。因众筹融资往往规模较小,筹资者作为股份有限公司的可能性不大。然而若筹资者是有限责任公司,投资者的权益类型是非标准化的股权,因其非等额股份因而造成股权登记时比较麻烦。其次,筹资者的股东人数限制会给股权登记带来一定的法律障碍。由于股权众筹所涉及的投资者人数众多,在股权众筹项目公司是有限责任公司的情况下,股东人数受到《公司法》的限制,即发起人不得超过 50 人,且当股东人数超过 200 人时则触发了《证券法》所规定的公开发行。投资者人数众多与股东人数法律限制之间产生了冲突。最后,股权登记结算在哪个层面上完成也悬而未决。通常认为股权众筹完成后的股权登记有两种路径:一是直接在众筹项目公司工商登记中登记股权信息,这种方式虽能直接确认投资者的股东资格,但是会因股权变动的不便导致流动性缺乏,且同样受到股东人数限制。二是在众筹门户的平台中完成登记确认股权归属,由众筹门户受托持股。这种间接持股方式虽然能规避股东人数限制,但却会导致投资者权利行使的难题,例如不能直接参与公司治理。并且这种模式也会使众筹门户承担更多的合规义务。

三、 股权众筹中存在的风险

风险是金融市场的基本属性,任何投资活动都存在着相应的风险。股权众筹除了存在传统金融活动的常规风险之外,由于其参与主体和交易模式的特殊性,还具有其他的风险因素。明确股权众筹中存在的风险,是保护投资者、保障股权众筹活动顺利进行、完善股权众筹相关规则和法律制度的前提和基础,也是股权众筹模式发展中所必须解决的难题。我们认为,当前股权众筹中存在的风险主要表现为经营风险、道德风险、流动性风险、操作风险四大类型。

(一)经营风险

所谓经营风险,指的是通过股权众筹募集资金的初创企业因为市场因素或自身经营不善导致失败,投资者无法取得预期收益甚至不能收回投资的风险。这种经营风险主要是基于三个方面的原因,即市场环境变化、初创企业高失败率的经济规律以及股权众筹中投资者对于筹资者选择能力的欠缺。首先,市场环境的周期性变化会导致整体经济形势的变动,这种系统性的风险会对各类企业产生影响,从而波及通过股权众筹募集资金的企业经营。这种风险是全局性的,也是比较难以避免的。其次,初创企业失败率高是基本的经济规律,调查结果表明,大约80%的初创企业在设立后五到七年内都失败或者不复存在。① 通过股权众筹募集资金的基本上都是并不成熟稳定的小微企业,而这些小微企业尤其是初创企业更容易出现经营失败。② 这就使得通过股权众筹募集资金的初创企业相比于一般企业而言更容易受到市场的冲击,影响投资者收益的实现。另外,股权众筹中缺乏相应的信息搜集和处理能力的投资者较难对筹资者的经营前景进行有效判断,这影响了投资者对于初创企业实现正确的选择从而投资于经营水平有限的初创企业,筹资者经营失败将往往导致投资者血本无归。

(二)道德风险

道德风险,指的是股权众筹的参与主体基于自利动机而损害其他主体利益的行为。股权众筹中的道德风险,既有可能来自于筹资者方面,也有可能来自于众筹门户方面。从筹资者角度来看,道德风险主要体现为虚假众筹项目、虚假陈述和控制权滥用等行为。互联网信息芜杂容易导致欺诈横行。筹资者直接通过网络向投资者募集资金,并无相应的保荐承销机构对其进行约束,其发布信息的真实性没有第三方中介机构的验证。投资者主要根据众筹平台上披露的信息以及搜索引擎检索网络上的相关资料作出投资决策,这些信息质量参差不齐且极易被操纵,容易造成对消费者的误导进而形成欺诈,甚至出现虚构众筹项目诈骗投资者资金的现象。同时股权众筹面临着较高的代理成本以及信息不对称引发的投机主义。③ 中小企业尤其是初创企业的经营具有较大的不确定性,由于在股权众筹模式中投资者投资数额和持股比例极少,且都是通过网络完

---

① U.S. Government Accountability Office, Small Business: Efforts to Facilitate Equity Capital Formation, GAO/GGD-00190, 2000, p.19.

② Howard M. Friedman, On Being Rich, Accredited, and Undiversified: The Lacunae in Contemporary Securities Regulation, Okla.L.Rev.Vol.47, 1994, pp.291-306.

③ See Ronald J. Gilson, Engineering a Venture Capital Market: Lessons from the American Experience, Stan.L.Rev.Vol.55, 2003, pp.1067-1077.

成,其对于筹资者公司治理的介入程度不够,公司的重大经营决策都是由投资者并不熟悉的管理者作出,投资者既不能及时有效地对筹资者的经营状况进行了解,也不能指望筹资者诚信地与投资者及时沟通,投资者与筹资者之间存在着较为严重的信息不对称。简而言之,筹资者能够全面地掌控局面而投资者缺乏足够的信息以对公司进行监控。由此会产生大量的诸如不正当自我交易、超额薪酬、滥用公司机会等损害投资者利益的投机行为。[①] 从众筹门户的角度来看,道德风险主要体现为利益冲突所导致的众筹门户及其职员利用其地位便利所从事的利益输送等损害投资者利益的行为。由于股权众筹项目需要在众筹门户上发布,众筹门户及其职员有对特定众筹项目进行突出显示和优先推荐的权利。当这种权利没有明确规则和有效监管的情况下,可能出现众筹门户或其雇员收取筹资者的额外费用而对于本来并不优良的股权众筹项目优先推荐的现象,这将误导投资者并造成投资者的损失。同时,在众筹门户对股权众筹项目审核不严格的情况下,也有可能出现众筹门户雇员及其关系人在众筹门户上发布虚假众筹项目的现象。还有就是当众筹项目所募集的资金集中到众筹门户账户中时,资金存在被挪用的风险。

(三)流动性风险

流动性风险,主要是指股权众筹的投资者所持有的股权或其他权益性份额缺乏有效的转售机制和愿意交易的对手,不能及时地完成变现退出的风险。投资者在股权众筹项目完成后将持有相应的权益份额,但由于众筹门户不能提供转售交易平台,使得投资者缺乏相应的退出渠道。另外由于股权众筹的投资者所持有的股权比例较低、数额较小且非标准化,因此较难找到股权交易的合适对手方。当投资者对众筹项目公司看空或者亟须套现时,其退出的难度会非常大。股权众筹的流动性风险在

---

① George W.Dent,Venture Capital and the Future of Corporate Finance,Wash.U.L.Q.Vol.70, 1992,pp.1029-1032.

某种程度上会制约投资者参与股权众筹项目的积极性,也不利于投资者及时退出避免损失加剧。

(四)操作风险

操作风险,指的是众筹门户的网络平台和后台系统不完善,或者有问题的内部操作过程或者外部事件而导致直接或间接损失的风险。由于股权众筹完全在互联网平台上得以完成,整个交易过程对众筹门户的网络平台和后台系统依赖性较大,因此系统的安全性与稳定性直接关系到整个股权众筹的交易安全。当众筹门户访问流量过大导致系统崩溃时会延误交易,导致众筹项目不能在预定期限内完成。同时还有可能存在黑客入侵篡改交易数据,影响客户资金和证券的安全。此外还会存在不可抗力的因素会导致服务器中数据的丢失和永久性灭失。为了避免此类操作风险,众筹门户需要加强平台系统建设,提高系统安全性和对于网络入侵的防御能力,并借鉴银行等金融机构对于服务网络维护的经验准备备用服务器并及时做好数据备份。

四、 我国现行立法对股权众筹的态度

依据我国现行法律规定,股权众筹实际上被禁止。

(一)股权众筹不符合法律规定的公开发行证券的条件

根据《证券法》第九条的规定,股权众筹无论是向不特定对象发行,还是向特定对象累计发行超过 200 人,都必须满足《证券法》第十一条至第十三条关于公开发行股份实质要件和程序要件的强制规定。尽管新《证券法》在 2020 年 3 月 1 日起施行后开始全面推行注册制,但在交易所审核阶段和证监会注册阶段均对于发行人规模有着一定的门槛要求。而股权众筹的发行人主要是规模小、经营风险高、财务状况不

稳定的初创企业,甚至企业尚未成立,根本不具备《证券法》规定的公开发行股份的实质要件。比如,美微传媒通过淘宝网销售原始股进行股权众筹的行为就被证监会于 2013 年 5 月 24 日认定为"非法证券活动"而叫停。

依据现行法,股权众筹的发行人和众筹平台除可能承担行政责任外,还可能构成《刑法》第一百七十九条规定的擅自发行股票、公司、企业债券罪。[①] 根据《最高人民法院关于审理非法集资刑事案件具体应用法律若干问题的解释》第六条、《最高人民检察院、公安部关于公安机关管辖的刑事案件立案追述标准的规定(二)》第三十四条的规定,未经主管机关核准,擅自发行股票,发行数额在 50 万元以上,或者虽未达到前述数额标准,但擅自发行致使 30 人以上的投资者购买了股票,就应按擅自发行股票、公司、企业债券罪立案追诉。这一规定无疑是悬在股权众筹发行人头上的达摩克利斯之剑。

(二)股权众筹投资者人数可能会超过《公司法》的相关规定

股权众筹须面向众多的投资者募集资本,要求有一定的持股分散度,而根据《公司法》第二十四条、第七十八条和《证券法》第九条第二款第二项的规定,有限责任股东人数不得超过 50 人,非上市股份有限公司在设立时股东人数不得超过 200 人。虽然根据《国务院关于全国中小企业股份转让系统有关问题的决定》第三条、《非上市公众公司监管管理办法》第二条的规定,在新三板挂牌的公司股东人数可以超过 200 人,但股权众筹发行人多成立时间短,或者还未成立,不能满足新三板挂牌公司的条件。因此,股权众筹发行人必然面临持股分散度不足的束缚。

---

① 参见吴景丽:《互联网金融的基本模式及法律思考》(下),载《人民法院报》2014 年 4 月 2 日,第 07 版。

（三）股权众筹平台可能被认定为非法经营证券业务

根据《证券法》和《国务院办公厅关于严厉打击非法发行股票和非法经营证券业务有关问题的通知》（国办发〔2006〕99号）的有关规定，股票承销、经纪（代理买卖）、证券投资咨询等证券业务必须由证监会依法批准设立的证券机构经营，未经证监会批准，其他任何机构和个人不得经营证券业务。由于股权众筹平台很多时候实质上扮演了传统证券经纪商的角色，原则上应经证监会核准并持有券商经纪业务牌照，并满足相应的资本、人力资源、技术资源、风险控制等法定要求，但国内的股权众筹平台目前很难达到这一要求，也不持有券商牌照，法律风险极高。

（四）股权众筹的资金划拨可能会被认定为第三方支付

如果股权众筹的资金划拨要经过众筹平台，即投资者先将资金交众筹平台存管，待当次募股目标完成后，再由众筹平台划拨给发行人，根据《非金融机构支付服务管理办法》第二条的规定，这一行为会被认定为第三方支付，股权众筹平台就须取得中国人民银行颁发的《支付业务许可证》，受人民银行监管。此外，由众筹平台保管投资者资金，如果大量资金沉淀在众筹平台形成"资金池"，又可能触犯《刑法》第一百七十六条非法吸收公众存款罪。这无疑增加了股权众筹的合规成本。

第二章　国外股权众筹业务的立法现状

　　尽管众筹融资尚属于新生事物,但各国都开始关注并积极对其进行回应。2011 年 9 月 28 日,葡萄牙组织了一场国际众筹融资会议,专门对众筹融资进行研讨。2011 年 11 月 18 日,欧洲发展机构协会(European Association of Development Agencies)发布了针对众筹融资的正式声明,提出了欧盟成员国应对未来众筹融资趋势的指南。在此之后,英国一家名为 Seedr 的公司获得监管许可,从而成为世界上第一家股权众筹平台。[①]其中最引人注目的是美国对于众筹融资监管的立法探索,从早先的立法尝试到 JOB 法案的出台,勾勒出了相对较为完整的监管框架。就发展趋势而言,基于拓宽中小企业融资渠道,为投资者提供多元化的投资组合,以促进就业和实体经济发展的考量,各国证券法承认股权众筹的合法性并适度进行法规松绑已成主流。目前,美国、意大利和新西兰已就股权众筹立法,[②]日本已于 2014 年 3 月 14 日通过了《金融商品交易法修正案》,该修正案增设投资型众筹(投资型クラウドファンディング),[③]明确承

---

　　① See Andrew C.Fink,Protecting the Crowd and Raising Capital Through the JOBS Act,University of Detroit Mercy Law Review,2012,Vol.90,pp.1-34.

　　② 此三部法案分别是 Jumpstart Our Besiness Startup Act(H.R.3606),Decreto Crescita 2.0:ricera,assicurazioni,stat-up innovative (DL/2012 conv.Con L221/2012),Financial Market Condcut Act.

　　③ 日本金融庁,金融商品取引法等の一部を改正する法律案の概要(平成 26 年 3 月 14 日提出),见 http://www.fsa.go.jp/common/diet/186/01/gaiyou.pdf。

认了股权众筹的合法性。此外,英国、法国、加拿大等国也在考虑制定股权众筹的监管规则,[①]南非则拟修订其《金融投资服务和资本市场法(FISCMA)》,将股权众筹纳入证券法的监管范畴。[②]

一、 美国股权众筹监管规则与 JOBS 法案

美国对于众筹融资监管的立法探索,从早先的立法尝试到 JOB 法案的出台,勾勒出了相对较为完整的监管框架。

(一)JOBS 之前的立法尝试

在 JOBS 法案出台之前,美国立法机构提出了几项寻求众筹融资获得联邦证券监管豁免的法律草案,力图实现减少众筹融资监管障碍和保护投资者之间的平衡。也正是这些立法尝试,为 JOBS 法案的出台奠定了良好的基础。

在 2011 年 11 月初,美国众议院通过了《企业融资法案》(*The Entrepreneur Access to Capital Act*)[③],其中重要的部分就是为小企业众筹融资创建了证券法豁免的安全港。该法案将众筹融资的募资总额限定在 100 万美元以内,提供了经审计的财务报告的筹资者的募资额可以达到 200 万美元;单个投资者的投资应限制在 1 万美元或者其年收入的 10%以内;筹资者须向投资者进行风险提示并通知美国证券交易委员会以(SEC)尽可能降低投资者风险;要求提供中介服务的众筹门户设置统一的信息处理标准以减少虚假信息。

参议员 Scott Brown 向参议院提交的《民主化融资法案》(*Democratizing*

---

① See ACMAC, *Crowd Sourced Equity Funding*, Discussion Paper of Australia Corporations and Markets Advisory Committee, September 2013, p.8.

② See Eleanor Kirby, Shane Worner, *Crowdfunding: An Infant Industry Growing Fast*, Staff Working Paper of IOSCO Research Department, 2014, p.59.

③ H.R.2930.

Access to Capital Act)①是第二件回应众筹融资的法律草案。该草案与众议院的法案保持了整体的一致,但在三个方面作出了改变。首先是将单个投资者的投资限额从 1 万美元或年收入的 10% 降低到 1000 美元;其次是要求众筹融资必须通过众筹门户完成;最后是要求筹资者在获得联邦证券监管豁免时,还需要接受州和北美证券管理协会(NASAA)的监管。

第三件针对众筹融资的立法草案是 2011 年 12 月 9 日参议员 Jeff Merkley 提出的《网上集资中的减少欺诈和不当不披露法案》(*Capital Raising Online While Deterring Fraud and Unethical Non-Disclosure Act*)②。该草案对众筹融资的投资者单笔投资额进行了更严格更详细的界分,并且限定了投资者的年度投资总额。年收入 5 万美元以下的投资者单笔投资不超过 500 美元,年度投资总额不超过 2000 美元;年收入 5 万到 10 万美元之间的投资者单笔投资不超过年收入的 1%,年度投资总额不超过年收入的 4%;年收入 10 万美元以上的投资者单笔投资不超过年收入的 2%,年度投资总额不超过年收入的 8%。此外,该草案还对众筹门户规定了较多的义务,包括对筹资者进行审查、投资者教育、投资者分类和接受 SEC 监管等。

(二)JOBS 法案对众筹融资的回应

2012 年 4 月 5 日,JOBS 法案③经美国总统奥巴马签署后正式生效。该法案对 1933 年证券法和 1934 年证券交易法中的部分条款进行了修订,将新兴公司(emerging growth company)作为一个单独的发行人类型予以特殊监管,部分消除了私募发行中一般劝诱禁止的限制,提高了触发向 SEC 报告的股东人数门槛,并对众筹融资创设了特别豁免,以实现便利中小企业尤其是初创企业融资的目标。JOBS 法案中对于众筹融资的规定,

---

① S.1791.
② S.1790.
③ H.R.3606.

集合了此前立法尝试的有益成果。

JOBS 法案为众筹融资创设了对于联邦证券法的豁免,通过众筹融资模式在 12 个月内的融资额不超过 100 万美元的发行人不受到联邦证券法的监管。并且限制了单个投资者投资额度,即投资者年收入少于 10 万美元的,其投资额不得超过 2000 美元或年收入的 5%,若投资者年收入等于或高于 10 万美元的,其投资额不得超过 10 万美元或年收入的 10%。[①]单笔投资额超过上述要求的将不再适用豁免。此外,JOBS 法案还对于众筹融资中投资者数量到达触发注册标准的限制进行了豁免[②],将公开发行的人数限制由 300 人界线提高到 1200 人[③],使得众筹融资可以在较大范围的投资者中完成。

JOBS 法案对于为众筹融资提供中介服务的众筹门户虽然豁免其作为经纪商或承销商注册,[④]但仍然要求其在 SEC 和相关自律监管组织进行注册,并提供包括风险提示和投资者教育等在内的相关信息,确保投资者知悉众筹融资的相关风险,采取相应措施减少欺诈,提前至少 21 日向 SEC 及潜在投资者披露发行人相关信息,确保只有在融资额达到预期数额后才将其转移给发行人,确保投资者在一定期限内的反悔权,采取措施保护投资者隐私,禁止众筹门户的董事、高管及其他具有类似地位的成员从发行人处获取经济利益。[⑤] 另外,JOBS 法案还要求众筹门户不得向投资者提供投资咨询或建议,不得劝诱投资者购买在其网站上显示的证券,不得占有、处置或操纵投资者的资金或证券。[⑥]

JOBS 法案对于筹资者即发行人也提出了相应的信息披露要求。发行人需向 SEC 报告并向投资者披露以下信息:(1)名称、组织形式、地址

---

① H.R.3606.Section 302(a).

② H.R.3606.Section 303(a).

③ H.R.3606.Section 601(b).

④ H.R.3606.Section 304(a).

⑤ H.R.3606.Section 302(b).

⑥ H.R.3606.Section 304(b).

及网址;(2)董事、高管以及持股 20% 以上股东的基本情况;(3)经营情况的描述以及参与的商业计划;(4)过去 12 个月的财务状况,发行额度在10 万美元以内的需提供纳税证明以及主要高管背书证明的财务报告,发行额度在 10 万至 50 万美元的财务报告需经独立的公共会计师审核,发行额度在 50 万美元以上的需提供经审计的财务报告;(5)募集资金的目的和用途;(6)募集资金的数额及截止日期;(7)发行股份的价格或计算方法以及撤销投资的方式;(8)所有权及资本结构的描述。① 法案还要求发行人除直接通知投资者或众筹门户外不得发布广告,除非向 SEC 披露并得到认可不得向帮助其发行的任何人支付报酬,至少每年向 SEC 报告并向投资者披露经营结果以及财务报表。此外,发行人还需要满足 SEC基于公共利益以及投资者保护所提出的要求。

(三)后 JOBS 法案时代的美国股权众筹监管规则

为了落实 JOBS 法案,2013 年 10 月,美国证券交易委员会(SEC)发布了《众筹监管规则》,在相应的融资额和信息披露要求的基础上,为众筹融资提供了相对于《1933 年证券法》注册要求的有限豁免。同时,《众筹监管规则》还为众筹中介(crowdfunding intermediaries)创设了一套监管框架,即众筹门户必须注册为证券经纪自营商(broker-dealer)或新型的登记组织即融资门户(funding portal)。根据 JOBS 法案和 SEC《众筹监管规则》的要求,融资门户必须作为美国金融业监管局(FINRA)的成员,因此FINRA 也出台了《融资门户监管规则》规范众筹融资门户。

在众筹融资发行方面,《众筹监管规则》要求众筹融资只能通过已注册的证券经纪自营商或已注册的众筹门户发行,并且众筹发行只能通过唯一的中介完成。并且,所有的众筹融资交易活动只能发生在众筹中介的网站或电子平台,即发行必须只能是电子化(electronic-only)。要获得

① H.R.3606.Section 302(b).

豁免,发行人必须通过 SEC 的 EDGAR 系统填报表格 C 披露一系列信息,包括发行人的营业状况、高管情况、主要股东、风险因素、目标融资规模、现有资产负债状况、募集资金用途、支付给中介的费用等内容。发行人还必须提供按照 GAAP 编制的财务报告并经主要高管认可或经独立会计师审计。上述内容亦必须根据融资进展和发行人情况变化及时更新,以供现有投资者和潜在投资者通过众筹门户的电子平台获取。另外,众筹发行除了通过众筹门户进行标记或推介之外,不能以任何形式开展广告宣传,发行人亦不得支付任何费用用于推广活动。在众筹发行开始之日起一年内,众筹份额亦不得向除发行人或合格投资者之外的任何人转售。

在对众筹中介的要求方面,《众筹监管规则》要求众筹中介必须注册为证券经纪自营商或众筹门户。然而与证券经纪自营商不同,众筹门户被禁止从事如下活动:(1)提供投资建议和咨询;(2)劝诱购买、销售或自行购买在其平台上的众筹份额;(3)向其雇员、其他中介机构或个人支付基于上述劝诱活动的费用;(4)持有、经营、侵占和使用客户资金或众筹份额。为了防范利益冲突,《众筹监管条例》禁止众筹中介及其高管在众筹交易及发行人支付的费用中享有任何经济利益,众筹中介也必须披露其所收到的服务费用及其分配。为了减少欺诈风险,《众筹监管条例》要求众筹中介遵守众筹交易规则,建立众筹份额持有和转让的精确记录,同时还负有对发行人的审查义务,其应对发行人进行背景调查以厘清其是否存在着可能的欺诈行为。

在开户要求方面,《众筹监管规则》要求众筹中介不得接受任何投资者的投资承诺,除非投资者已经在其平台上开立账户并同意接收电子材料。通过设立账户,众筹中介必须向投资者提供相应的信息披露资料和投资者教育资料,其内容应涵盖众筹融资流程、众筹交易所涉及的风险等。

在发行人信息披露方面,《众筹监管规则》要求众筹中介必须向 SEC 和潜在投资者提供发行人的相关披露信息,不得以注册或开户作为获取上述信息的前置条件。并且,《众筹监管规则》还要求上述信息应在众筹发行前至少 21 日向公众提供,直至该发行行为或销售行为完成或被取消。

在投资者适当性方面,《众筹监管规则》要求众筹中介在接受投资者的投资承诺之前必须确认该投资者未超出其年度投资限制,这种确认可通过投资者对其之前的众筹投资、收入和资产净值等的陈述取得。众筹中介还应当通过调查问卷确认投资者已经阅读投资者教育材料、清楚投资的风险和可能的损失且能够承担投资损失。并且投资者应当知晓取消投资的限制、转售众筹份额可能比较困难、其应能够负担投资损失否则不能进行众筹投资等情况。

在交流渠道方面,尽管 JOBS 法案对此并未规定,但《众筹监管规则》还是要求众筹中介应在其平台上提供可供投资者之间相互交流的渠道。通过这个渠道,投资者可以就发行人情况、发行行为及过程、信息披露情况等相关内容展开交流与讨论。因为众筹门户被禁止提供投资建议和咨询,因此众筹门户不能参与上述渠道的任何交流,只能为上述交流设置相应的规则和指导,例如规定交流信息的篇幅、删除可能的欺诈信息等。

在资金的保管和转移方面,《众筹监管规则》要求只有募集资金达到或者超过目标金额后,众筹中介才能将所募资金提供给发行人。并且,募集的资金不得在众筹中介向公众提供发行人信息后的 21 日之前转移给发行人。若投资承诺被撤销或众筹发行未完成,所募资金必须返还给投资者。由于众筹门户不能持有投资者资金,其必须指导投资者将资金转移给"合格第三方"(qualified third party)。所谓的合格第三方,指的是书面同意为享有受益权的主体持有资金或者为投资者或发行人开设账户的银行。

在发行的完成、撤销和确认方面,《众筹监管规则》规定投资者在发行截止时间 48 小时前对其投资承诺享有无条件的撤销权。当发行人达到其目标发行金额后,发行人可以在发行截止时间之前停止发行。在接受投资承诺、取消投资承诺、交易结束等情况下，必须及时向投资者发送确认通知；在发生重大变化时，需及时通知投资者重新确认其投资承诺。

关于融资门户的监管，SEC 提出的《众筹监管规则》和 FINRA 提出的《融资门户监管规则》对于未能注册为证券经纪自营商的融资门户的运营也提出了相应的监管要求，以规范其作为众筹融资平台的行为。《众筹监管规则》为融资门户设定了"安全港"（safe harbor），以避免融资门户的合理行为与现有规定相冲突，妨碍众筹融资过程的顺利进行。根据该规定，融资门户可以从事如下活动：（1）提供发行有关建议。融资门户可为发行人提供发行文件模板，使其满足信息披露的要求；可向发行人提供发行证券类型、发行条款和发行流程的建议。（2）限制发行人。融资门户可使用客观标准（如证券类型、发行人地理位置、发行人所在行业等）限制发行人；需遵守"融资门户不得提供任何投资建议和推荐"的规定，限制条件不得以投资项目是否值得投资作为标准，但可能存在欺诈的投资项目除外。（3）突出显示发行项目。融资门户可使用客观的标准（如证券类型、发行人地理位置、发行人所在行业、已收到的投资承诺金额、与目标募集金额的差距、最大发行额、最小或最大投资金额等）对某些发行项目进行突出显示；但融资门户需遵守"融资门户不得提供任何投资建议和推荐"规定，且不得从"突出显示发行项目"中获得任何报酬。（4）提供搜索功能。融资门户可使用客观的标准对发行项目进行分类，为投资者提供搜索发行项目的功能；需遵守"融资门户不得提供任何投资建议和推荐"规定，尤其不得使用"投资于该项目是否明智"及发行人风险评估结果作为搜索标准。（5）提供"沟通渠道"。融资门户必须为投资者和发行人代表提供"沟通渠道"；可建立"谈判空间"，为投资者与发行人提供协商渠道。（6）向引荐投资者的第三方支付报酬。融资门户可向为其引荐投资者的第三方支付报酬，但第三方不得提供任何投资者的"个人识别信息"（可用于识别或追踪某个人身份的信息）；除非第三方为经纪自营商，报酬不得与证券销售额有关。（7）与经纪自营商合作。融资门户可与经纪自营商互相提供服务,并签订报酬协议。(8)广告宣传。融资门户可进行广告宣传,并宣传有关发行项目,但需遵守"融资门户不得向投资者变相提供投资建议或推荐"规定,不得因在广告宣传中提及某发行项目获得任何报酬。(9)接受投资承诺。融资门户可代发行人接受投资者的投资承诺。(10)指导资金转移。在融资门户"不得接收投资者资金"的规定下,融资门户可指导投资者将资金存入"合格第三方机构"(一般指银行),确定发行成功后,上述"合格第三方机构"方可将资金转移至发行人账户。(11)拒绝可能欺诈的发行人。融资门户必须对发行人进行背景调查,拒绝可能存在欺诈行为的发行人。

关于融资门户的注册,《众筹监管规则》要求融资门户必须向 SEC 提交与表格 BD 类似的融资门户表(Form Funding Portal),说明融资门户的所有权结构和经营管理等相关事项,并且要披露融资门户的第三方支付安排、报酬安排和忠诚保险(fidelity bond)等。FINRA 提出的《融资门户监管规则》要求融资门户提交表格 FP-NMA 以申请成为 FINRA 会员。融资门户成为 FINRA 会员的标准包括:(1)申请人及其雇员有能力遵守联邦证券法和相应规章制度;(2)申请人建立了一系列契约安排以开展营业;(3)申请人有一套完整合理的监管系统;(4)申请人有稳定的资金来源;(5)申请人有完备的记录保存系统。此外,《融资门户监管规则》还将完善信息提供体系以确保其融资门户会员的相关信息向公众提供。

(四)对 JOBS 法案的批评与反思

JOBS 法案的出台使得众筹融资的注册和披露负担得到极大的减轻,较低的融资成本能够促进初创企业的发展并创造就业机会。但是对于 JOBS 法案仍然存在着质疑和反对的声音,一个最重要的观点就是其不利于投资者保护。有学者指出对众筹融资的豁免会降低对投资者保护的水平,这与保护缺乏自我保护能力的中小投资者这一证券监管的基本理念背道而驰。①SEC 主席 Mary Schapiro 对于众筹融资豁免也是持反对态度，并认为这种降低投资者保护水平的做法会助长欺诈并损害市场信心，最终会使得融资成本更高。② 美国著名的证券法专家 Thomas Lee Hazen 也指出，JOBS 法案中对于投资者保护的设计实际上是很幼稚的。以作为豁免前提的单个投资者投资限额为例，不能指望发行人和众筹门户基于诚信对其进行监管，即使可以也难以避免单个投资者通过重复投资的方式规避这一限制。③ 按照这些人的观点，JOBS 法案实际上是片面地注重了初创企业的资本形成而忽视了投资者保护。

实际上，投资者保护与资本形成反映着安全与效率这一对恒久的矛盾，很难实现两者之间的完美协调，但两者依然不可偏废。只要对众筹融资的风险进行充分的提示，愿意承担风险的投资者参与众筹的愿望就应当被尊重。我们不应因噎废食，片面地强调投资者的保护而将众筹融资这种新型便捷的融资模式扼杀在襁褓之中。④ 并且并非只有限制豁免、加强监管的方式才能实现投资者保护，投资者自身以及众筹门户可以实现自我监管。众多的投资者实际上可以利用众筹门户提供的内部论坛进行信息的交流与共享，形成一股自发的监管力量对筹资者行为进行约束。⑤ 并且搜索引擎的广泛使用也能带来更多的信息，投资者通过信息

---

① See Joan Mac Leod Heminway, Shelden Ryan Hoffman, Proceed at Your Peril: Crowdfunding and the Securities Act of 1933, Tenn.L.Rev.Vol.78, 2011, p.937.

② See Chicago Tribune, An American Growth Bill: The Jobs Act Would Cut Red Tape for Growing Companies, Mar.21, 2012, http://articles.chicagotribune.com/2012-03-21/news/ct-edit-investors-20120321_1_jobs-act-growth-bill-red-tape, 2012-12-12.

③ See Thomas Lee Hazen, Crowdfunding or Fraudfunding? Social Networks and the Securities Law: Why the Specially Tailored Exemption Must Be Conditioned On Meaningful Disclosure, North Carolina Law Review, Vol.90, 2012, p.1763.

④ See Andrew C. Fink, Protecting the Crowd and Raising Capital Through the JOBS Act, available at SSRN: http://ssrn.com/abstract = 2046051 or http://dx.doi.org/10.2139/ssrn.2046051, 2012-11-27.

⑤ See Zach O'Malley Greenburg, The JOBS Act's Real Impact on Crowdfunding, FORBES MONEYBUILDER April 5, 2012, http://www.forbes.com/sites/moneybuilder/2012/04/05/the-jobs-acts-real-impact-on-crowdfunding/.2012-12-12.

共享可以增强透明度。并且众筹门户基于自身发展的考虑,也会对相关信息进行甄别并对筹资者进行监管以建立市场信心。众筹融资行业正在制定众筹平台认证标准(Crowdfunding Accreditation for Platform Standards,CAPS),通过统一的认证标准筛选出一批高质量且具有公信力的众筹门户以维持市场秩序。也就是说,投资者保护不能仅仅依赖监管部门,而应该充分发挥市场主体的自我监管(self-policing)能力,引导投资者自我意识风险、自我管理风险,强化众筹门户的自律监管,最终实现投资者保护与资本形成的有机统一。

二、 英国的股权众筹监管规则

众筹融资在英国发展迅速,在某种程度上我们甚至可以认为众筹融资是发端于英国的。然而英国的既有法规并未对众筹融资有明确规定,这就要求英国金融监管当局及时修订法规以适应众筹融资模式蓬勃发展的现实需要。2013 年 10 月 24 日,为保护金融消费者权益,推动众筹行业有效竞争,金融行为监管局发布了《关于众筹平台和其他相似活动的规范行为征求意见报告》(the FCA's Regulatory Approach to Crowdfunding and Similar Activities,CP13/3),对规范众筹业务提出了若干监管建议。2014 年 3 月 6 日,英国金融行为监管局(FCA)发布了《关于网络众筹和通过其他方式发行不易变现证券的监管规则》(The FCA's regulatory approach to crowdfunding over the internet and the promotion of non-readily realisable securities by other media,PS14/4),并于 2014 年 4 月 1 日起正式施行。PS14/4 将众筹融资区分为了借贷众筹(loan-based crowdfunding)和投资众筹(investment-based crowdfunding)并规定了相应的监管措施。股权众筹属于该文件中的投资众筹。该文件的目标是建立一个公平(fair)、适度(proportionate)且媒介中性(media-neutral)的监管制度,而达到这一目标的路径是为缺乏足够的知识、经验和资源来认识和处理风险

的一般投资者既保障投资自由,又提供适度保护。PS14/4 主要包括以下内容:

在投资者适当性方面,为了减少潜在的投资者损害,PS14/4 提出了要限制参与股权众筹的投资者类型,并且发行人和众筹门户必须检查并且确认其客户有充分理解参与股权众筹所涉及的风险的知识和经验。该文件要求参与股权众筹的投资者必须是:专业投资者;有经授权的机构提供投资咨询服务的一般投资者;是风险投资联络人或公司金融联络人的一般投资者;被认证的成熟投资者;被认证的高净值一般投资者;承诺投资额不超过资产净值10%的投资者。相应的,该规则要求对投资者进行适当性测试。

在众筹平台授权方面,股权众筹平台(equity crowdfunding platforms)涉及向不特定投资者发行和销售证券的行为,因此需要获得 FCA 从事该项活动的授权。然而需要说明的是,并非未获得授权的股权众筹平台都被认为非法,而是可以根据相应的例外规定或法律漏洞寻求豁免。已授权和未获授权的众筹平台在开展业务时都需遵守 FCA 的相关监管规则,区别在于以授权的众筹平台能够开展更多样化的业务模式。就未授权的众筹平台而言,其采用的主要模式是建立了付费会员制的融资者—投资者结构,通过将股权销售给付费会员,在技术上规避了公开发行的监管障碍。然而这种模式并不利于众筹平台的持续发展,故而许多未授权的众筹平台也逐渐寻求 FCA 的授权。另一种模式则是只允许成熟、高资产净额的专业投资者通过其平台参与众筹融资活动。例如 Bank to the Future 在会员注册前需要填写调查问卷以判断投资者是否适格。而 Capital Connected 则限定了一般投资者单笔投资额最高不得超过 2000 英镑,只有专业投资者才能进行更高额度的投资。2012 年到 2014 年间,FCA 基于保护投资者的考虑,要求越来越多的众筹平台申请授权。通过获授权的众筹平台投资的投资者,有权利用金融服务补偿计划(Financial Services Compensation Scheme)主张补偿,也有权获得金融申诉专员服务

（Financial Ombudsman Services）。众筹平台要获得授权，也必须满足平台IT 系统设置的要求，例如要设置专门的投诉渠道等，以确保众筹平台和发行人的任何违规行为都应承担相应的法律责任。①

在投资者与众筹平台的行为限制方面，FCA 作出了明确的规定：1. 投资者限制。投资者必须是高资产投资人，指年收入超过 10 万英镑或净资产超过 25 万英镑（不含常住房产、养老保险金）；或者是经过 FCA 授权的机构认证的成熟投资者。2. 投资额度限制。非成熟投资者（投资众筹项目 2 个以下的投资人），其投资额不得超过其净资产（不含常住房产、养老保险金）的 10%，成熟投资者不受此限制。3. 投资咨询要求。众筹平台需要对项目提供简单的说明，但是如果说明构成投资建议，如星级评价，每周最佳投资等，则需要再向 FCA 申请投资咨询机构的授权。

在支付服务方面，投资者与众筹平台之间的资金转移可能涉及《支付服务条例》（PSRs2012）所规制的货币汇兑服务，因此众筹平台会被FCA 要求申请支付服务的专门授权。然而众筹平台也可以在已有授权的基础上主张作为商业中介的豁免，即只是代表融资方和投资方进行磋商和签订契约的中介而不直接参与资金支付而免于申请授权的义务。在欧盟法的层面，第三方支付服务也受到包括《欧盟支付服务指引》等一系列规则的调整。

三、 意大利对股权众筹的系统化规则设计

意大利证监会（Commissione Nazionale per le Società e per la Borsa；"Consob"）在经过了充分的公开征求意见后，于 2013 年 6 月 26 日发布了第 18592 号决议（Resolution No.18592），基于意大利的《统一金融法》和《创新型初创企业法》等法律，确立了创新型初创企业通过网上众筹平台

① See Liam Collins, Crowdfunding: Innovative Access to Finance and Regulatory Challenges, The Innovation Policy Platform, World Bank, 2014.

募集资金的监管规则(以下简称《决议》)。意大利因此成为欧洲第一个对股权众筹制定专门规则的国家。

意大利允许股权众筹的范围主要限定为创新型初创企业。根据《创新型初创企业法》(*Decree on Innovative Start-ups*),创新型初创企业被赋予了特殊的法律主体地位。根据该法,创新型初创企业需满足如下条件:(1)设立不少于 2 年;(2)总部设在意大利;(3)年度总产值不高于 500 万欧元;(4)收益不分配或未分配;(5)以研发、生产和销售创新型高科技产品或服务为目标;(6)非基于合并、分离或营业转让等原因设立;(7)至少满足以下几个要求,即研发经费不少于年度开支的 15%、1/3 以上雇员拥有博士学位或正在攻读博士学位、拥有发明或设计专利或者有计算机软件相关权利。意大利立法机关通过在《统一金融法》中新增条款(第 100条),允许创新型初创企业通过一个或多个众筹平台公开发行以募集资金,从而使得创新型初创企业得以在发行总额不超过 500 万欧元的范围内获得公开发行限制的豁免。同时,经修改的《统一金融法》第 50 条第 5款规定了众筹平台的经营主体只限于经许可提供相关投资服务的投资公司、银行以及经 Consob 注册的其他主体。也就是说,在意大利只有创新型初创企业能够通过股权众筹发行金融工具,股权众筹平台也只能由相应适格的主体设立和运营。

《决议》包括一般条款、众筹平台的注册与监管、通过众筹平台发行的相关规则等三个部分共计 25 条,同时包括了提交注册申请的说明、公司组织结构报告模板和信息披露模板等三个附件。在第二部分,《决议》对于众筹平台的注册和监管进行了如下规定:(1)众筹平台的经营者必须要进行注册,不论其本身即是银行、投资公司等根据《欧盟金融工具市场指令》已经授权提供投资服务的经营者,抑或是经过意大利证监会特别授权的从事经纪业务的法律实体。(2)已经获得授权开展投资服务的银行和其他金融中介,只需要通知意大利证监会其经营网上众筹平台的意愿即可完成注册,上述范围以外的主体要经营众筹平台,还需按照规定向意大利证监会提交相关材料以完成授权申请。(3)意大利证监会必须在自其收到之日起60日内处理其注册申请。如果意大利证监会自收到该申请之日起7日内向申请人要求缺少的文件时,该期限可以暂停。(4)申请人在申请注册时,需要符合诚信和专业性要求,以确保众筹平台的有效运营。同时,众筹平台的管理人员还应承担竞业限制义务,即一家众筹平台的管理人员不得在其他众筹平台兼任近似职务。(5)除了《欧盟金融工具市场指令》的相关规则当然地适用之外,《决议》还对众筹平台的经营进行了专门的规定。《决议》要求众筹平台向投资者提供实质性信息并进行投资者适当性测试,确保投资者在作出任何投资决策之前完成调查问卷并清除投资中的高风险。(6)《决议》为一般投资者提供了不同的保护框架,当自然人单笔投资低于500欧元或年度投资总额低于1000欧元,法人单笔投资低于5000欧元或年度投资总额低于10000欧元时,可以豁免《欧盟金融工具市场指令》的适用。这一规定主要是通过投资者分类管理制度减少中介机构的义务。(7)《决议》还授权意大利证监会在众筹平台及其经营者对相关法律出现实质性违反时采取相应的紧急预防措施。在"通过众筹平台的发行规则"部分,《决议》要求:在发行完成后若控制股东将公司控制权转移给第三方的,投资者有权向公司撤回投资或者转让其投资份额,上述权利在发行结束后三年内有效;发行的金融工具中至少5%是由专业投资者、银行或创新型初创企业孵化器所持有,这一条件并非启动发行的前提条件,而是完成发行的条件。最后,《决议》第25条规定在投资者加入众筹到发行完成之间,若出现情势变更或因众筹平台提供的信息出现实质性错误时,一般投资者对其投资享有撤销权。撤销权的行使必须在新情况出现或新信息送达投资者之日起7日内行使。

为了让相关规则成功出台,《决议》选择回避了一些问题,例如低融资水平与高税率、忽略了潜在投资者、支付系统的相关技术难题等。这些问题都将留待Consob在合适的时机出台相应的规则以为众筹融资创造一个稳定均衡的环境,一方面投资者能够在充分知情的基础上对创新型初创企业进行投资,另一方面金融中介不至于承担过重的义务以确保市场的竞争性。从总体上看,《决议》平衡了投资者保护和促进创新型初创企业发展的目标。但是还有人对《决议》存有诸多批评,例如将发行人仅限于创新型初创企业有对于从事其他行业的类似规模企业的不公平之嫌。[1]

四、 加拿大的股权众筹立法尝试

根据现行加拿大的证券法律,公司通过众筹融资销售股份被视为违法,法律只允许有限的私募发行并要求符合相应的豁免条件。这些豁免条件在不同的省规定各异,但各省对于私募发行的要求都包含以下两点:(1)合格投资者是资产净值超过 100 万美元或年收入在 20 万美元以上的投资者;(2)投资额不少于 12 万美元。现行法律禁止股权投资中的公开劝诱,这也使得基于社交网络开展的众筹融资在法律上当然违法。由于证券监管及立法是在各省层面进行,因此从整体上改变加拿大的股权众筹立法并非易事。加拿大先进技术联盟(Canadian Advanced Technology Alliance)正在对 13 个省和地区的证券监管者开展广泛的游说,加拿大各省的证券监管当局(Canadian Securities Administrators)也正在对发行中的豁免条件进行检讨以为众筹融资留下空间。[2]

萨斯喀彻温省是加拿大第一个正式对投资性众筹进行特别立法的省份。萨省金融与消费者事务局(Financial and Consumer Affairs Authority,FCAA)在 2013 年 10 月发布了一份股权众筹中招股说明书豁免规则征求

---

[1]　See Giovanni Carotenuto, Consob Regulation On Equity Crowdfunding, Orrick Corporate Law Alert, July 2013.

[2]　See http://crowdfunding. cmf-fmc. ca/regulatory _ updates/canadian-securities-law-and-private-financing.

意见稿,12 月发布了股权众筹豁免的正式规则(Equity Crowdfunding Exemption)。① 该规则允许当地初创企业和小企业通过众筹融资向一般公众销售证券以募集资金。该规则的主要内容包括:(1)发行人及其营业和投资者都必须位于萨省;(2)发行人每年可发起两次不超过 15 万美元的众筹项目,且每次持续时间不超过 6 个月;(3)投资者单笔投资不超过 1500 美元;(4)发行人应在发布众筹项目前 10 个工作日内通知 FCAA 其发行计划;(5)发行人须在发行结束后 30 日内向 FCAA 报告融资规模;(6)众筹平台不被要求注册为证券经纪自营商或咨询商,但是需要在提供股权众筹服务前 30 日内向 FCAA 提交相关信息和身份认定的表格;(7)众筹平台有确认发行人和投资者都位于萨省的义务;(8)众筹平台必须要求投资者在完成其交易前阅读并理解重要风险提示的相关陈述;(9)若发行结束时融资额未达到最低目标时,众筹平台不得向发行人转移所募资金。

2014 年 3 月 20 日,魁北克省金融市场管理局(Autorité des Marchés Financiers,AMF)、萨斯喀彻温省金融与消费者事务局(FCAA)、新不伦瑞克省金融与消费者服务委员会(Financial and Consumer Service Commission of New Brunswick,FCNB)、曼尼托巴省证券委员会(Manitoba Securities Commission,MSC)和新斯科舍省证券委员会(Nova Scotia Securities Commission,NSSC)共同发布了《众筹融资招股说明书豁免联合规则》(Integrated Crowdfunding Prospectus Exemption)和《初创企业众筹融资招股说明书和注册豁免规则》(Start-up Crowdfunding Prospectus and Registration Exemption)。其核心内容包括:(1)对发行人的要求。发行人被限定为加拿大本地范围内,且必须通过已注册的众筹平台完成众筹发行。单个发行人的融资额度每年不得超过 150 万美元。众筹融资必须在 90 天内完成,否则发行人必须取消发行行为。发行人必须披露其相关信息。

① General Order 45-925.FCAA.

（2）对投资者的要求。投资者的单笔投资不得高于 2500 美元,年度投资总额不得超过 10000 美元。投资者必须获知并了解股权众筹所涉及的风险,且有强制性的冷静期。（3）对众筹平台的要求。众筹平台有义务调查并确认发行人的相关背景和具体情况,有义务完成投资者教育和投资者适当性审查。

五、　对各国股权众筹立法的借鉴

完善的制度供给是股权众筹模式健康有序发展的基础和保障。一方面,股权众筹需要突破法律对于这类具体交易模式的限制,以实现融资过程的合法合规,因此需要通过立法为股权众筹的顺利开展提供合法性基础。另一方面,股权众筹涉及多方利益的平衡,其中既包括初创企业的融资权也包括投资者的保护,因此需要通过立法确立合理有效的监管规则,防范和化解股权众筹中的各类风险。易言之,股权众筹立法既要为初创企业融资提供便利以促进资本形成,同时又要重视投资者利益的保护。[①]促进资本形成与保护投资者两者缺一不可,并且在一定程度上呈现出此消彼长的关系。各国股权众筹立法要取得良好的制度效果,必须强调促进资本形成与保护投资者的平衡,而事实上各国立法实践也正是遵循这一基本原则进行的。

股权众筹作为一种新兴的融资模式,代表着互联网金融的发展方向与必然趋势。尽管我国现行监管制度并不允许,但股权众筹模式体现出了旺盛的市场需求和内在活力。股权众筹的发展不仅是互联网时代金融市场发展的必然产物,也是我国中小企业发展和多层次资本市场的完善的现实需求。只有引入股权众筹,使其成为常规资本市场的有益补充,全方位地拓展初创企业的融资渠道,便利其资本形成,才能培育和发展中小

---

① 参见袁康:《互联网时代公众小额集资的构造与监管——以美国 JOBS 法案为借鉴》,载《证券市场导报》2013 年第 6 期。

企业,进而促进经济的增长与繁荣,稳定和扩大就业,实现经济社会的全面发展。随着众筹融资的勃兴,股权众筹模式日益受到市场和监管层的高度关注。股权众筹合法化乃大势所趋,相应的监管规则也呼之欲出。为确保股权众筹的有效规范运行,我国必须充分借鉴境外立法经验做好相应的制度设计,坚持投资者保护与促进资本形成的基本原则,一方面破除制度障碍,创设股权众筹模式的"安全港",解决其合法性的难题,为股权众筹模式的发展提供制度空间;另一方面要完善制度保障,构建股权众筹安全有效运行的制度体系。①

---

① 关于我国股权众筹监管规则设计的论述,参见袁康:《资本形成、投资者保护与股权众筹的制度供给——论我国股权众筹相关制度设计的路径》,载《证券市场导报》2014 年第 10 期。

第三章　我国股权众筹业务的法律调整与制度完善

　　股权众筹作为一种新兴的融资模式,代表着互联网金融的发展方向与必然趋势。尽管我国现行监管制度并不允许,但市场还是在小规模地尝试股权众筹。目前已经有筹资者利用豆瓣、人人网等社交网络平台尝试了股权众筹。例如在北京创立的"很多人的咖啡馆"即是通过众筹融资方式吸引了近 80 位股东出资设立的,在长沙、天津、武汉等城市均不乏这样的案例。① 股权众筹模式体现出了旺盛的市场需求和内在活力。股权众筹的发展不仅是互联网时代金融市场发展的必然产物,也是我国中小企业发展和多层次资本市场的完善的现实需求。初创企业是现代市场经济中最具活力和创造力的主体,但这些企业由于自身规模和发展阶段的限制,往往被排除在主板、中小板、科创板、创业板以及新三板等资本市场之外。由于缺乏资产作为抵押,也极难从银行获取贷款;即使寻求风险投资是一条可行道路,但由于风投数量少覆盖面窄,往往能获得风投的初创企业也不过是凤毛麟角。② 初创企业的融资问题成为横亘在企业发展和经济繁荣前面的一道鸿沟。只有引入股权众筹,使其成为常规资本市

---

　　①　参见《众筹融资初试水,无名无分挑战监管》,http://money.163.com/12/0918/00/8BL5C60I00252G50.html。

　　②　See Andy Cosh et al., Outside Entrepreneurial Capital, ECON. J. Vol. 119, 2009, pp. 1494–1530.

场的有益补充,全方位地拓展初创企业的融资渠道,便利其资本形成,才能培育和发展中小企业,进而促进经济的增长与繁荣,稳定和扩大就业,实现经济社会的全面发展。

完善的制度供给是股权众筹模式健康有序发展的基础和保障。一方面,股权众筹需要在突破法律对于这类具体交易模式的限制,以实现融资过程的合法合规,因此需要通过立法为股权众筹的顺利开展提供可能性。另一方面,股权众筹涉及多方利益的平衡,其中既包括初创企业的融资权也包括投资者的保护,因此需要通过立法确立合理有效的监管规则,防范和化解股权众筹中的各类风险。当前各成熟资本市场国家都已经或正在就股权众筹进行相应的立法活动并取得了积极的效果,我国的法律制度不能因循守旧固步自封,而是应该顺应和把握社会变迁和时代发展的脉搏,及时地作出制度回应,为股权众筹在我国的发展提供良好的制度环境。

一、 我国股权众筹业务制度设计的基本原则

(一)放松监管的要求:促进资本形成

资本是企业运行的血液,缺乏资本的企业很难形成发展动力。股权众筹的初衷,就是利用互联网金融模式的新样态,为初创企业提供有效的资本形成途径。作为市场经济中最活跃的中小企业所面临的资本瓶颈更为突出,而中小企业恰恰是提供大量就业机会和产生源源不断的创造力的主体,对于一个国家的经济社会稳定发展产生着重要的作用。要保持一国经济的活力,需要给中小企业尤其是初创企业提供良好的环境,而资本形成恰恰是最重要的一个环节。金融监管必须要考虑到初创企业资本形成的制度环境,以确保初创企业能够便利地筹集发展所需资金。

事实上,中小企业尤其是初创企业获取资本存在着现实的困难。首

先,过高的门槛将初创企业挡在了常规资本市场门外。一方面初创企业
在存续时间、资产规模和融资规模等方面均不符合公开发行股票的条件
和要求,另一方面公开发行股票所带来的发行承销费用等高昂的资金成
本以及漫长的发行周期所形成的时间成本都会成为初创企业不能承受之
重。① 也就是说,初创企业的资本形成并不适应通过常规资本市场公开
发行股票的融资方式。其次,初创企业寻求银行信贷的路径受阻。由于
初创企业缺乏提供抵押担保的能力和充足的现金流,并不属于银行的优
质信贷客户,银行往往会基于贷款风险的考量拒绝向中小企业尤其是初
创企业提供贷款。小微企业"融资难"的问题相当明显。小微企业在正
规金融中无法获得资金后只能转投非正规金融,即小额贷款公司、信用担
保公司或民间借贷。但是非正规金融中高昂的风险对价使得小微企业融
资成本过高,往往会成为资金饥渴的初创企业饮下的一杯毒酒,最终极易
导致初创企业的夭折。另外,"看起来很美"的股权投资、风险投资以及
天使投资人也并不能成为初创企业的救世主。股权投资以认购原始股的
方式,通过在公司上市或股权转让时退出以获取溢价收入,处于初创期的
企业显然离这一目标较为遥远,因此很难成为股权投资机构所青睐的理
想对象。即便是倾向于进行前期投资的风投而言,更强的介入公司治理
的动机以及各种对赌协议将会给初创企业戴上厚重的枷锁,②控制权的
旁落不利于初创企业按照创始人的意志自由发展。而天使投资与风投一
样,更加青睐特定的高增长、高回报的高科技行业,③并且具有非常鲜明
的地域特色即集中于某些特定区域,比如硅谷等高新技术区。④ 对于分

---

① See Jeffrey J.Hass,Small Issue Public Offerings Conducted Over the Internet:Are They 'Suitable' for the Retail Investor? S.Cal.L.Rev.Vol.72,1998,pp.67-75.

② See Jill E.Fisch,Can Internet Offerings Bridge the Small Business Capital Barrier? J.Small & Emerging Bus.L.Vol.2,1998,pp.57-64.

③ See Darian M.Ibrahim,The Puzzling Behavior of Angel Investors,Vand.L.Rev.Vol.61,2008,pp.1405-1417.

④ See Simon C.Parker,The Economics of Entrepreneurship,Cambridge University Press,2009,p.249.

散于各行各业和不同地区初创企业并不具有普适意义。总体而言,现有传统的融资模式并不能很好地解决初创企业的融资需求。

股权众筹模式的出现给初创企业融资提供了一种新的解决方案,资金的供给与需求通过互联网实现有效匹配,大量的小额投资者可以跨地域限制将资金转移给初创企业使用且对筹资者干预较小。尽管股权众筹并不一定能绝对完美地弥补传统融资方式的缺陷,但毕竟是一种全新且低成本的融资方式,能够有效地促进资本形成,解决初创企业的资本难题。因此针对股权众筹的制度设计,必须建立在充分保障和促进初创企业资本形成的基础之上。这就要求立法机关和监管部门对现有法律和监管规则进行相应的调整,一方面要破除股权众筹活动的制度障碍,解决股权众筹的合法性问题,从法律的层面认可股权众筹作为初创企业的有效融资方式。另一方面要完善股权众筹的相关配套规则,确保股权众筹活动的顺利开展,便利初创企业通过股权众筹模式募集发展所需资金。易言之,要充分发挥众筹融资的优势,使其真正成为传统融资模式的补充,有效地为初创企业资本形成创造条件,即应避免对其过度监管。

(二)加强监管的要求:保护投资者

保护投资者是资本市场的永恒命题。完善的投资者保护制度是维护投资者的合法权益、增强投资者信心的前提和基础。投资者受到有效保护不仅事关每个投资者的切身利益,也关系到资本市场的运行秩序与长远发展。要充分发挥股权众筹在促进初创企业资本形成、有效补充常规资本市场不足的功能,实现其良性发展,必须要充分重视和强调在股权众筹活动中的投资者保护问题。然而,股权众筹作为一种新兴的融资模式,其在投资者保护方面存在着许多先天性的不足,这给股权众筹的进一步发展带来了诸多不确定的因素。

首先,投资者对股权众筹业务模式和风险属性的不熟悉容易造成投资者利益受损。股权众筹是近几年互联网金融模式不断发展的过程中产生的新生事物,其资金流动、股权登记、公司治理等相关权利义务配置尚无定式,投资者对于如何参与股权众筹、在股权众筹中享有何种权利等与自身利益息息相关的问题并无明确概念。众筹融资面临着较高的代理成本以及信息不对称引发的投机主义。[①] 中小企业尤其是初创企业的经营具有较大的不确定性,由于在众筹融资模式中投资者投资数额和持股比例极少,且都是通过网络完成,其对于筹资者公司治理的介入程度不够,公司的重大经营决策都是由投资者并不熟悉的管理者作出,投资者既不能及时有效地对筹资者的经营状况进行了解,也不能指望筹资者诚信地与投资者及时沟通,投资者与筹资者之间存在着较为严重的信息不对称。简而言之,筹资者能够全面地掌控局面而投资者缺乏足够的信息以对公司进行监控。由此会产生大量的诸如不正当自我交易、超额薪酬、滥用公司机会等损害投资者利益的投机行为。在这种情况下,投资者贸然参与这种新型融资模式无异于在黑夜赶路,极易受到损害而成为股权众筹发展中的垫脚石。

其次,股权众筹模式本身的高风险使投资者受到损失的概率更大。由于股权众筹的参与主体、交易模式等的特殊性,股权众筹的投资者往往暴露在经营风险、道德风险、流动性风险和操作风险之中,各类风险都有可能造成投资者的损失。初创企业的高失败率容易导致投资者血本无归,股权众筹中极易发生的虚假众筹项目、侵占众筹资金和信息披露不透明等问题都会使投资者利益受损,而股权众筹本身的显著缺陷就是缺乏二级市场,且股权众筹的发起人作为初创企业其股权估值难度较大,造成股权流动性差。众筹门户不能像交易所那样提供交易平台,投资者不能通过转手交易获取溢价,只能根据筹资协议的安排在约定的时间退出,缺乏流动性使得投资者要承担更多的风险。[②] 众易言之,缺乏流动性使得

[①]　See Ronald J.Gilson,Engineering a Venture Capital Market:Lessons from the American Experience,Stan.L.Rev.Vol.55,2003,pp.1067-1077.

[②]　See C. Steven Bradford, Crowdfunding and the Federal Securities Laws, Columbia Business Law Review,No.1,2012,pp.108-109.

投资者只能一直承担欺诈和经营失败的风险,难以实现风险转移。众筹平台系统建设不完善,也容易使投资者的资金和股权处在不安全的状态之中。

再次,股权众筹投资者的特殊属性使得其风险识别和风险承受能力较低,从而有更强的受保护的需求。通过众筹融资募集资金的基本上都是并不成熟稳定的小微企业,而这些小微企业尤其是初创企业更容易出现经营失败。[1] 调查结果表明,大约80%的初创企业在设立后五到七年内都失败或者不复存在。[2] 股权众筹的投资者往往是最普通的草根投资者,这些投资者缺乏充足的投资知识和风险防控能力,并且容易对自身的投资能力进行错误评估,因此缺乏足够的自我保护能力,在股权众筹的投资风险面前显得尤为脆弱,缺乏相应的信息搜集和处理能力的投资者极难对筹资者的经营前景进行有效判断,而筹资者经营失败将导致投资者血本无归。而这些草根投资者往往并不具有较强的资金实力,若发生投资损失则有可能造成其生活困难。

最后,股权众筹本身业务模式的不规范不成熟,在其早期阶段可能存在的诸多制度和规则的漏洞也会使投资者遭受损害。因此,我们在进行制度设计时,需要将投资者保护作为制度的基本价值旨向贯穿于制度始终。

与其他融资模式相比,众筹融资的投资者面临的风险更为复杂多样,投资者更为脆弱,这就对投资者保护提出了更高的要求。要实现投资者保护的目标,需要强化对于众筹融资的监管,包括限制众筹门户的滥设,加强对信息披露真实性、有效性和及时性的要求,防范虚假信息与欺诈等方式,对本已脆弱的投资者进行有效的保护。

---

[1]　See Howard M.Friedman, On Being Rich, Accredited, and Undiversified: The Lacunae in Contemporary Securities Regulation, Okla.L.Rev.Vol.47, 1994, pp.291-306.

[2]　See U.S.Government Accountability Office, Small Business: Efforts to Facilitate Equity Capital Formation, GAO/GGD-00190, 2000, p.19.

（三）适度监管：可行的中间道路

金融安全与金融效率是一组难以平衡的矛盾，放松监管，能够推动金融创新但却不利于金融安全；强化监管固然能实现金融安全，却会对金融创新形成抑制，因此监管限度一直是金融监管中永恒的悖论。对于众筹融资的监管，既要基于鼓励金融创新和促进资本形成放松监管，又要基于维护金融安全和保护投资者利益加强监管，任何片面地强调放松监管或者加强监管都会使众筹融资失去其应有的作用，可行的方案是对众筹融资采取适度的监管。一方面要对于募集资金注册进行豁免，尽可能减少融资过程中的审批，进一步降低中小企业特别是初创企业的融资成本，发挥众筹融资高效便利的优势，促进中小企业资本形成。另一方面要规范众筹融资的过程，规范众筹门户的运行，控制众筹融资的规模，加强对于信息披露的监管要求，防范和控制融资过程中欺诈，确保投资者利益得到有效的保护。

二、 我国股权众筹业务制度障碍的破除：构建股权众筹模式的"安全港"

股权众筹是互联网金融时代的新型融资模式，在信息化浪潮中金融市场发展的时代性与法律制度的滞后性的矛盾冲突中，股权众筹模式面临着制度上的障碍。要充分发挥股权众筹模式在初创企业资本形成中的积极作用，法律制度必须及时回应市场需求，通过法律授权或豁免等方式构建股权众筹模式的"安全港"，破除股权众筹的制度障碍，为股权众筹模式的发展提供制度空间。

（一）企业组织形式障碍的突破

从基本交易结构来看，虽然称之为"股权众筹"，但筹资者向投资者销售的可以是股权、股份和合伙份额等权益,即利用股权众筹模式的初创企业的组织形式可以是有限责任公司、股份有限公司和合伙企业等。初创企业利用股权众筹模式募集资金时,会因其组织形式的差异而遭遇不同的障碍。当筹资者的组织形式为有限责任公司或合伙企业时,会存在股东(合伙人)人数的限制,以及公开发行募集资金的障碍。根据《公司法》第二十四条的规定,有限责任公司由五十个以下股东出资设立。《合伙企业法》虽然未限定普通合伙企业的合伙人人数,但《合伙企业法》第六十一条也将有限合伙企业的合伙人人数限定为五十人以下。然而股权众筹是面向不特定多数投资者募集资金,故筹资者若是通过股权众筹模式募集资金时,股东(合伙人)人数极有可能超过五十人,从而造成企业设立登记时的困境。即便是将投资者人数限定在规定人数之内,鉴于众筹融资是面向草根投资者的微金融,其融资额将会受到极大的限制而导致资本形成目标无法实现。并且,股权众筹实际上是构成证券公开发行,而《证券法》和《首次公开发行股票并上市管理办法》均将发行人主体资格限定为股份有限公司,关上了有限责任公司和合伙企业发行股份募集资金的大门。当筹资者的组织形式为股份有限公司时,也会存在发起人人数限制的问题。在《公司法》修订之前,股份有限公司通过股权众筹模式设立还存在着初创企业不能达到股份有限公司注册资本限额的问题,然而新《公司法》取消了股份有限公司注册资本最低限额,使得作为小微企业的初创企业以股份有限公司的形式设立不再有注册资本的限制。然而《公司法》第七十八条对于股份有限公司发起人人数的限制依然给筹资者通过股权众筹设立股份有限公司造成了障碍。

事实上当前理论界对于企业组织形式及企业的融资权问题已经开始了全面的反思。有学者认为公司法结构不是为了存在而存在的,它总是要为了市场经济的发展而存在与发展的。当它不能满足市场经济发展的需求时,就不可避免地要对它进行改革,并且提出应该摒弃我国现行公司法体系中有限责任公司和股份有限责任公司的机械划分,而代之以公开公司和封闭公司的分类。① 而事实上,企业组织形式只是企业发展需求与法律控制之间的妥协,随着政府对市场的干预逐渐放开,企业组织形式也正走向虚化。② 片面因企业组织形式的不同而对其融资和参与经济活动横加干涉并不符合经济发展的需求和规律。有学者甚至直接提出了有限责任公司乃至合伙企业也应能够公开发行募集资金。③ 此外,除了公司之外,非公司组织也随着经济发展和经济组织形式创新的浪潮开始勃兴,④也伴随着较强的融资需求。为充分保障各种组织形式的初创企业的融资权,有必要弱化股权众筹模式对企业组织形式的限制。

(二)公开发行标准与小额发行豁免

股权众筹在行为性质上构成了证券公开发行。然而在我国的法律规定中,股权众筹往往并不符合公开发行标准。我国《证券法》第十二条规定公司公开发行新股,应当具备健全且运行良好的组织机构、具有持续经营能力、最近三年财务会计报告被出具无保留意见审计报告、发行人及其控股股东及实际控制人最近三年不存在贪污、贿赂、侵占财产、挪用财产或者破坏社会主义市场经济秩序的刑事犯罪,符合国务院批准的国务院证券监督管理机构规定的其他条件。为了进一步规范和明确公开发行的条件,证监会发布了《首次公开发行股票并上市管理办法》,明确了发行人在主体资格、独立性、规范运行、财务会计和募集资金运用等方面的要求。为了适应自主创新型企业和成长型企业的融资需求,证监会又发布了《首次公开发行股票并在创业板上市管理办法》,对特定类型的发行人的发行条件进行了规定。一般来讲,要公开发行证券,必须要满足上述法

---

① 参见王保树:《公司法律形态结构改革的走向》,载《中国法学》2012 年第 1 期。

② 参见甘培忠、周游:《论当代企业组织形式变迁的趋同与整合——以国家需求与私人创新的契合为轴心》,载《法学评论》2013 年第 6 期。

③ 参见蒋大兴:《公司组织形态与证券(融资)权利——摒弃有限公司"改制上市"的法律习规》,载《现代法学》2013 年第 1 期。

④ Larry E.Ribstein,The Rise of the Uncorporation,Oxford University Press 2009,p.207.

律和规章所规定的条件。然而利用股权众筹模式募集资金的初创企业一般难以符合这些条件。从设立年限来看,初创企业往往是拟设立或刚设立,并不符合已经设立并持续经营三年以上的时间要求。从财务数据来看,初创企业一方面尚未开展经营难以有盈利,另一方面即便有盈利也难以达到上述规定中所要求的净利润、现金流和营业收入动辄千万级的财务数据。公开发行条件的高门槛与股权众筹的小规模之间形成了显著的冲突,构成了股权众筹所面临的最大的法律障碍。

考虑到股权众筹的筹资者或者说发行人一般都是规模较小且融资数额较少的初创企业,由于自身能力局限以及融资规模较小,为了保障其融资权利和融资机会,减少其融资成本,可以考虑对其进行小额公开发行的豁免,即在一定范围内允许构成公开发行的股权众筹无需受到现行证券法律的限制,免于相应的监管要求。美国证券法中的 Regulation A 对于融资额小于 500 万美元的证券发行进行了豁免,规定了低于一般公开发行的要求,尤其是免于一般劝诱禁止的限制使得股权众筹通过互联网的推广宣传获得一定数额的资金更加便利。[1] 美国的 JOBS 法案也为股权众筹的小额发行豁免提供了制度上的空间,规定了通过众筹融资模式在 12 个月内的融资额不超过 100 万美元的发行人可以不受联邦证券法的监管。此外,JOBS 法案还针对股权众筹模式调整了触发注册标准的投资者数量限制,将公开发行的人数标准由 300 人提高到了 1200 人。[2] 事实上小额发行豁免在我国的证券法律实践中也可以找到例证,《非上市公众公司监督管理办法》(2012 年)第四十二条规定"公众公司在 12 个月内发行股票累计融资额低于公司净资产的 20%的,豁免向中国证监会申请核准"正是小额发行豁免的中国实践。为了使股权众筹在中国的法律

---

① See James D.Cox et al.,Securities Regulation:Cases and Materials,Aspen Publishers,6th edition,2009,pp.319-323.

② 参见袁康:《互联网时代公众小额集资的构造与监管——以美国 JOBS 法案为借鉴》,载《证券市场导报》2013 年第 6 期。

环境下能够得以顺利开展,有必要建立股权众筹模式下的小额发行豁免制度。

在我国《证券法》修改的进程中,笔者也曾参与了委托起草阶段的相关工作,并且积极建议在利用修法契机规定网上小额发行豁免。《证券法》修订草案一读稿、二读稿和三读稿都在各界的期待和呼吁下规定了网络小额发行的豁免,规定在经认可的互联网平台公开发行证券,募集资金数额和单一投资者认购的资金数额比较小的,可以豁免核准和注册。然而在最后正式通过的版本中,网上小额发行豁免的规定非常遗憾地被删除了。也许是当前我国股权众筹尚未正式起步,也可能是因为近年互联网金融乱象使立法者仍心有余悸,为了顺利通过这次修订,《证券法》也只能采取相对保守的态度,以避免影响注册制改革的立法配套进程。

(三)股权众筹门户的审批

众筹门户作为一种新型的市场主体,为众筹融资活动提供项目发布、信息交换和钱货交易的平台。由于我国现行立法中众筹融资的相关规定尚付阙如,众筹门户或者说众筹平台在法律上的定性还不明确。另外股权众筹在我国还存在诸多法律障碍,众筹门户擅自为股权众筹活动提供平台有可能构成非法设立证券交易场所和非法经营证券业务。因此股权众筹门户在现有制度体系中并不具有明确的法律地位,其设立和业务开展也缺乏相应的法律依据。然而,众筹门户是股权众筹活动的枢纽和平台,在股权众筹模式中具有至关重要的作用和地位,因此需要明确众筹门户的法律地位并打通其获得核准设立的通道。境外已有的立法经验基本上都要求众筹门户在监管部门登记备案,以有利于对众筹融资进行监管。在我国目前的体制下众筹门户尤其是股权众筹门户难以获得合法地位,这就要求我国法制进行相应调整,对众筹门户这一新生事物进行确认和规范,通过设立合理的注册登记条件筛选适格的众筹门户,明确其法律地位并将其纳入监管对象范围。①

对股权众筹门户的审批,需要解决三个方面的问题:一是在明确股权众筹门户的法律性质和主体地位的基础上的设立审批;二是股权众筹门户为股权众筹活动提供平台支持服务的业务审批;三是股权众筹门户设立和经营的具体要求。就设立上来看,由于其业务类型和法律属性具有一定的特殊性,加上其本身不需要实体经营场所和资本要求不高的特点,很难将其作为既有的传统证券服务机构进行定位,因此许多国家选择将众筹门户作为一种独立的市场主体进行注册或授权。我们曾分析过众筹门户是否属于交易所、证券经纪商或证券投资咨询商,基本结论是在当前的业务模式下众筹门户不构成交易所和投资咨询商,只是可以被认为是证券经纪商。② 即便是在未来众筹门户拓展业务模式后与交易所或投资咨询商类似,根据我国《证券法》和《证券公司监督管理条例》中所规定的严格条件,众筹门户注册为交易所或证券公司也几无可能。此外,股权众筹门户中还可能涉及对于众筹资金和股权登记的处理,其主体性质更为复杂。因此将股权众筹门户作为一种新型的市场主体赋予其独立法律地位,或许是当前的可行选择。在业务方面看,股权众筹门户从事的活动实质上属于证券业活动,根据《证券法》的规定未经批准擅自经营证券业务有可能构成非法经营证券业务而需要承担相应的法律责任。境外许多国家例如美国在一定范围内豁免了众筹门户的注册义务,但是出于未来能够从事更为多元化的业务,很多众筹门户会更加倾向于注册为证券经纪自营商。③ 因此有必要为股权众筹门户设定可选择的业务类型,在满足其当前阶段的制度需求之外为将来的可能的发展提供空间。就股权众筹

---

① 参见袁康:《互联网时代公众小额集资的构造与监管——以美国 JOBS 法案为借鉴》,载《证券市场导报》2013 年第 6 期。

② 参见袁康:《互联网时代公众小额集资的构造与监管——以美国 JOBS 法案为借鉴》,载《证券市场导报》2013 年第 6 期。

③ See Shekhar Darke, To Be or Not to Be a Funding Portal: Why Crowdfunding Platforms will Become Broker-Dealers, 10 Hastings Bus. L. J. 183.

门户设立和经营的具体条件而言,由于众筹门户主要依赖于互联网平台,网络平台系统的安全性和规范性关系到客户资金和证券的安全和个人金融信息的保护,因此应该借鉴《证券公司网上证券业务安全管理技术指引》《证券投资基金销售业务信息管理平台管理规定》等对股权众筹门户的系统安全提出严格要求。且股权众筹平台会涉及不特定投资者的利益,如何构建投资者损害补偿机制也需纳入考量,对此可以要求众筹门户设立众筹投资者补偿基金。还有就是为了防范利益冲突,股权众筹门户也需要设定相应的防火墙机制和风险隔离机制,对众筹门户及其雇员参与股权众筹活动予以限制。具体而言,可以借鉴 Crowdfunding Accreditation for Platform Standards(CAPS)的衡量指标,从操作透明度、信息和支付安全、平台功能和操作功能等方面对股权众筹门户提出具体的要求,[1]并通过这些要求进一步规范股权众筹门户的行为。

(四)股权众筹份额的转售与流通

投资者参与股权众筹项目并成为初创企业股东后,可以基于其投资份额而享有相应的权益。然而当投资者在该项目的投资已完成预期收益,或者对该项目失去信心,或者急需流动资金时,就需要退出该众筹项目。有效的退出渠道,是增强股权众筹的流动性和保护投资者利益的内在要求。出于保障通过股权众筹设立的初创企业的经营维持,投资者不能从初创企业退股,只能选择转让其股权众筹份额。但是根据现行法律,股权众筹份额转售交易存在着法律障碍,限制了股权众筹份额的转售与流通,二级市场的缺位使得投资者面临着较大的流动性风险。股权众筹份额的转售与流通,需要突破两大难题。首先是交易场所的问题,即要为股权众筹份额提供买卖信息匹配和交易的平台。根据《证券法》第三十七条的规定:公开发行的证券,应当在依法设立的证券交易所上市交易或

---

① http://www.crowdsourcing.org/caps.

者在国务院批准的其他全国性证券交易场所交易。由于股权众筹份额的特殊性,其在现有的合法证券交易场所转让并不具备条件,证券公司的柜台交易市场的实践或许能为我们提供启示,要么可以通过证券公司的柜台交易市场进行股权众筹份额的交易,要么直接允许众筹门户开设类似的柜台交易市场。其次是交易"锁定期"的问题。为了防范利益冲突并限制利益输送,法律往往会设置股票转让"锁定期"。"锁定期"规则有助于防范初创企业创始人利用转让股权套利后不再经营该企业,从而保护股权众筹投资者的利益。美国 JOBS 法案也要求股权众筹份额持有人必须在持有达 12 个月后方能在公开市场转让该份额,[①]以此确保初创企业的稳定经营。

为了确保股权众筹市场的流动性,为投资者提供退出通道,我国股权众筹的制度和规则必须要建立股权众筹份额的转售和流通规则。首先,要建立股权众筹份额的转售交易平台。具体而言,应该允许股权众筹份额在证券公司柜台交易市场进行转让流通。为了更加便利股权众筹份额的转让,也可以借鉴《证券公司柜台交易业务规范》的规定直接授权股权众筹门户开展柜台交易业务,允许众筹门户为投资者提供专门的股权众筹份额交易服务。其次,要完善股权众筹份额转让的具体规则。既要对初创企业创始股东和控制股东的股权转让规定一定的锁定期,也要确保一般投资者退出渠道的畅通。

三、 我国股权众筹业务制度保障的完善：构建股权众筹安全有效运行的制度体系

要为股权众筹提供良好的制度环境,除了破除制度障碍,消解股权众

---

① See Mary McAllister Shepro, Keeping the Crowd at Bay: The Practical Implications of the SEC's New Crowdfunding Exemption (May 5, 2014). Available at SSRN: http://ssrn.com/abstract = 2433225.

筹模式与我国现行法律之间的冲突之外,还需要根据证券法律的一般原理和境外立法经验做好配套制度的建设,妥善解决股权众筹模式运行中的一系列问题,以维护投资者保护与资本形成之间的平衡。我们认为应当从包括但不限于以下几个方面构建股权众筹安全有效运行的制度体系,完善股权众筹的制度保障:

(一)信息披露制度

阳光是最好的杀虫剂,灯光是最好的警察。信息披露作为资本市场投资者保护制度的重点,能够提高透明度,以便投资者作出正确的投资决策。就股权众筹而言,一方面投资者很多都是草根,其信息获取和分析的能力极为有限,且通过互联网发布的众筹信息良莠不齐,加上认知度不足的初创企业往往缺乏相关信息,这就容易加剧信息不对称进而导致股权众筹过程中欺诈横行。[①] 因此,必须要完善股权众筹中的信息披露制度,对筹资者课以强制性信息披露义务。然而从另一方面来看,初创企业尚处在发展的初级阶段,若信息披露要求过高则会造成过高的合规成本,给本来缺乏资金的筹资者面临更大的困难。在平衡投资者保护与资本形成的原则下需要谨慎地确定信息披露义务的程度,过高的信息披露义务会增加筹资者的融资成本不利于资本形成,而过低的信息披露义务则会降低透明度而容易影响投资者的利益,因此股权众筹中的信息披露义务也应保持合理适度。

股权众筹信息披露最核心的任务是让投资者清楚该众筹项目的基本情况和投资价值,这是投资者作出正确投资决策的前提。因此,应要求筹资者在众筹门户发布股权众筹项目时披露包括项目基本情况、筹资用途和资金使用计划等,并及时地披露经营状况,以有利于投资者掌握相关信

[①] See Thomas Lee Hazen, Crowdfunding or Fraudfunding? Social Networks and the Securities Law: Why the Specially Tailored Exemption Must Be Conditioned On Meaningful Disclosure, North Carolina Law Review, Vol.90, 2012, p.1735.

息,这些信息是基础性的核心信息,应当作为股权众筹发行人所必须披露的信息进行强制性规定。筹资者披露上述基本信息并不会耗费过多的成本,也可以为了增强投资者的信心并吸引投资者而进行自愿性的信息披露。此外,网络时代投资者的信息来源往往也并不局限发行人的披露。因为股权众筹的投资者尽管在一定程度上难言理性,信息获取与分析能力也不强,但在互联网这一开放式和交互性平台上,众多的投资者会借助投资者论坛、搜索引擎等工具发现和形成更为丰富的信息,例如对初创企业的价值判断、筹资者创始人的个人资信等,这就极大地拓展了投资者可以获得的信息总量。① 尽管这些信息可能存在着较多的市场噪声和欺诈性信息,但是做好信息发布平台的规范化运作,加上与发行人强制性信息披露和自愿性信息披露的配合,基本上能够满足投资者对于信息披露的要求。因此,构建股权众筹的信息披露制度必须建立在对多层次的信息披露体系的充分认识之上,一方面对于核心信息课以强制性披露义务,另一方面对于自发形成的信息进行有效的监管。

(二)投资者适当性管理制度

投资者适当性制度(Suitability),或称投资者适当性原则、适当性要求,按照 SEC 的定义,是指证券商向投资者推荐买入或者卖出特定证券时,应当有合理依据认定该推荐适合投资者,其评估的依据包括投资者的收入和净资产、投资目标、风险承受能力,以及所持有的其他证券。② 巴塞尔银行监管委员会、国际证监会组织、国际保险监管协会在其 2008 年发布的《金融产品和服务零售领域的客户适当性》(*Customer suitability in the retail sale of financial products and services*)③中将"适当性"定义为"金

---

① See Joan MacLeod Heminway, Investor and Market Protection in the Crowdfunding Era: Disclosing to and for the "Crowd", 38 Vt.L.Rev.827 (2014).

② 引自美国证券交易委员会网站,http://www.sec.gov/answers/suitability.htm。

③ Bank for International Settlements, Customer Suitability in the Retail Sale of Financial Products and Services, April, 2008, p.4.http://www.iosco.org/library/pubdocs/pdf/IOSCOPD268.pdf.

融中介机构所提供的金融产品或服务与客户的财务状况、投资目标、风险承受能力、财务需求、知识和经验之间的契合程度"。股权众筹是投资者基于自身判断所参与的投资活动,然而以草根投资者为主的投资者群体往往缺乏对股权众筹所涉风险的准确判断,并且这类投资者风险承受能力有限。为了保护投资者,必须在股权众筹中确立投资者适当性管理制度,实现投资者的投资行为与其投资水平和风险承受能力相适应。但是,股权众筹最显著的特点便是投资门槛低和广大草根投资者的参与,小规模投资者构成了股权众筹模式的根基。若机械地将投资者进行分类并限制低水平的投资者参与,则有可能失去股权众筹模式的本色和优势。因此,各国所通行的做法是并不规定投资者的准入门槛,而是根据收入水平或资产净额对投资者进行分类,限定一般投资者的投资限额,而对于专业投资者或成熟投资者则不加限制。投资限额制度也分为三种类型,一种是不超过年收入或资产总额的一定比例,例如英国将非成熟投资者的投资额限定为其净资产总额的10%以内;另一种类型是规定投资额的绝对数限额,例如加拿大几个省联合发布的众筹监管规则规定投资者的单笔投资不得高于2500美元,年度投资总额不得超过10000美元;还有一种类型是将投资额的绝对数限额与年收入或资产总额比例限额相结合,例如美国规定股权众筹投资者年收入少于10万美元的,其投资额不得超过2000美元或年收入的5%,若投资者年收入等于或高于10万美元的,其投资额不得超过10万美元或年收入的10%。

我国目前已在《证券公司监督管理条例》《创业板市场投资者适当性管理暂行规定》《股指期货投资者适当性制度实施办法(试行)》《证券公司客户资产管理业务管理办法》《证券公司投资者适当性制度指引》等规则中确立了投资者适当性管理制度。但是对于股权众筹这一新生事物尚无投资者适当性管理的制度和实践。为了加强股权众筹中的投资者保护,我国在制定股权众筹制度时需要引入投资者适当性管理制度。首先要对投资者进行分类管理。即基于资金实力、投资水平、风险认知能力、风险承受能力等指标将投资者分为一般投资者和专业投资者,对一般投资者参与股权众筹应规定相应的额度限制,对专业投资者则可以豁免相应限制。其次要明确股权众筹的投资限额。即在平衡一般投资者的风险承受能力和投资机会的基础上确定合理的额度,可以采取美国的绝对数限额与比例限额相结合的方式规定一般投资者的最高投资额度。最后要明确投资者适当性管理的义务主体。我们认为众筹门户作为股权众筹信息发布和交易的平台,应当对其客户进行充分的了解,并承担相应的投资者适当性管理的义务。

(三)股权众筹的发行审核

众筹门户是为股权众筹活动提供网络平台的中介机构。众筹门户一方面作为信息中介为筹资者与投资者之间的信息交流提供支持,[1]为筹资者提供信息披露的平台并为投资者揭示风险并提供投资者教育的相关材料。另一方面众筹门户还被赋予一定的审核义务,对筹资者的背景及其高管和大股东的情况进行审查,事实上承担着降低众筹融资风险的功能。此外,众筹门户还是一种声誉型中介(reputation intermediaries),众筹投资者往往会基于对众筹门户的信赖而作出投资决策,因而具有与证券承销商类似的特征,而这就使众筹门户具有了"看门人"的地位。[2] 基于这种地位,众筹门户应该秉持一种超然的态度确保股权众筹过程的公平、公正和公开。此外,众筹门户还有义务保护投资者,包括风险揭示和投资者教育,实施减少欺诈的措施,确保投资者隐私权等。因此,可以说众筹门户实际上是作为一种自律监管机构而应履行相应的审核义务,[3]以确

---

① See C.Steven Bradford, The New Federal Crowdfunding Exemption: Promise Unfulfilled,40 SEC.REG.L.J.222(2012).

② Joan Macleod Heminway, The New Intermediary on the Block: Funding Portals Under The Crowdfund Act,13 U.C.Davis Bus.L.J.177.

③ See Stuart R. Cohn, The New Crowdfunding Registration Exemption: Good Idea, Bad Execution,64 FLA.L.REV.1433,1439 (2013).

保股权众筹符合投资者保护的要求。

在制定股权众筹相关法律制度时,应当赋予众筹门户相应的审核权,以保障其审核义务的履行。首先,众筹门户应当对股权众筹项目有审核义务。筹资者通过众筹门户发起股权众筹项目也需要符合一定的要求,但作为一种小额发行若要监管部门审核无疑会造成较高的监管成本,也不利于筹资者及时高效且经济地完成众筹过程。因此,将审核的权力交由众筹门户行使,待审核通过后只需在证券监管部门进行备案是比较理想的选择,也是许多境外国家的普遍做法。众筹门户对股权众筹项目的审核是以信息披露为中心的审核,即要审核拟众筹融资的商业项目的描述及商业计划书、发行人的财务状况、发行人的高管和大股东的情况、募资的目的和用途、募资总额和募资的起止期限、所有权和公司资本结构的描述等信息进行真实、充分和及时的披露情况,以减少股权众筹中的欺诈。其次,众筹门户对众筹平台上信息有审核义务。除了筹资者在众筹平台上披露相关信息之外,也有其他投资者会通过众筹门户提供的 BBS 和其他方式进行信息交流。投资者会基于对众筹门户的信任而认可上述信息的真实性。对于在众筹平台上发布的虚假信息,投资者往往会因轻信该信息而遭受损失。因此众筹门户应当设置相关的审核程序和甄别机制,对筹资者、投资者在附属于众筹门户的信息交流平台上发布的信息进行审核以确保其真实性。最后,众筹门户应承担对合格投资者的审核义务。众筹门户作为投资者适当性管理的义务主体,应当在投资者进行用户注册时对其背景和财产状况进行审查和确认,并自动完成投资者分类。在投资者选择众筹项目并作出投资决策时,众筹门户应根据投资者类型按照适当性规定作出是否接受投资者该项投资请求的决定。

(四)投后管理机制与投资者参与公司治理

在股权众筹模式下,投资者的资金构成了众筹项目公司的资本,投资者相应地取得股东地位并享有相应的股东权利。但由于股东人数众多以及所占股权比例极小,众筹投资者所持有的表决权相当分散,单个股东基本上不可能直接对公司治理产生实质性影响。众筹门户虽然在融资时搭建了筹资者与投资者沟通的桥梁,但融资完成后却因其横亘在筹资者与投资者之间,客观上形成了投资者介入筹资者公司治理的障碍。抛开投资者是否有介入公司治理的积极性不论,尽管股权众筹中的投资者在法理上具有股东地位,但却缺乏介入公司治理的途径,也缺乏介入公司治理的组织化力量。[①] 为了防止众筹项目公司出现内部人控制而引发的利益冲突问题,避免投资者利益被创始股东侵害,有必要在制定股权众筹相关法律制度时畅通投资者参与公司治理的路径。

要实现这一目标,可以从以下三个方面寻求突破:首先,应在制度层面要求筹资者在众筹门户设立电子股东论坛。尽管电子股东论坛目前尚无统一模式,但其作为一种网络交流平台,在股东就公司信息进行广泛交流、就特定话题进行讨论并寻求一致、表决权征集等方面能够发挥积极的作用,目前美国、德国等国均就电子股东论坛进行了立法,对电子股东论坛的设置和运行规则进行了规定。[②] 通过法律要求筹资者在众筹门户设立单独的电子股东论坛,能够便利投资者了解公司经营状况和重大事项,并有利于投资者对公司决策发表意见并交流信息,为投资者介入公司治理提供良好的环境准备。其次,应为股权众筹的投资者进行表决权委托和表决权信托提供制度条件。由于投资者的股权比例较小,表决权比较分散,投资者的单独行动并不能对公司决策形成实质性影响,而投资者的集体行为则有利于形成合力。因此,应当允许和便利股权众筹的投资者利用网络平台征集表决权,或者允许投资者选择其信任的主体,例如众筹门户进行表决权信托,代表分散的投资者的利益参与公司治理。最后,

---

① 参见袁康:《互联网时代公众小额集资的构造与监管——以美国 JOBS 法案为借鉴》,载《证券市场导报》2013 年第 6 期。

② 参见赵金龙:《商法思维与网络技术环境下公司法律制度的创新——以电子股东论坛为例》,载《中国商法年刊(2013)》,法律出版社 2013 年版。

应完善网上投票系统和虚拟股东大会制度。股权众筹本身即是利用互联网平台完成，网络化既是其基本特征，亦是其显著优势。参与众筹的投资者往往经济实力有限且地域分散，按照常规方式参加股东会行使表决权不具备现实可能性，也不符合经济性原则。为了便利投资者参与公司治理，应当要求众筹门户和筹资者在利用众筹平台发起众筹项目的同时，必须建立相应的网上投票系统和虚拟股东大会制度，弥合筹资者与投资者之间的鸿沟，使投资者能够借助网络平台经济、高效地参与公司重大决策。

第四章　证券行业开展股权众筹业务的必要性与可行性

一、当前我国证券行业开展股权众筹业务的必要性

（一）股权众筹业务与证券行业传统融资业务的共性与差异

在前文中，我们对股权众筹业务的定义、特点及法律构造已经进行了详细的阐述，可以看出，股权众筹业务实际即是一种利用社交网络由大量人群集体协作完成的融资方式。把它与证券行业传统的融资业务（以首次公开发行股票为例）进行分析比较，并得出它们的差异与共性，对研究证券行业开展股权众筹业务有着重要意义。

1. 共性

股权众筹业务与证券行业传统的融资业务相比，共性主要体现在两者都属于公开发行证券，都应受到国务院证券监督管理机构的监管。

股权众筹业务以网络为依托，借助信息平台与社交网络，实现投融资双方需求的对接与撮合，并以融资人的股权作为投资回报。其面向的投资者具有明显的不确定性，属于《证券法》第九条规定中的"向不特定对

象发行证券"的行为,应当属于公开发行证券。

2. 差异

股权众筹业务的本质是"微金融",与证券行业传统的融资业务相比,差异性主要体现在以下几个方面:

(1)"两小"。首先是单笔融资规模比较小,融资人较多为个人、初创团队或小型企业,融资额从数百元开始,大多集中在1万元至10万元的规模,远远低于传统融资业务动则百万、千万元的门槛;其次是单笔投资额小,一个融资项目会收到数十乃至数万人的投资,这些投资人多为普通民众,可投资资金有限。

(2)针对初创企业。股权众筹只适合未进行过融资或者只进行过少量对外融资的企业。如果初创公司在此之前已经接受过风险投资,股权结构相对复杂,往往会对后续股权扩充和转让附加一定的约束,国外很多股权众筹平台明确规定不接受已有风险投资的公司进行股权筹资。因此,股权众筹业务的应用范围仅限于处于种子期、尚未拿到投资的企业,或者已经拿到天使投资,但还需要进一步融资的初创企业,并且对融资企业的净利润、营业收入等企业财务指标并无过多要求,这与传统融资业务对于此方面的苛刻要求也有较大差别。

(3)具有一定的社交属性。股权众筹业务借鉴了社交网络的元素,可结合线下人际关系把项目信息迅速推广、广泛传播开来,使其在较短的时间内超额完成融资。社交网络的影响不只表现在信息传播上,还表现为实际交易行为中的"跟风投资",如果一个项目的筹款额能够在较短的时间内迅速增长,马上就会有大量的跟风投资者加入。英国股权众筹平台的创始人兼 CEO Jeff Lynn 曾阐述对于众筹社交化的见解"众筹是由社交驱动的业务,社交网络的深度和广度决定了众筹业务的方向。这个网络让更多的投资者参与其中,会给企业带来更多的效益,给投资者带来更加优秀的投资机会。我们的目标是建立一个尽可能大的和广的社交网络,因为这会显著提高项目筹资的成功率"①。

(4)初创企业拥有了更强的融资权力和选择空间。在传统的融资模式下,初创企业的融资渠道往往有限,并处于相对弱势的地位,大多数没有选择的权力,而在股权众筹业务模式下,投融双方的地位则相对平等,初创企业可以根据自身对资金的需求程度适当出让股权。初创企业对股权拥有了更大的议价权。由于省略了传统融资业务发行的路演、问价、确定发行区间等繁杂流程,融资企业基于自身发展情况和对市场的考量来自行决定公开募资的金额,价格仅受市场规律的约束。在信息相对透明、竞争相对充分的情况下有利于价格发现。

(5)交易中介更加扁平化。股权众筹业务对于传统融资方式的改变,折射出互联网金融的重要特点,那就是交易中介的扁平化,尽可能将中介的需要压缩到最小以逼近直接交易。而股权众筹业务优点则在于通过打造公共平台降低交易的中介成本,在此基础上,再让价格体制发生作用,从而达到一个"完备合同"所需的成本。

(二)证券公司开展股权众筹业务的意义与优势

1.意义

对于全社会而言,股权众筹业务作为一种新兴的融资模式,代表着互联网金融发展的方向与必然趋势,它是对传统融资业务的有效补充,传统上缺乏有效融资渠道的个人和小型企业,可借助股权众筹平台以较低成本获得资金,支撑其创新行为;大量普通民众获得了直接参与创新业务投资的权利,共享创新收益。两者相结合,具有金融普惠和金融平等价值,由此形成的市场机制、信用机制和技术机制对促进整个社会的创新氛围、解决小型企业融资难问题和金融改革有着实际和借鉴意义,同时也有利于拓展多层次资本市场,夯实资本市场基础。

---

① 李耀东:《众筹服务行业》,中国经济出版社 2014 年版,第 20 页。

对于证券公司而言,有以下两个方面的意义:

第一,未来将是"指尖上的 Internet",很多证券业务都将通过网络在线展开。① 这对证券公司的业务模式,特别是单一的通道交易经纪业务将形成极大挤压,证券行业的管理思维、经营模式也将面临挑战。证券公司则可以利用股权众筹业务这一网络融资方式为契机,向更加注重客户体验、以客户为中心的互联网思维转变,提升客户的满意度,推动客户群的主动传播、扩散度;弱化证券公司网点功能、加速金融脱媒,逐渐打破金融业传统的边界和竞争格局,推动证券业加快向综合金融、互联网金融发展。

第二,股权众筹业务相较于传统证券业务而言,更能够充分地发挥其金融中介的服务功能,如为初创企业的融资提供专业化的发行、估值定价、销售、股份托管、投后管理等全生命周期的服务。这对于证券公司打通全业务链、加快创新转型发展具有重大意义,能够推动证券公司从服务的体验、内涵、价值、广度和深度上充分发挥投资银行的投资中介、融资中介、交易、托管和支付结算的本质属性和业务潜能,拓宽其业务范围,丰富服务手段,提升服务能力。使得证券公司真正成为财富和资产的管理者、直接融资服务的主要提供者、市场交易和流动性的提供者、市场的重要投资者、有效的风险管理者和资产的主要托管者,成为真正意义上的现代投资银行。

2. 优势

证券公司开展股权众筹业务,主要有以下三个方面的优势:

(1) 对于融资企业。目前,国内外大部分股权众筹平台,如Crowdcube、AngelList、天使汇等其本质应定义为纯中介平台,即平台只负责展示项目的基本信息、招揽客户,撮合投资者与融资企业的交易。而对于后续的项目尽职调查、股权定价估值、法律文件的制作等工作,平台都

---

① 参见李雪静:《众筹模式的发展与探析》,载《上海金融学院学报》2013 年第 6 期。

会委托专门的投资公司或者律师事务所来处理。而证券公司相较于此类纯中介平台,首先,更了解资本市场,有着丰富的投融资业务领域经验与人才优势;其次,证券公司可以利用自身投资中介、融资中介、交易、托管和支付结算的功能为企业提供更加便利的、一站式的专业金融服务;最后,随着融资企业规模的不断发展壮大,证券公司还可充分发挥中介服务功能,为企业量身定制如并购重组、财务顾问、资产证券化等多元化、差异化的融资方案,为其提供全生命周期的金融服务。

(2)对于投资者。股权众筹业务虽然大大降低了公众参与的门槛,但是并没有改变其投资风险。投资初创企业的成功率低、回报时间长,是典型的高风险、高回报的投资。而相较于其他中介机构,证券公司则在投资者保护方面具有天然优势,首先,证券行业长期以来一直高度重视投资者保护工作,各证券公司普遍都已经建立了一套行之有效的投资者保护机制;其次,证券公司在线下的营业网点众多,更加便于与投资者进行沟通,开展投资者教育的工作;最后,证券行业还建立了成熟的投资者保护基金机制,当投资者因为证券公司的原因遭受损失时,保护基金会按照规定比例补偿投资者的一部分损失。

(3)对于监管机构。现阶段,国内股权众筹业务一直处于规则缺失、监管缺位的状态,未来,随着该业务规模的不断发展壮大,必然会有相应的机构承担对它的监管责任,目前来看,国务院证券监督管理部门最有可能承担此项责任,此种情况下,相较于其他中介机构,证券公司的优势在于,首先,随着多年的行业治理整顿,绝大多数证券公司已经建立起了规范的法人治理结构、完善的风险控制体系与健全的内部控制措施,这在一定程度上即减轻了监管机构的监管成本与难度;其次,国务院证券监督管理部门多年来积累了大量的证券公司监管经验,由证券公司开展此项业务也有利于监管部门在业务发展初期明确监管口径与监管措施,制定统一的监管规则。

二、 国外股权众筹平台的比较分析

在过去的三年中,基于股权的众筹模式在全球范围内快速增长,尤其在欧洲、美国发展迅速。据统计,全球近三年来成立的股权众筹平台中,美国与欧洲占绝大部分,年增长率达到了114%,①出现了一批具有成熟模式的代表性股权众筹平台,分析研究此类平台的业务模式及特点,对未来我国开展股权众筹业务的可行性分析具有重要的借鉴意义:

(一)国外代表性股权众筹平台的概况

1.美国股权众筹平台:AngelList

AngelList 作为美国一家针对初创企业的股权众筹平台,其创建于2010年,是一个为创业公司和天使投资人提供的既像社交网络又像沟通平台的社区。自2010年成立以来,AngelList 已经逐步颠覆了初创公司融资模式。截至2013年,已有近1300个初创企业通过其募得超过2亿美元的资金,并且有近21000名认证过的投资者入驻 AngelList。

AngelList 最具特色的功能是其网站上的"Syndicates"(联合投资)功能。投资人在网站上注册进行投资,不但可以寻找自己感兴趣的项目,还可以通过发起"Syndicate",联合其他小额投资者一起对项目进行投资。他可以报一个价格,然后其他投资者可以跟随他的报价,一起投资。发起 Syndicate 的投资者,可视为"领投人",其余跟随他的投资决定一起投资的,可视为"跟投人"。领投人可以通过 AngelList 网站,去联系自己有意愿投资的朋友,一起投资某个项目。

除了"Syndicates"功能外,AngelList 还有另一大特色功能"Backers":让"领投人"能够在决定投资哪家公司之前就开始建造自己的私募投资

---

① 参见胡吉祥、吴颖萌:《众筹融资的发展及监管》,载《证券市场导报》2013年第12期。

资金池。举个例子,一个"领投人"站出来表示自己将出资 2.5 万美元去投资,具体投谁还不清楚,这时他身边的 10 个投资者对他非常信任,决定也每人跟投 2.5 万美元,总共就是 25 万美元放到他的资金池。这个领投人的本来的 2.5 万美元资金就变成了 27.5 万美元,无疑增大了他的投资能力。虽然说看上去 Backers 和 Syndicates 没有太大的区别,但在机制上还是大相径庭。跟投人使用 Syndicates 更多的是在赌他和领投人都看好的那家公司,而 Backers 则与被投资的公司无关,跟投方赌的是领投人的投资眼光,因为资金池在投资前就已经建立好。

2. 英国股权众筹平台:Crowdcube

Crowdcube 于 2011 年 1 月在英国埃克塞特大学创新中心成立,是英国也是全球最早成立的股权众筹平台之一,主要为初创型、早期阶段和成长期的公司募集资金。2013 年 1 月,Crowdcube 获得 FCA(英国金融市场监管局)认证,成为一个能够让投资者直接变成股东的股权众筹平台。其官方数据显示:截至 2013 年年底,Crowdcube 共有 81 个项目成功完成融资,融资总额为 1580 万英镑,参与的投资者达到 50146 人;出让的股份在 4% 至 45% 之间,其中 10%—19% 的份额占到了项目总数的 38%,只有 5 个项目考虑出让股份的 30%—45%。发起人在考虑筹集资金时,并不倾向于将企业的股权转让给其他投资人,这也有利于筹资成功后项目的发展与管理;自 2011 年 9 月开始,每个月至少有一个项目达成筹资目标,最低筹款金额为 1.5 万英镑,平均每个项目筹款 24.2 万英镑。①

Crowdcube 的筹资流程为:发起人在网站上建立一个页面,对公司概况、行业背景、市场需求、商业模式、自身优势、推出渠道、风险提示等相关情况予以说明,提供必要的文件供浏览者下载,同时设置出让股份、目标金额、筹款期限和相应的投资回报,当投资总额达到目标金额时,Ashfords LLP(英国著名律所,Crowdcube 法律咨询合作伙伴)将会同发起人完善公

---

① 参见李耀东:《众筹服务行业》,中国经济出版社 2014 年版,第 76 页。

司章程等法律文件,签署股权证明,最后筹集资金才会转到融资企业的银行账户。与此同时,投资者会收到一封包含公司章程的电子邮件,在 7 个工作日内可以提出任何问题,也可以取消投资。完成这些流程后的 6 周内,投资者将会收到相应份额的股票,具体以出资额确定。

3. 澳大利亚股权众筹平台:ASSOB

澳大利亚股权众筹平台 ASSOB 成立于 2007 年,是澳大利亚本土最大的股权众筹平台,也是世界上最大的股权众筹平台之一。截至 2013 年年底,其一共帮助 132 家公司筹到 1.3 亿澳元的资金,并且平台上没有发生过任何一例诈骗案件。平台的信息订阅者(指在 ASSOB 上注册且愿意接受新项目提醒的用户)从 2007 年的 7444 人上升到 2013 年的 23859人,平均增长率达到 26%。[①]

值得关注的是,在此平台上成功融得资金的企业中,有 83% 还在正常运转,相比于美国中小企业 50% 以上的倒闭率,其成活率相当高。在ASSOB 平台上,融资企业的融资额度介于 50 万—500 万澳元之间,且企业类型分布广泛,几乎囊括所有工业类别,平均每个项目出让的股份比例为 21%,平均筹集资金为 52215 澳元。

与美国股权众筹平台 AngelList 的"Syndicates"功能类似,ASSOB 也试行领投人制度,称为"赞助人"(Sponsor)。融资企业一般需要选择一个赞助人来协助处理筹资过程中的工作,包括但不限于准备法律文件、尽职调查等。领投人为企业提供自己的专业技能和服务,回报通常在 5000 澳元之内。

ASSOB 的融资项目一旦上线,融资企业即可以通过邮件、Facebook、Twitter 等社交网络进行宣传。有兴趣的投资者可以对项目进行评论,融资企业必须通过公开渠道回应投资者提问,因为只有那些信息公开透明、能够提出合理商业发展目标的企业才容易赢得投资者的信任,并获得相

---

① 参见李耀东:《众筹服务行业》,中国经济出版社 2014 年版,第 28 页。

应的资金支持。

(二)国外代表性股权众筹平台的分析与比较

1.关于股权众筹平台基本运营模式

在美国,股权众筹平台在开展业务前是否需要首先登记注册为经纪自营商一直存在争议,但是根据 SEC(美国证券交易委员会)和 FINRA(美国金融业监管局)最新发布的《众筹监管条例》(征求意见稿)规定,如 AngelList、WeFunder 此类的股权众筹平台在开展业务前必须同时在 SEC 和 FINRA 进行注册,接受 SEC 和 FINRA 的检查和执法,注册的类别可以为"经纪自营商"或者是"融资门户",并根据其注册的业务范围开展相应的业务。在平台的职能方面,AngelList 此类的网站只是一个连接投资者以及初创公司及其创始人的平台。平台不会向投资者推荐项目,而是设置一定标准来评估公司是否可以在平台上募资,但是投资者应当自己进行尽职调查。项目所披露的信息由筹资者提供,平台不确保其真实准确性。在盈利模式方面,AngelList 会在"Syndicates"(联合投资)模式下收取整个项目净利润的 5% 作为平台的维护费用,此外不会收取其他额外的费用。

在英国,根据英国金融行为监管局(FCA)发布的《关于网络众筹和通过其他方式发行不易变现证券的监管规则》的规定,从事股权众筹业务的平台必须得到 FCA 的相关授权,并登记注册。如 Seedrs、Crowdcube 都已经通过了 FCA 的资格认证。[1] 在平台的职能方面,Crowdcube 与 AngelList 十分类似,只是一个供投资者浏览融资企业信息的公共平台,并不对投资者提供投资意见,也不对筹资企业提供信息的真实性、准确性负责,相应的法律及财会服务也外包由第三方负责提供。盈利模式方面,Crowdcube 会对项目的发起人收取 1750 英镑的咨询、管理费,其中 1250

---

[1] See Ross S.Weinstein,Crowdfunding in the U.S.and Abroad:What to Expect When You're Expecting,pp.437-441.

英镑支付给 Ashfords LLP,此外平台还会对投资人收取代理费,费率为 5%。

在澳大利亚,对于股权众筹平台的监管显得比较宽松,我们并未发现类似于美国、英国的相关注册登记要求。在平台的职能方面,区别于 AngelList、Crowdcube,ASSOB 除了提供基本的信息展示服务外,它还能根据需要提供通过尽职调查、专业知识指导及其他的增值服务,此外,与其他股权众筹网站最大的不同是,它还可以为客户提供众筹股份的二次转售服务。相应的 ASSOB 平台的收费也较高,融资企业必须缴纳申请费 990 澳元、一次性管理费 3960 澳元,每月项目维护费 458 澳元,并拿出成功筹资总额的 1.5% 作为报酬。如果以最低 5 万元的融资额度来看,筹资人必须要承担接近 10% 的成本服务。

2. 关于投资者的保护

在美国,由于《创业企业促进法》(JOBS 法案)对投资者保护方面有着非常细致的规定,因此美国的股权众筹平台对于投资者都有着比较严格的限制与要求,采取了一系列的投资者保护措施,如 WeFunder、AngelList 都要求投资者在开展股权众筹业务前按照美国证券法的规定履行资格认证的程序,投资者须提供必要的证明材料,资格认证的标准包括过往的投资经验、年收入、固定资产等标准。平台将根据资格认证的结果将投资者分为合格投资者与普通投资者,并对两类投资者进行差异化的管理,如:合格投资者平均每笔投资额为 30000 美元,普通投资者在 4000 美元左右;普通投资者不能作为领投人参与融资项目;个别融资项目对普通投资者的人数有所限制;等等。另外,WeFunder 还规定了一个投资者 7 天的冷静期,投资者将投资资金打入第三方托管账户后,在总体投资金额达到筹资者要求后的 7 天之内,投资者都可以要求无理由的资金返还①。

---

① 参见杨东:《众筹风险和防范》,载《互联网金融第三浪:众筹崛起》,中国铁道出版社 2014 年版,第 75—76 页。

英国与澳大利亚在投资者保护方面,也建立了合格投资人的资格认证制,如英国金融行为监管局(FCA)发布的《关于网络众筹和通过其他方式发行不易变现证券的监管规则》规定,参与股权众筹的投资者必须是高资产投资人,指年收入超过 10 万英镑或净资产超过 25 万英镑(不含常住房产、养老保险金),或者是经过 FCA 授权的机构认证的成熟投资者。非成熟投资者(投资众筹项目 2 个以下的投资人),其投资额不对超过其净资产(不含常住房产、养老保险金)的 10%,成熟投资者不受此限制;澳大利亚的股权众筹平台 ASSOB 将投资者区分为合格投资者和普通投资者,每个项目参与投资的普通投资者人数不得超过 20 人,平台对每个投资者都会进行相应的风险揭示工作。

3. 关于对融资企业的限制与要求

美国的股权众筹平台对于融资企业设置了一定的限制与要求,主要有以下几个方面:融资企业所有的股权众筹业务必须通过一家已经注册的中介机构完成,便于监管机构通过中介机构对融资企业进行监管,融资企业在过去 12 个月通过股权众筹模式融得的资金不能超过 100 万美元;在信息披露方面,融资企业须向投资者披露的信息包括但不限于以下几个方面:发行人和董事高管、经营活动、资金用途、投资流程、发行价格、所有权和资本结构、财务信息等,此外还要求融资企业定期向投资者披露发行进程并持续向 SEC(美国证券交易委员会)报送其年报及财务报表。①

澳大利亚的股权众筹平台 ASSOB 建立了一套《ASSOB 准入规则》,对融资企业也设置了一定的要求:首先 ASSOB 只接受住所地位于澳大利亚的公司发起的融资需求;其次 ASSOB 按照融资企业信息披露的公开程度不同分为了公众公司和非公众公司,非公众公司通过平台筹集的资金额不能超过 50 万澳元;此外,平台要求每个融资企业都必须聘请一名专业的股份登记员来确保其股东登记册是最新的,并适当地反映出股东详

---

① See Ross S.Weinstein, Crowdfunding in the U.S.and Abroad: What to Expect When You're Expecting, p.449.

细信息、交易和所获投资;最后在信息披露方面,平台要求融资企业提供一份详细的尽职调查报告,报告的内容包括募集资金的用途及使用情况、经营活动、募投项目的进展情况等,该报告必须每季度更新一次。

三、 当前我国证券行业开展股权众筹业务的可行性

(一)证券行业开展股权众筹业务的业务模式选择

在研究未来我国证券行业开展股权众筹业务可能会面临的业务模式选择问题方面,我们主要借鉴了美国按照股权众筹业务中介机构经营范围的不同而对其进行分牌照管理的经验,将中介机构可能会选择的业务模式分为了"融资门户"模式与"综合服务提供商"模式,此种设计方式的优势在于不同类型与背景的中介机构都能够参与到此项业务中来,并发挥其相应的优势,能够给投资者有一个更加多元化的选择。

1. "融资门户"模式

"融资门户"模式的提法见于美国 2012 年颁布的《创业企业促进法案》,该法案中规定"承担众筹豁免证券发行和销售的中介机构可以是注册经纪自营商",也可以是注册"融资门户"(funding portal)。"融资门户"是一种新的注册类别,适用于仅从事众筹豁免证券发行和销售的中介机构。① 区别于在美国证券交易委员会注册的"经纪自营商"资格,"融资门户"这种新的注册类别的经营范围将受到较大限制,如不得参与证券和资金的托管、不得向投资者提供投资建议等,相应的其所要求的监管要求也较低。

美国"融资门户"模式主要有以下两个特点:中介机构开展股权众筹业务时,经营范围受到限制,可以提供的服务较为单一;监管部门对此类

① 《美国最新众筹监管规则介绍》,载《传导》2014 年第 7 期。

中介机构的监管要求较低。我们认为,可以借鉴此种模式,设计一套未来可在我国推广运用的"融资门户"的业务模式,此种业务模式的特点应包括以下几个方面:

第一,参与门槛低。参与的中介机构没有净资本、盈利能力等限制要求,没有专业的牌照要求,设立无须行政审批手续。

第二,业务模式简单。中介机构只须在其平台上展示项目的基本信息,招揽投资者,撮合两者达成交易,不参与对企业的尽职调查、估值定价等其他业务环节。

第三,无专业能力方面的要求。无须专业的法律与财务人员,管理成本与人力资源成本较低。

第四,盈利模式简单。由于不能为客户提供差异化的增值性服务,缺乏有效地吸引客户的手段,因此,收费手段较为单一,客户忠诚度较低。

通过上述分析我们认为:此种业务模式特点更适合于那些金融属性不强、面向的投资群体更加广泛、投资方式更加直接的互联网类平台中介机构,如前文中我们提到的 AngelList、Crowdcube 等国外股权众筹平台。

2. "综合服务提供商"模式

相较于"融资门户"模式,"综合服务提供商"模式则要求中介机构能够为融资企业与投资者提供的不仅仅是撮合交易的平台,而是能提供一套完整的涵盖融前、融中、融后的配套服务。目前,从严格意义上而言,国内外大部分的股权众筹平台都未采取此种业务模式,主要原因前文也有所提及,即目前此类平台多为金融性不强的互联网公司,不具备相应的人才优势与业务经验,因此,对于此种业务模式,并无可供我们借鉴研究的典型案例。

因此,我们在设计"综合服务提供商"的业务模式时,主要是从股权众筹业务的业务属性与需求出发,此种业务模式大致应具备以下特点:

第一,有门槛限制要求。开展此类业务模式的中介机构应当具备较强的金融属性,具有提供相应金融服务的专业牌照,设立应当通过国务院相关部门的行政审批。

第二,业务模式多样化。具体而言中介机构可能涉及为融资企业提供尽职调查、估值定价、筹集资金的管理、持续督导等服务,为投资者提供的适当性管理、股份的登记、托管与转售等服务。

第三,专业能力要求较高。因涉及可能会提供相关的专业服务,因此,要求中介机构具备一定的投融资专业领域经验与人才储备。

第四,盈利模式多样化。由于能够为客户提供全生命周期的多样化的服务,因此收费的手段也较为丰富,客户具有较高的黏性。

通过上述比较分析我们认为:"综合服务提供商"才是未来证券公司作为中介机构参与股权众筹业务应当采用的业务模式,采用此种业务模式能够充分发挥证券公司在投融资业务领域的专业经验与人才优势,更好地利用其本身具有的交易、托管和支付结算的功能属性,有利于证券公司利用传统业务模式与股权众筹业务进行结合与创新。

(二)"综合服务提供商"模式与证券公司传统业务的结合与创新

通过上一章节的分析,我们认为证券公司应当采取"综合服务提供商"模式参与股权众筹业务,下面我们将论证"综合服务提供商"模式如何与证券公司的传统业务进行结合与创新:

1. "综合服务提供商"模式与证券公司传统业务的结合

现阶段,经过20余年的规范发展,证券公司已经形成了证券经纪、承销与保荐、资产管理、研究咨询、财务顾问、证券自营等为主的多种业务链条,具备了投融资中介、交易、托管和支付结算的多种功能属性,完全可以满足股权众筹业务的全部业务需求,具体而言,包括以下几个方面:

(1)投资银行业务部门。投资银行业务部门是证券公司定价能力、销售能力和品牌影响力的重要体现,是证券公司发挥投融资中介功能、服务实体经济的重要支柱。未来股权众筹业务的风险不仅仅体现于对融资企业的选择,更加体现于对整个融资过程的全过程管理。证券公司的投资银行业务部门则在传统的承销与保荐业务中积累了丰富的相关业务经验,完全可以实现整个融资过程对融资企业的全过程管理,把控业务风险,即在融资前的尽职调查、信息披露、估值定价工作、融资过程中的股份申购、筹集资金的管理与流转工作,融资后的持续督导工作。

(2)经纪业务部门。证券公司的经纪业务部门直接面向的是最广大的投资者,拥有着丰富的客户资源、销售渠道与投资者管理经验。因此,经纪业务部门可以胜任整个融资过程中面向投资者的各项工作,即融资前的投资者的适当性管理、融资过程中众筹股权发行的宣传和推荐等相关工作。

(3)柜台市场部门。证券公司的柜台市场部门主要负责为投资者在集中交易场所之外进行交易提供服务,它大大拓宽了证券公司的客户基础和服务范围。鉴于柜台市场部门这样的功能定位,在未来的股权众筹业务中,它可以为投资者在交易所外提供众筹股份的登记与托管、转售等相关服务。

(4)中后台职能部门。除了上述业务部门外,证券公司的中后台职能部门在整个业务过程中,也能为融资企业与投资者提供诸如风险管理、法律支持、财务、清算、信息技术等多方面的服务。

2. 证券公司传统业务利用"综合服务提供商"模式可进行的创新

近年来,互联网金融发展如火如荼,如阿里联合天弘基金推出的"余额宝"、腾讯联合国金证券推出的"佣金宝",这些业务对证券公司的传统业务模式形成了极大挤压,证券公司的管理思维、经营模式也面临着巨大挑战,而"综合服务提供商"这一业务模式则可以推动证券公司向综合金融、互联网金融发展,具体主要包括以下两个方面:

第一,打通全业务链,为初创企业提供全生命周期的融资服务。初创企业融资难是全世界范围内广泛存在的难题,在"综合服务提供商"业务模式下,证券公司利用股权众筹业务为初创企业融得第一桶金后,可利用自身在投融资业务领域的专业优势,为初创企业的发展提供后续的多元化、全生命周期的金融服务,如财务顾问、股权、债权、并购重组、过桥融资、资产证券化等。这样对于融资企业与证券公司将形成双赢的局面:一方面,对于证券公司来说,通过不断的向初创企业提供金融服务,即增强客户忠诚度,又充分挖掘了客户的潜在业务机会,真正打通了自身的全业务链,建立更加完整的业务链条;另一方面,对于初创企业来说,通过建立长期的合作关系,也有助于初创企业获得更加便利、更加具有针对性的金融服务,解决企业在发展中遇到的各项难题,促进企业的健康发展。

第二,以客户为中心,创建综合金融账户,开展大数据金融。账户是客户货币资产的大本营,客户价值的综合载体,也是客户金融理财活动的出发点和归宿点。过去十年,商业银行正是依托客户银行账户发挥的重要作用,实现了资产规模和盈利能力的快速扩张,阿里等互联网企业也是借助构建客户虚拟账户实现了"草根金融"的崛起,这就是"得账户者得金融"。在"综合服务提供商"业务模式下,股权众筹业务因为它的微金融属性决定了它必将为证券公司带来大量客户投资、交易信息。而证券公司则可以利用分析此类信息,创建客户的综合金融账户,通过构建客户的投资交易习惯,利用自身在资产管理等方面的优势为其提供差异化的理财服务,并以此为中心,打通客户投资理财资金的支付渠道,构建综合账户和综合理财平台,成为面向客户的门户和家园。

第五章　证券行业开展股权众筹业务相关实践问题

　　证券公司从事股权众筹业务有其得天独厚的条件:一方面,证券公司长期开展股票发行业务和金融产品销售业务,积累了大量的发行和销售经验;另一方面,证券行业经过长年的发展,形成了较为完善的监督管理体系,尤其面对近年来证券行业不断创新的发展态势,证券监管机构的监管经验和监管水平都得到了进一步的提升。此时将股权众筹业务作为一项创新业务推出,符合"市场有需求,公司有能力,内控有配套,风险可控制,客户权益有保护,外部监管有保障"的原则,值得肯定和推广。

　　本章节主要讨论券商开展股权众筹业务的具体流程构造和细节安排。从发行人角度来讲,主要讨论发行人的资格限制,信息披露,宣传与推介,股份的锁定等;从中介机构角度来讲,主要讨论股权众筹平台的设立和审批,对发行人的资格审查,股票的估值和定价,资金的收取与划付,股份的登记和托管等;对投资者来讲,主要讨论投资者的适当性管理,股份申购,反悔权及重新确认权,股份的交易等。此外,针对股权众筹模式下易出现的欺诈、洗钱、利益冲突、资金使用等风险,本章也尝试着提出制度设计方案和风险管理措施,尽量使资本形成和投资者保护之间达到动态平衡。

一、证券行业开展股权众筹的
具体业务环节探讨

本节将按照业务开展过程中各环节的先后顺序,依次探讨股权众筹业务的全方位业务链条。

(一)股权众筹平台的设立与审批

1.股权众筹平台资格申报

证券公司申请股权众筹业务这一创新业务,应当符合中国证监会颁布的《证券公司业务(产品)创新工作指引(试行)》第四条的规定:"证券公司开展业务(产品)创新应当具备以下条件:(一)最近两年各项风险控制指标持续符合规定。(二)具备健全的风险管理制度、内部控制制度与合规管理制度。(三)最近两年未因重大违法违规行为而受到处罚,最近一年未被采取重大监管措施和自律纪律处分措施。(四)信息系统安全稳定运行,最近一年未发生重大事故。(五)其他必要的审慎性监管要求。"

此外,根据《证券公司业务(产品)创新业务工作》第七条的规定,证券公司申请股权众筹业务应当按照"先试点、后推广"的步骤进行,首先要经过内部和外部方案设计论证,行业专家评审,监管部门审批后试点,然后在试点的基础上总结完善。如果股权众筹业务试点取得成效、方案成熟、运行安全,监管机构将会同相关自律机构制定规则,择机扩大试点或转为常规业务。

2.众筹平台的业务范围限定

如前文所述,中介机构会选择的业务模式分为"融资门户"模式与"综合服务提供商"模式,其中对于融资门户,JOBS法案304条款——集资网站监管(b)明确规定了融资门户的业务边界,禁止融资门户:"(A)提供投资意见或建议;(B)通过劝诱性的购买、销售或者发行方式,吸引购买其网站发行或展示的证券;(C)基于其网站展示或推介的证券,为实施劝诱行为的员工、代理机构或其他个人支付报酬;(D)持有、管理、拥有或者处理投资者基金或证券;或(E)参与证券交易委员会按照规则确定的其他限制行为。"而对于综合服务提供商,则没有明确的业务范围限定。

券商众筹业务的发展趋势是成为"综合服务提供商",但是在开展该项业务的初期,应采取折衷的方式,以投行服务、经纪业务服务、柜台业务服务为主,而不纳入投资顾问服务。这样限定的考量主要有二:一是由于传统资本市场有一整套完整的股票发行程序来尽可能地帮助投资者认识风险及规避风险,使投资者的信息不对称程度在制度范围内降到最低,因此在传统资本市场开展投资顾问业务,投资者可以基于自己的合理判断,决定是否采纳投资意见或建议。而在股权众筹模式中,传统金融市场的尽职调查、信息披露、财务审计、议价定价等环节都被压缩和精简,投资者更多地依赖自身的信息渠道和过往经验作出是否投资的决定,缺乏足够的信息获取、风险识别和风险防控能力,很容易受投资意见或建议的影响,因此在股权众筹模式中不宜纳入投资顾问业务。二是由于发行人委托券商进行股权众筹服务,券商要从发行人的身上获取佣金,也就是说券商和发行人是具有利益一致性的。那么在此情况下,如果券商针对自己平台上的项目向投资者提供投资建议,则很难保证券商是否出于自身利益实现的考虑而将项目推荐给投资者。因此,为规避这样的利益冲突,暂时不应将投资顾问业务与股权众筹业务进行对接。

(二)股权众筹发行人资格管理

1. 发行人资格限制

通过众筹融资募集资金的基本上都是并不成熟稳定的小微企业,而这些小微企业尤其是初创企业更容易出现经营失败。[①] 而众筹融资模式

[①] 参见《美国最新众筹监管规则介绍》,载《传导》2014 年第 7 期。

中投资者投资数额和持股比例较少,且都是通过网络完成,其对于筹资者公司治理的介入程度不够,投资者与筹资者之间存在着较为严重的信息不对称。简而言之,筹资者能够全面地掌控局面而投资者缺乏足够的信息以对公司进行监控。由此会产生大量的诸如不正当自我交易、超额薪酬、滥用公司机会等损害投资者利益的投机行为。[①] 为了防止上述不当行为的产生,有必要对发行人进行准入限制,尽量遴选出优质、诚信的发行人,而将有违法历史、有欺诈可能的发行人剔除出去。

结合国外众筹立法的经验及国内业务开展的实际情况,我们认为有必要对出现下列情况的发行人剥夺发行资格:

首先,针对发行人、发行人前身、控股股东、实际控制人:(1)最近三年内存在损害投资者合法权益和社会公共利益的重大违法行为。(2)最近三年内存在未经法定机关核准,擅自公开或者变相公开发行证券,或者有关违法行为虽然发生在三年前,但目前仍处于持续状态的情形。

其次,针对发行人董事、高级管理人员,持有 20% 以上股份的大股东:(1)因涉嫌犯罪被司法机关立案侦查或者涉嫌违法违规被立案调查,尚未有明确结论意见的。(2)因重大违法违规行为受到行政监管部门的行政处罚,执行期满未逾 3 年。(3)对曾任职机构违法违规经营活动或重大损失负有个人责任或直接领导责任,情节严重的。(4)担任或曾任被接管、撤销、宣告破产或吊销营业执照机构的董事(理事)或高级管理人员的,但能够证明本人对曾任职机构被接管、撤销、宣告破产或吊销营业执照不负有个人责任的除外。

2. 发行规模限制

纵观国外众筹立法,在给予初创企业众筹融资豁免注册的同时,出于保护投资者的目的,也普遍限制了初创企业的众筹融资规模。众筹融资具有草根金融特性,初创企业一般都是小微企业,根据《中华人民共和国

---

① 参见《美国最新众筹监管规则介绍》,载《传导》2014 年第 7 期。

企业所得税法实施条例》（中华人民共和国国务院令第 714 号）规定："企业所得税法第二十八条第一款所称符合条件的小型微利企业，是指从事国家非限制和禁止行业，并符合下列条件的企业：（一）工业企业，年度应纳税所得额不超过 30 万元，从业人数不超过 100 人，资产总额不超过 3000 万元；（二）其他企业，年度应纳税所得额不超过 30 万元，从业人数不超过 80 人，资产总额不超过 1000 万元。"再结合国内现行的众筹融资平台"人人投""天使汇"的项目融资金额，我们认为将 12 个月内众筹融资规模定为不超过 1000 万元较为合适。

（三）投资者适当性管理

由于众筹融资面向最普通的一般投资者开放，这些投资者普遍缺乏充足的投资知识和风险防控能力，容易对自身的投资能力进行错误评估，因此，众筹融资的投资者因其不成熟而缺乏足够的自我保护能力，在投资风险面前显得尤为脆弱。为了给予投资者足够的保护，贯彻"将合适的产品，卖给合适的客户"的原则，券商必须对投资者进行适当性管理。

1. 投资金额限制

如前文所述，对于投资者投资金额限制，各国所通行的做法是并不规定投资者的准入门槛，而是根据收入水平或资产净额对投资者进行分类，限定一般投资者的投资限额，而对于专业投资者或成熟投资者则不加限制。本书认为，可以采取将投资额的绝对数限额与年收入或资产总额比例限额相结合的方式来确定投资限额，既兼顾了单笔最大金额，也兼顾了投资者的资产总额水平。具体而言，对于净资产少于 50 万元人民币的投资者，其投资额不得超过 1 万元人民币或净资产的 5%；对于净资产高于 50 万元人民币的投资者，其投资额不得超过 10 万元人民币或净资产的 10%。

2. 投资者风险承受能力调查

券商在投资者申购众筹股份之前，必须对其进行风险承受能力调查。

调查应当涵盖投资目的、投资期限、投资经验、财务状况、短期风险承受能力和长期风险承受能力等影响投资者投资决策的因素,通过多因素的调查,综合评估投资者风险承受能力的高低。券商不得向投资者推介与其风险承受能力不匹配的投资对象及投资金额;投资者主动要求超越风险承受能力进行投资的,券商应当将判断结论书面告知投资者,提示其审慎决策,并由投资者签字确认。

3.投资风险揭示

券商应指定专人或在众筹平台的显著位置向客户披露发行人的基本信息材料,全面、公正、准确地介绍股权众筹业务的特点,充分说明股权众筹业务的风险特性,并披露是否与发行人存在关联关系或其他利益关系。

券商还应制定统一的股权众筹业务风险揭示书,基本内容应包括:股权众筹业务的基本特点、业务流程及风险特性;可能股票转售限制;发行人披露的信息种类和披露次数,未来终止披露的可能性;投资者应遵守的投资金额限制有关规定;投资者取消投资承诺的有关限制;投资者须根据自身情况判断投资是否适当;券商应尽的义务及与发行人的关系;等等。客户须对风险揭示书签字确认。

(四)对发行人的资格审查

为避免发行人欺诈发行,保护投资者利益,券商需要对发行人是否具备发行资格进行审查。在以往公司新股发行的模式下,券商需要对发行人的企业历史数据和文档、管理人员的背景、市场风险、管理风险、技术风险和资金风险做全面深入的尽职调查,发表真实性、准确性、完整性的专业意见,时间一般长达3—6个月。如果对股权众筹模式下的发行人也采取这样的尽职调查,必然会提高发行成本,延长发行周期,与股权众筹高效便利低成本的融资特点不符。因此,券商对发行人的资格审查应主要侧重于形式审查,即审查发行人是否具有限制准入的情况,其提供的发行材料是否完整、齐备。具体而言,在资格审查的过程中,券商应该着重审查发行人是否有前述发行人资格限制章节中所列举的被剥夺发行资格的情况,必要时可以要求相关当事人签署承诺函或提供担保等信用加强措施。券商还应审查发行人的信息披露文件是否完整、齐备并合乎规范。券商的资格审查通过后,发行人才能正式进行信息披露。

(五)发行人的信息披露

正如前文所述,股权众筹能够有效地促进资本形成,解决初创企业的资本难题,如果对众筹融资施加严格的监管和烦琐的保荐程序,则将使其高效便捷低成本的优势受到减损;但另一方面,众筹融资特殊的主体结构和融资模式使得投资者更容易暴露在风险之中,投资者保护面临着更严峻的考验。

因此,为实现资本形成和投资者保护之间的平衡,需要强化发行人的信息披露,加强对信息披露真实性、有效性和及时性的要求,使投资者在尽可能全面了解目标企业的基础上,作出理性的投资决策。

1. 发行信息披露

参照 JOBS 法案,结合我国资本市场实际情况,发行人需至少提前 30 天向众筹平台及监管机构披露相关信息,以便投资者有充分的时间根据披露的信息作出投资决定。其披露的信息至少应包括:(1)名称、组织形式、地址及网址。(2)董事、监事、高级管理人员以及持股 20% 以上股东的基本情况。(3)经营情况的描述以及参与的商业计划。(4)过去 12 个月的财务状况:发行额度在 50 万元人民币以内的,需提供纳税证明以及主要高管背书证明的财务报告;发行额度在 50 万元人民币至 300 万元人民币之间的,需披露最近两个财务年度的(若公司成立不足两年,则从成立至今的)由会计师事务所复核后的财务报表;发行额度在 300 万元人民币以上的,需提供近两个财务年度的(若公司成立不足两年,则从成立至今的)由会计师事务所审计后的财务报表。(5)募集资金的目的和用途。(6)募集资金的数额及截止日期。(7)发行股份的价格或计算方法以及撤销投资的方式。(8)所有权及资本结构的描述。

此外,由于证券发行进程也包含了非常重要的信息,如申购额是递增的,还是停滞不前的,是集中在开始阶段还是结束阶段,根据这些信息,投资者有可能行使反悔权,所以发行人也必须向投资者及时披露证券发行进程,以方便投资者作出合理判断。

2. 存续期间财务信息披露

股权众筹业务在成功募资后,发行人也必须持续向监管机构报送并在指定网站上公布企业的年报和财务报表,具体内容至少应包括:(1)名称、组织形式、地址及网址。(2)董事、监事、高级管理人员以及持股20%以上股东的基本情况。(3)经营情况的描述以及参与的商业计划。(4)过去12个月的财务状况:发行额度在50万元人民币以内的,需提供纳税证明以及主要高管背书证明的财务报告;发行额度在50万元人民币至300万元人民币之间的,需披露由会计师事务所复核后的财务报表;发行额度在300万元人民币以上的,需提供由会计师事务所审计后的财务报表。(5)募集资金使用情况。(6)所有权及资本结构的描述。

(六)发行宣传和推介

在发行人的信息披露材料已审核无误之后,发行人可以在券商的众筹网站上面向公众投资者进行宣传和推介。宣传和推介方式主要有两种,一种是在众筹网站的业务专栏中发布推介公告;一种是在众筹网站中设立专门的发行人与公众投资者对话的交流区域,由公众投资者就企业的相关问题进行询问,由发行人进行回答。出于投资者保护和经济成本的考虑,发行人应只通过上述两种方式进行宣传和推介,不应在其他报纸或社交媒体上发布发行信息。

在发布推介公告时,包含的内容应仅限于:(1)发行条款(包括发行数量、证券类型、价格和发行截止日期);(2)发行人的法律身份、地址、网址、联系方式;(3)简要描述发行人的经营活动。

在交流平台进行宣传和推介时,发行人或其代理人应首先标明身份,并保证向投资者提供的发行人信息应与实际情况保持一致。发行人在推介过程中不得夸大宣传,或以虚假广告等不正当手段劝诱、误导投资者;推介话语不得存在虚假记载、误导性陈述或者重大遗漏。一旦券商发现发行人的宣传和推介活动违反上述原则或者有欺诈、虚假嫌疑,可对发行人采取一定的惩戒措施,如禁止发布不当信息,刊登勘误说明,严重者可取消发行人的发行资格。

(七)估值和定价

股票的发行价格可以等于票面金额,也可以超过票面金额,但不得低于票面金额。根据《证券法》第三十四条规定:"股票发行采取溢价发行的,其发行价格由发行人与承销的证券公司协商确定。"根据《证券发行与承销管理办法》第四条规定:"首次公开发行股票,可以通过向网下投资者询价的方式确定股票发行价格,也可以通过发行人与主承销商自主协商直接定价等其他合法可行的方式确定发行价格。"一方面,鉴于股权众筹模式下的发行人一般处于初创阶段,规模较小,募集金额有限;另一方面,股权众筹毕竟不同于传统意义上的公开股票发行,不一定每次都有网下机构投资者参与询价。因此出于经济和现实考虑,股权众筹模式下的估值和定价应由发行人与券商自主协商直接定价。

股票的估值方法多种多样,较常用的估值方法包括相对估值法和绝对估值法。相对估值法,也被称为"可比公司法",即参考一些同类或有可比较性的公司的重要数据指标,特别是业务及规模类似的公司,然后根据发行人的特质进行价格调整,进而确定发行人的估值区间。相对估值法包括市盈率估价法、市净率估价法、市销率估价法、企业估值倍数法等。绝对估值法,又被称为"折现法"或"贴现法",主要包括股利折现模型及折现现金流模型。

相对估值法反映的是市场供求决定的股票价格,绝对估值法体现的是内在价值决定价格。券商可综合考虑这两种估值模式的各自特点,综合确定股票的估值。①

(八)申购和验资

由于发行人处于初创时期,发行规模较小,募集金额有限,股权众筹模式作为高风险高收益的新兴投资方式,投资者的人数和金额也有限,因此股票发行应尽量采取简化模式,可以参照资管产品的认购方式进行。申购流程具体为:

1.信息披露的后半段,投资者将进入申购期。申购期以券商的具体时间安排为准,但应留出充足的时间让投资者实行反悔权。

2.投资者应在券商处开立证券交易账户,并在资金账户中备足申购的货币资金。申购价格以券商和发行人拟定的估值价格为准,但申购上限不应超过法定的投资金额。

3.投资者既可以到券商指定营业网点的柜台申购,也可以登录众筹平台网络系统以自主下单的方式申购。

4.申购采取先到先得的方式进行,若募集资金已超出推介公告中的规模时,发行人可以宣布不再接受申购申请。

(九)投资者反悔权及重新确认权

为了给予投资者更好的保护,让投资者有充足的时间和机会来作出理性投资判断,JOBS 法案创造性地制定了两个投资者保护制度,即投资者反悔权及重大事项重新确认权。这两个制度对投资者保护起到了重要作用,有必要在今后开展的国内股权众筹业务中也借鉴引入。

首先是投资者反悔权。可以参照美国《众筹监管条例》的规定,赋予投资者享有最晚于发行人设定的发行结束时间前 48 小时取消投资承诺

---

① 参见《美国最新众筹监管规则介绍》,载《传导》2014 年第 7 期。

的权利。虽然发行人与投资者是具有平等法律地位的民事主体,但由于双方对于企业的信息占有量程度明显有差异,与其他融资模式相比,众筹融资的投资者面临的风险更为复杂多样,投资者更为脆弱,因此有必要通过设立犹豫缓冲期,给予其更高程度的保护。投资者取消投资承诺后,券商须通知托管行,在约定时间内向投资者退款。

其次是重大事项重新确认权。在股权众筹模式下,投资者的投资决定依赖于其对发行人披露信息的分析和对提示风险的考量,独立作出投资判断。因此,当发行有关情况发生重大变化时,券商必须向已经作出投资承诺的投资者发送通知,告知其信息层面发生重大变化,提示其是否要取消之前的投资承诺。如果投资者在知悉重大变化后仍然决定投资的,须对之前的投资承诺进行"重新确认"。在通知规定的时间内没有作出"重新确认"的,已作出的投资承诺将被视为自动取消。自动取消后,券商须告知投资者承诺已被取消、取消的原因和退款金额。同时,券商须通知托管行,在约定时间内向投资者退款。

(十)资金的收取与划付

由于我国目前采取的仍然是"券商管证券,银行管资金"的三方存管体制,因此券商应在结算银行开立申购资金专户用于申购资金的收付;在结算系统内开立申购资金核算总账户,用于核算申购资金。申购委托前,投资者应把申购款全额存入资金账户。申购结束之后,由券商和结算银行负责申购资金的结算。若投资者取消投资承诺,则应填写资金赎回委托单。在约定时间内,由结算银行将申购款项退回至投资者。

申购期限届满后,会计师事务所须对申购资金进行验资,并出具验资报告。结算银行应将申购资金专户内已验资的所有款项划转至发行人账户。若发行失败,则结算银行应与券商共同核对已缴款名单,将申购款项附加银行同期存款利息一并退回至投资者申购账户中。

(十一)股份的登记和托管

为了方便对发行人投后情况进行监督管理并为投资者日后的股份交易预留空间,股权众筹业务发行的股份应在提供众筹平台的券商处办理登记和托管。登记的内容至少应包括:公司的全体股东名册;有限售条件的股东类别;涉及司法冻结或质押登记的股份情况;发行人的营业执照、法定代表人身份证明文件等其他材料。

公开发行的众筹股份需要办理转让的,也须在券商柜台办理变更登记手续。券商的股份登记具有公示公信效力。

(十二)股份的交易与锁定

1. 股份的交易

一般的众筹中介机构由于不能像证券交易所那样提供交易平台,投资者不能通过与对手方交易及时转让股份,因而面临流动性不畅的风险。但如果通过券商众筹平台进行股权众筹业务,情况则大不一样。根据中国证券业协会 2012 年颁布的《证券公司柜台交易业务规范》,证券公司可以与特定交易对手方在集中交易场所之外进行交易,或为投资者在集中交易场所之外进行交易提供服务。目前《证券公司柜台交易业务规范》中仅规定了可以参与柜台交易的金融产品类别,还未明确股份转让是否能在柜台交易中进行。但根据柜台交易的定义,在券商柜台交易场所内进行股份转让应属于"与特定交易对手方在集中交易场所之外进行交易,或为投资者在集中交易场所之外进行交易提供服务"的范畴。因此,监管机构应进一步明确将柜台交易的类型扩大至股份转让,为众筹股份提供一个合乎规范的转让渠道,更好地保护投资者利益,也更好地完善股权众筹业务的发展。

2. 股份的锁定

为防止发行人利用股权众筹投机、套利、欺诈,损害投资者利益,须对众筹融资前股东持有的股份进行锁定,限制其在一定时间内转让股份。我国上市公司股份锁定的规则很多,考虑到股权众筹业务中的发行人毕竟是规模较小的初创企业,虽是公开发行但股份未上市交易,因此,其股份锁定遵守基本的法律条文规定即可,不应对其限制得过于严苛。具体可参照《公司法》第一百四十一条规定执行,发起人持有的本公司股份,自公司成立之日起一年内不得转让。公司公开发行股份前已发行的股份,自股权众筹募集成功之日起一年内不得转让。公司董事、监事、高级管理人员应当向公司申报所持有的本公司的股份及其变动情况,在任职期间每年转让的股份不得超过其所持有本公司股份总数的百分之二十五;所持本公司股份自股权众筹募集成功之日起一年内不得转让。上述人员离职后半年内,不得转让其所持有的本公司股份。公司章程可以对公司董事、监事、高级管理人员转让其所持有的本公司股份作出其他限制性规定。

二、 证券行业开展股权众筹业务的核心风险及其防控

（一）反欺诈

根据美国证监会 SEC 发布的《众筹监管条例》,股权众筹平台必须履行三项反欺诈义务:一是有"合理的理由"确信发行人满足《证券法》和《条例》的要求;二是有"合理的理由"确信发行人准确记录了股份持有人的信息;三是对发行人进行背景调查,拒绝可能存在欺诈行为的发行人通过其平台发行证券。

这三条义务对防范股权众筹业务中的欺诈行为很有借鉴意义。针对第一条义务,券商须切实履行发行人资格审查义务,以判断发行人的实际情况是否符合股权众筹资格要求。针对第二条义务,券商须严格监控众

筹平台上的发行活动,切实履行股份登记及托管义务,保护股份持有人的权利。针对第三条义务,券商应在资格审查工作中重点对发行人、董事、高级管理人员和持有一定份额以上的大股东进行背景调查。一旦发现发行人有可能存在欺诈行为或者欺诈意图的,券商可以拒绝该发行人的发行请求。

(二)反洗钱

根据国外股权众筹平台的经验来看,股权众筹活动存在较高的洗钱风险。首先,就投资者来看,众筹发行无需审核注册且价格较低,易被非法资金利用,达到洗钱目的;其次,就发行人来看,非法资金有可能通过注册一个壳公司,利用豁免政策进行洗钱活动。因此,作为众筹业务枢纽环节的券商必须采取严格的反洗钱措施。

结合全国人大常委会颁布的《反洗钱法》和中国人民银行颁布的《金融机构大额交易和可疑交易报告管理办法》,券商应当建立众筹业务客户身份识别制度,建立客户身份资料和交易记录保存制度,按照规定执行大额交易和可疑交易报告制度。其中,众筹业务的大额交易和可疑交易标准不同于其他证券业务,应着重关注客户的身份信息资料,客户的资金来源,客户的交易行为,并充分考虑股票发行、股票评估、股票交易、让利分红等环节可能出现的洗钱"风险点",以便及时有效地发现及预防洗钱风险。[①]

(三)利益冲突防范

利益冲突防范主要涉及两个问题,一是发行人与券商签署众筹服务协议之后,发行人可否作为一般投资者参与股权众筹;二是发行人在与券商签署众筹服务协议之前,券商或其直投子公司可否持有发行人股份。

[①]　参见《美国最新众筹监管规则介绍》,载《传导》2014年第7期。

（四）资金使用风险

在众筹融资模式中，投资者投资数额和持股比例极少，且都是通过网络完成，其对于筹资者公司治理的介入程度不够，公司的重大经营决策都是由投资者并不熟悉的管理者作出，投资者既不能及时有效地对筹资者的经营状况进行了解，也不能指望筹资者诚信地与投资者及时沟通，募集资金存在被滥用、挪用的风险。

为应对这一风险，应结合上市公司资金募集的监管经验，在设计制度时从募集资金的存储及使用两方面入手，加强对募集资金的监督和管控。

首先，在专户存储方面，募集资金应当存放于董事会决定的专项账户集中管理，募集资金专户数量原则上不得超过募投项目的个数；公司一次或12个月以内累计从专户支取的金额超过一定数额的，公司应及时在众筹平台上发布公告，告知投资者；一定数额的投资者联名，可以到托管行查询专户资料。

其次，在募集资金使用方面，公司应当按照发行申请文件中承诺的募集资金投资计划使用募集资金，出现严重影响募集资金投资计划正常进行的情形时，公司应当及时在众筹平台中发布公告；公司不得将募集资金通过质押、委托贷款或其他方式变相改变募集资金用途；公司应当对募集资金使用的申请、分级审批权限、决策程序、风险控制措施及信息披露程序作出明确规定；公司应当确保募集资金使用的真实性和公允性，防止募集资金被控股股东、实际控制人等关联人占用或挪用，并采取有效措施避免关联人利用募投项目获取不正当利益；公司应当在每个会计年度结束后全面核查募投项目的进展情况；募投项目出现异常情形的，上市公司应当对该项目的可行性、预计收益等重新进行论证，决定是否继续实施该项目，并在最近一期定期报告中披露项目的进展情况、出现异常的原因以及调整后的募集资金投资计划。

股权众筹业务模式的诞生与发展有着深刻的经济、文化根源，是实体

经济变革与金融服务变革共同的结果,并反过来促进二者的深化。如同
17 世纪荷兰航海和商品贸易的发展促成东印度公司发行了世界上最早
的股票;19 世纪美国铁路建设和工业化的进程推动了美国股票市场的飞
速发展,每种现代金融制度的诞生,都根源于当时社会经济变革的需求,
是时代的产物①。

　　股权众筹业务则是互联网时代的产物,是互联网金融的一种新模式,
深刻地冲击着传统的金融法制与融资模式,以初创企业为主的融资者、提
供融资平台及服务的中介机构和广大的投资者构成了股权众筹的业务体
系,这种业务体系与我国现行的法制体系存在一定的不适性,我们应当顺
应时代的发展,在分析国外先进立法经验的基础上,构建符合我国国情
的、多层次的安全有效的制度体系。证券公司则应以股权众筹业务为契
机,以“综合服务提供商”的角色开展股权众筹业务,充分发挥自身金融
中介的各项服务功能,并与现有的传统业务进行结合与创新,促进业务转
型,为融资企业与投资人提供多样化、全周期的金融服务。当然,需要说
明的是,制度回应并非一日之功,既不能操之过急地推进制度变革,又不
能贻误时机影响众筹融资的发展,而是应该审慎地把握众筹融资的发展
进程,有序地推进相应的制度构建。

---

① 　参见李耀东:《众筹服务行业》,中国经济出版社 2014 年版,第 130 页。

第二编

PART TWO

区块链在证券市场的
关键应用与监管

第六章　区块链技术应用于证券
市场的基础分析

　　近年来,区块链技术迅速发展,其去中心化、去信任化的技术机制在全球市场上受到广泛关注。多国央行、交易所、国际投行及 IT 巨头纷纷涌入,针对区块链的投资和探索项目呈现爆发式增长。区块链因此成为继互联网之后又一个在全球范围内被热烈追捧的对象①。区块链技术在数字货币、金融资产交易、资金清算、智能协议、知识产权、物联网等领域存在着较大的应用潜力②,其研究意义巨大。本章在分析区块链技术特点和应用领域的基础上,对区块链技术发展趋势和国内外的应用场景作出了总结和预测,并针对商业银行如何应对区块链这一先进技术提出了策略建议,以期为商业银行对区块链这一宏大的新兴技术提供一个全面的认识,在技术应对和发展中能够提供启示。

一、 区块链的基本原理与架构

　　2008 年,中本聪(Satoshi Nakamoto)在《比特币:一个点对点的电子现

---

① 参见冯果:《网络时代的资本市场及监管法制之重塑》,载《法学家》2009 年第 1 期。

② 参见刘瑜恒、周沙骑:《证券区块链的应用探索、问题挑战与监管对策》,载《金融监管研究》2017 年第 4 期。

金系统》中首先提出"比特币",勾画出比特币系统的基本设计框架①。2009 年,中本聪为该系统建立了一个开放源代码项目,正式宣告了比特币的诞生。从 2009 年至今,比特币在全世界引起了极大的关注,并在多轮热炒中,从毫无价值的数字符号炒至最高上千美元,又跌落至临近崩盘,比特币的热潮逐渐消退,但研究者们发现比特币底层协议的区块链技术可以在更多领域应用,各类开源组织遂对该技术进行了提炼和完善,在此基础上形成了独立的区块链技术。随后,区块链技术得到快速发展,逐渐成为技术和业务领域的热门话题。

区块链本质上是一个分布式的数据库,是一连串使用密码学方法产生相关联的数据块,每一个数据块中包含了一段时间内全网交易的信息,用于验证其信息的有效性(防伪)和生成下一个区块。所以说区块链是以去中心化和去信任化的方式,来集体维护一个可靠数据库的技术方案。通俗地说,其实区块链可以称为一种全民记账的技术,或者说可以理解为一种分布式总账技术。数据库是大家都熟悉的概念,任何的网站或者系统背后都有一个数据库。

当前互联网高速发展下,网络交易频繁、交易额巨大,保证网络交易的可靠就显得格外的重要。当前的网络交易都需要依赖于第三方可信机构。网络环境和现实环境下的交易关系是很相似的,卖家和买家之间缺少必要的可靠信任,那么涉及各自利益的交易就不是那么容易完成,买卖双方的互信依赖于第三方机构的保证和维持,典型的交易模式见图 6-1。买家将所需资金存储第三方可信机构,卖家在这个事件驱动下为买家提供商品、服务。当双方都确定得到了双方开始的承诺,第三方机构完成资金流的转移,交易完成。而这些第三方机构有:微信、支付宝、网银、亚马逊、美团、Uber 等提供各种特定交易服务的平台。

---

① See ESMA,The Distributed Ledger Technology Applied to Securities Markets,Discussion Paper,June 2016;FINRA:Distributed Ledger Technology:Implications of Blockchain for the Securities Industry,January 2017.

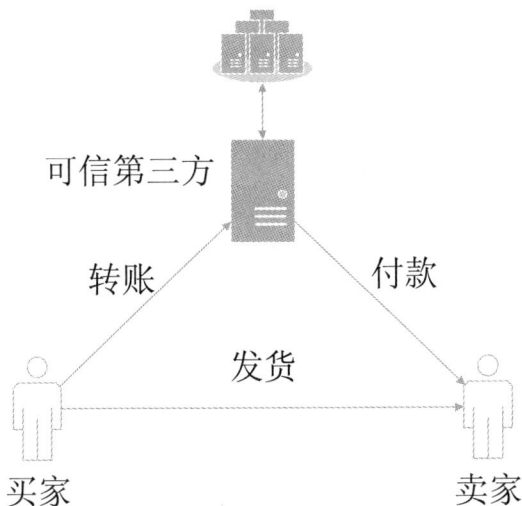

图 6-1　典型交易模式

　　但是区块链完全颠覆了这种方式,我们用记账的形式来解释区块链的管理方式。一个区块链系统由许多节点构成,这些节点一般就是一台计算机,而且每个节点中都有公共总账本链的副本。区块链交易模式见图 6-2。在买家与卖家进行交易时,不需要可信任第三方来验证,在区块链中需要所有节点共同验证交易真实性。在确认了真实性之后,每个参与的节点都有机会去竞争记账,即更新数据库信息。系统会在一段时间内,会根据约定的"共识算法"选出一个记账节点,让它在这段时间里记账,即图中的节点 C。节点 C 会把这段时间内的变化记录在账本的一页纸中。在记完账以后,该节点就会把这一页的账本发给其他节点。其他节点会核实这一页账本是否无误,如果没有问题就会放入自己的账本中,为了激励其他节点,系统会给予它们适度的奖励。在系统里面,这一页账本的数据表现形式称为区块,该区块中就记录了整个账本数据在这段时间里的改变。然后把这个更新结果发给系统里的每一个节点。于是,整个系统的每个节点都有着完全一样的账本。我们把这种记账方式称为分布式总账技术,或者区块链技术。

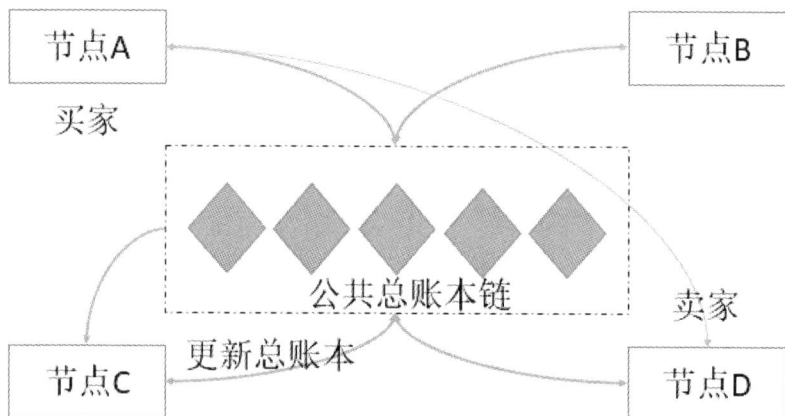

图 6-2　区块链交易模式

区块链的基础架构模型见图 6-3,对应的核心概念如下所示:

(1)数据层:相当于与去中心化系统中各节点共享的公共总账本链,对账本链的操作涉及区块、链式结构、哈希算法、Merkle 树和时间戳等技术要素。

(2)网络层:网络层使得每一个节点都能参与数据校验和记账过程,仅当数据通过全网大部分节点验证后,才能更新到公共总账本中。

(3)共识层:共识层能保证在决策权高度分散的去中心化系统中各节点可以高效地针对账本的有效性达成共识。

(4)激励层:激励层设计了适度的经济奖励政策用于激励其他的共识节点使用自己的算力资源来实现公共账本的数据验证和记账工作。

(5)合约层:合约层相当于区块链系统中商业逻辑和算法,使得系统可以灵活编程和操作数据,能支持金融和社会系统的诸多应用。

二、 区块链的发展演进与优点

区块链技术是依托于现有技术,加以独创性的组合及创新,从而实现

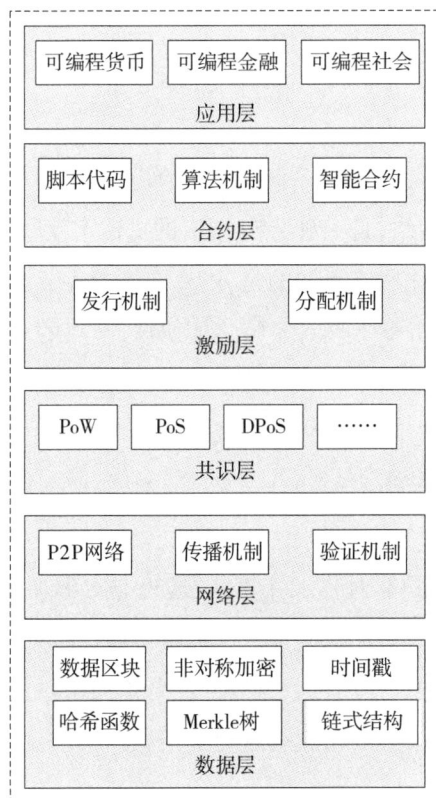

图 6-3　区块链基础架构模型

以前未实现的功能。至今为止,"区块链技术"大致经历了 3 个发展阶段,见图 6-4。

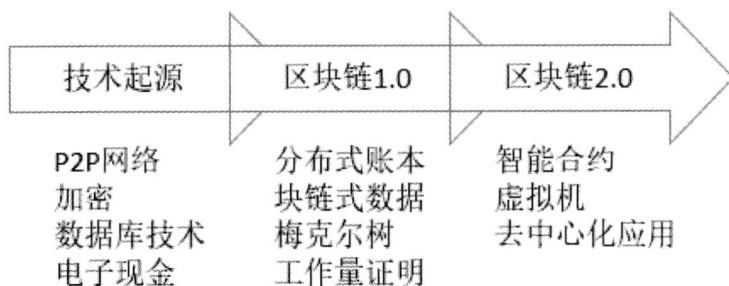

图 6-4　区块链的演进路径

（一）技术起源

1. P2P 网络

P2P 网络技术是区块链系统的各对等节点之间相互连接的组网技术，一般叫作对等网络，是一种"点对点"的搭建于互联网上的网络。

与常见的中心化网络不同的是，P2P 网络中各节点的地位是平等的，不存在中心化的服务器。设计了特定的协议，节点的一些计算资源、软件或信息内容可以通过这个协议共享。P2P 网络技术是一种比较成熟、广泛应用的技术，已被用于文件共享、及时通信等方面，同时 P2P 也是区块链技术架构的核心技术之一。

2. 加密

区块链采用的是非对称加密算法，通过非对称加密的公私钥对来构建节点间信任的。非对称加密算法的加密传输过程见图 6-5。在一次加密传输过程中，发送方使用接收方公开的公钥加密要发送的信息，接收方使用自己的私钥将收到的密文解密得到信息。

图 6-5　非对称加密传输过程

3. 数据库技术

数据库技术是基础性技术。在区块链系统中，传统的关系型数据库和分布式数据库均适用。

4. 电子现金

电子现金又被称为数字货币或电子货币，是对现实货币的一种模拟，是电子商务和网上转账的基础。

(二)区块链1.0——数字货币

比特币网络于2009年年初正式上线。作为一种虚拟货币系统,比特币的总量是由共识协议限定的,不能随意篡改的。比特币运行多年之后,一些金融机构意识到,比特币底层的区块链技术可能会给金融及各行各业带来巨大的潜在影响。

区块链的本质是一种去中介化的、去信任化或者弱信任的技术。区块链1.0的典型特征如下:

1. 以区块为单位的链状数据块结构:区块链系统各节点通过一定的共识机制选取具有打包交易权限的区块节点,该节点需要将新区块的前一个区块的哈希值、当前时间戳、一段时间内发生的有效交易及其梅克尔树根值等内容打包成一个区块,向全网广播。由于每一个区块都是与前续区块通过密码学证明的方式链接在一起的,当区块链达到一定的长度后,修改某个历史区块中的交易内容就必须将该区块之前的所有区块的交易记录及密码学证明进行重构,有效实现了防篡改。

2. 全网共享账本:在典型的区块链网络中,每一个节点都能够存储全网发生的历史交易记录的完整、一致账本,即对个别节点的账本数据的篡改、攻击不会影响全网总账的安全性。此外,由于全网的节点是通过点对点的方式连接起来的,没有单一的中心化服务器,因此不存在单一的攻击入口。同时,全网共享账本这个特性也使得防止双重支付成为现实。

3. 非对称加密:典型的区块链网络中,账户体系由非对称加密算法下的公钥和私钥组成,若没有私钥则无法使用对应公钥中的资产。

4. 源代码开源:区块链网络中设定的共识机制、规则等都可以通过一致的、开源的源代码进行验证。

（三）区块链2.0——智能合约

比特币成功运行几年之后，业界认识到了区块链技术的重要价值，开始将其运用到分布式应用，比如分布式身份认证、域名系统等。这些分布式应用有许多共享的组件，因此区块链2.0尝试创建可共用的技术平台来向开发者提供BaaS服务，并支持了许多种共识算法，降低了使用区块链技术开发分布式应用的难度。

区块链2.0的典型特征如下：

1. 智能合约：区块链系统中的应用，是已编码的、可自动运行的业务逻辑，通常有自己的代币和专用开发语言。

2. DAPP：包含用户界面的应用，包括但不限于各种加密货币，如以太坊钱包。

3. 虚拟机：用于执行智能合约编译后的代码。虚拟机是图灵完备的。

随着区块链技术和应用的不断深入，以智能合约、DAPP为代表的区块链2.0，将不仅仅只是支撑各种典型行业应用的架构体系，在组织、公司、社会等多种形态的运转背后，可能都能看到区块链的这种分布式协作模式的影子。可以说，区块链必将广泛而深刻地改变人们的生活方式。区块链技术可能应用于人类活动的规模协调，甚至有人大胆预测人类社会可能进入到区块链时代，即区块链3.0。

（四）区块链类型

区块链系统根据应用场景和设计体系的不同，一般分为公有链、联盟链和专有链。其中：

1. 公有链的各个节点可以自由加入和退出网络，并参加链上数据的读写，运行时以扁平的拓扑结构互联互通，网络中不存在任何中心化的服务端节点。

2. 联盟链的各个节点通常有与之对应的实体机构组织，通过授权后才能加入与退出网络。各机构组织组成利益相关的联盟,共同维护区块链的健康运转。

3.专有链的各个节点的写入权限收归内部控制,而读取权限可视需求有选择性地对外开放。专有链仍然具备区块链多节点运行的通用结构,适用于特定机构的内部数据管理与审计。

(五)区块链的优点

"区块链技术"有维护体系运行的共识算法,有挖矿和工作量证明机制,有存储数据的数据区块及其之上的数字签名、时间戳等技术,有匿名交易机制,还有链龄、UTXO、Merkle 树、双花等相关技术概念。区块链技术主要解决去中心化、交易追踪、分布式记账、保护隐私等问题[①],相对于传统的交易模式,使用区块链技术的交易系统有以下几方面的优点:

1.去中心化结构,纯数学方法建立信任关系。区块链技术的信任机制建立在数学(非对称密码学)原理基础上,借助开源算法,使系统运作规则公开透明。在这种模式下,各个节点之间进行数据交换时可以自动达成交易共识和自动信任,在保证信息安全的同时有效提升系统的运营效率和降低成本。

2.数据信息不可篡改。配合"时间戳"等技术,区块链将系统成立以来的所有交易全部记录在数据区块中,所有的交易活动都可以被追踪和查询到,并且形成的数据记录不可篡改。这便于对交易活动进行追踪,可以有效解决交易验证和交易后续纠纷等问题。

3.分布式记账与存储。由于区块链的记账和存储功能分配给了每一个参与的节点,因此区块链系统不会出现集中存储模式下的服务器崩溃等问题。分布式记账与存储使区块链系统在运转的过程中具有非常强大的容错能力,即使数据库中的一个或几个节点出错,也不会影响整个数据

---

① 参见程显峰:《区块链技术的风险》,载《大众理财顾问》2017 年第 3 期。

库的继续运转,更不会影响现有数据的存储与更新。同时,基于区块链技术建立起来的数据库是一个所有节点共同组成的超级大数据库,系统发生的所有交易活动(包括开户、登记、交易、支付、清算等)的信息,都可以存储在这个超级大数据库中,使业务模式具有极高的包容性。

4. 智能合约可灵活编程。区块链技术基于可编程原理内嵌了"脚本"的概念,这使得后续基于区块链技术的价值交换活动可变成一种灵活智能的可编程模式。例如,人们可以限定捐赠的款项仅用于购买急救设备,可以限定转账给大学生的某笔款项仅用于交学费。诸如此类的各种特定约束条件都可以灵活编程到区块链系统的脚本中,形成一个智能合约。基于可编程性的智能合约特点,保证了区块链技术在未来的发展能形成一种可持续进化的模式。

5. 透明信息背后的匿名保护。区块链的信任基础是通过纯数学方式背书而建立起来的。区块链技术利用公钥地址代替用户的身份信息,从而能够有效实现匿名性,使人们在互联网世界里实现信息透明共享的同时,不会暴露自己的真实身份信息。即,区块链上的数据都是公开透明的,但数据并没有绑定到个人,人们无法知晓交易背后的参与者是谁。透明交易背后的匿名性特点,极大地保护了参与者的个人隐私。

三、 区块链技术应用于证券市场的优势与可能性分析

区块链是一个高度安全、不可篡改的分布式账簿,提供一套安全稳定、透明、可审计且高效的记录交易及数据信息交互的方式。"区块链技术"其实根本不是一个单点技术,它是一个技术合集。其中有维护体系运行的共识算法,有挖矿和工作量证明机制,有存储数据的数据区块及其之上的数字签名、时间戳等技术,有匿名交易机制,还有链龄、UTXO、Merkle 树、双花等相关技术概念。区块链技术可以保证价值交易各方在

弱信任或无信任的前提下从事价值交换活动,从而实现真正的去中心化、去第三方中介机构、交易追踪、分布式记账、保护隐私等。

目前的证券业仍需要有中心化的第三方中介机构为信用做担保帮助人们实现价值交换,这样的方法极大地降低了价值传递的效率,并且提高了成本。而根据区块链技术的优点,可以看出区块链技术在证券市场中的应用存在巨大潜力,证券市场的各个领域,包括证券的发行与交易、清算结算、股东投票等各流程、各环节都可以通过区块链技术被重新设计和简化,从而带来一系列潜在的优势,包括提高效率、缩短处理时间、加大透明度、降低成本和确保安全。因此,证券市场是区块链天然适合的应用领域,两者的契合度非常高,详述如下:

一是证券交易的前台系统承担着撮合交易的功能,后台系统则负责交易的清算与交收,两个系统流程和环节较多,使得各交易所处理交易的时间与资金成本过高,同时,不能在交易当日完成实时结算的制度给资本也带来了潜在的风险。区块链能够简化、自动化冗长的交易流程,实现证券发行人与投资者的直接交易,减少前台和后台交互,节省大量的人力和物力。

二是区块链中的数据信息是不可篡改的,配合"时间戳"等技术,区块链将系统成立以来的所有交易全部记录在数据区块中,所有的交易活动都可以被追踪和查询到,并且形成的数据记录不可篡改。这便于对证券交易活动进行追踪,可以有效解决交易验证和交易后续纠纷等问题。

三是传统证券市场以交易所为中心,交易所的交易系统保证全部交易的正常进行,一旦交易系统被攻击或出现故障,就可能导致整体网络瘫痪,交易暂停。区块链技术利用许多分布式节点和高性能服务器来支撑点对点网络,整体运作不会因部分节点遭受攻击或出现问题而受影响。

四是由于全部的资产及证券交易都能够以代码或分类账的形式体现,通过对区块链上的数据处理程序进行设置,证券交易就可自动在区块链上实现,交易所的自动化水平将因此大大提高。比如智能合约可以把一组证券交易合同条款写入协议,保证合约的自动执行和违约偿付。

　　五是区块链技术可以确保证券交易信息的机密性和安全性。区块链的信任基础是通过纯数学方式背书而建立起来的。区块链技术利用公钥地址代替用户的身份信息,从而能够有效实现匿名性,使人们在互联网世界里实现信息透明共享的同时,不会暴露自己的真实身份信息。即,区块链上的数据都是公开透明的,但数据并没有绑定到个人,人们无法知晓交易背后的参与者是谁。透明交易背后的匿名性特点,极大地保护了参与者的个人隐私。

第七章　区块链技术在证券市场上的应用实践

一、 当前区块链技术在全球
证券市场的发展情况

区块链技术在证券市场最大的作用是改造当前该市场的清算结算体系,减少人工操作和纸上作业,进一步推动证券市场的"电子化"和"无纸化"进程。根据咨询公司 Oliver Wyman 给 SWIFT(环球同业银行金融电讯协会)提供的研究报告,预计全球金融市场的清算行为成本约50亿—100亿美元,结算成本、托管成本和担保物管理成本400亿—450亿美元(390亿美元都付给了托管链的市场主体),而交易后流程数据及分析花费200亿—250亿美元。从这份报告可以看出,交易的中心验证系统极为复杂和昂贵;交易指令执行后的结算和清算环节也十分复杂,而区块链作为分布式账本技术,可以重新改写这个行业的格局。

证券市场的众多巨头都开始区块链布局,美国证券存托和结算公司(DTCC)在 2016 年 1 月发表了一篇白皮书,呼吁全行业开展协作,利用分布式总账技术改造传统封闭复杂的金融业结构,使其现代化、组织化和简单化,该技术还可用以解决目前交易后过程局限性的问题。该白皮书指出,尽管目前金融市场结构可以提供稳定的、可靠的、可追溯记录,但金融市场结构仍非常复杂、封闭,无法进行一年 365 天 24 小时的处理。DTCC

认为一系列资产配上完整且可追溯交易记录的分布式总账才是安全的，如此将会大大改善交易，同时降低风险和交易后成本。为了普及区块链颠覆性潜力，DTCC 在 2015 年 12 月加入了非盈利 Linux 基金会的超级账本项目，利用这层合作关系，DTCC 可以在创立公司管理、技术制定标准的过程中起关键作用。

另一个在金融市场颇有影响力的区块链联盟是 R3 区块链联盟，由专注于构建下一代全球金融服务技术的区块链创业公司——R3CEV 发起。R3 联盟成立的初衷是用银行间的共识机制代替监管机构中心化的认证，从而提高交易效率。它已经与全球 40 多家顶级金融公司达成合作，研究区块链在金融服务领域的应用，包括证券市场的清算结算、企业债券、回购、互换和保险。R3CEV 已经公布了名为 Corda 的分布式账本，着眼于研究金融机构的一些特殊隐私要求，用于管理金融机构之间的法律协议，限制各方看到的信息。据巴克莱银行透露，他们正在基于这一技术进行衍生品交易的测试。

当然，还有一些金融机构和企业已经将区块链技术应用于实践中，2015 年 10 月，美国纳斯达克证券交易推出区块链平台 Linq，通过该平台进行股票发行的发行者将享有"数字化"的所有权。BitShare 推出基于区块链的证券发行平台，号称每秒达到 10 万笔交易。Symbiont 帮助金融企业创建存储于区块链的职能债券，当条件符合时，清算立即执行。Overstock 推出基于区块链的私有和公开股权交易"T+0"平台，提出"交易即结算"的理念，目前已经获得美国证券交易委员会 SEC 的牌照。

国内也有类似应用于证券市场的区块链——小蚁（2017 年 6 月改名为 NEO）。小蚁是一个用来登记结算各种数字资产的区块链底层协议，而其中一类数字资产就是公司股权。小蚁可以被用于股权众筹以及员工股权管理。撇开小蚁今后的商业成功性不谈，小蚁在国内非上市公司股权登记这个切入点上的探索是具有里程碑意义的，为证券发行、登记、转让交易等重要金融场景的区块链改造提供了宝贵经验,为证券公司、银行甚至交易所等现行主流金融基础设施建设者的下一步区块链改革开拓思路。

下面我们详细介绍两个区块链技术在证券市场的应用案例。

二、　区块链技术在 ABS 领域的探索实践:
以百度—天风 ABS 产品为例

ABS(Asset-Backed Securitization),简单讲就是把缺乏流动性的资产打包,通过结构化设计,变成可在金融市场出售和流通的证券。有别于传统融资方式,ABS 的优势在于实现了主体评级和债项评级的分离,ABS 依托于企业优质资产产生的现金流而非自身信用或抵押物来满足企业对资金的需求,使得中小机构只要拥有优质的资产,也可以通过 ABS 获得低成本融资,为中小机构打开了低成本融资的大门。

目前在中国,ABS 市场分为场内 ABS 市场和场外 ABS 市场。场内 ABS 市场是指上海证券交易所、深圳证券交易所和全国银行间债券交易市场发行的 ABS,基础资产种类繁多,同时其门槛较高,审核条件复杂;场外 ABS 市场,是指地方金融资产交易所、地方股权交易中心、互联网金融交易平台等市场发行的 ABS,一般是金融机构或企业等通过私募方式在场外份额化转让债权的场所,其基础资产可以包括信托收益权、融资租赁债权、票据等,其门槛较低,流程较便捷。从业务模式上看,目前市场分为 Pre-ABS 模式和传统 ABS 模式。简单而言,Pre-ABS 模式就是在发行 ABS 之前通过一笔过桥资金,垫资形成债权并在资产达标时发行 ABS,通过 ABS 回款获得回报。企业通过 Pre-ABS 在资产形成规模以前就获得周转资金,解决融资难的问题;银行、信托、券商等投资者通过 Pre-ABS 投资,从更多渠道参与资产证券化业务。

（一）当前 ABS 市场痛点

ABS 曾被誉为 20 世纪最伟大的金融产品创新,能良好解决国内中小企业融资难的问题。但国内的 ABS 市场却远远达不到欧美市场的发达程度,主要原因在于以下几个方面:

1. 底层资产不透明

国内 ABS 一直未发展起来,在很大程度上是因为国内的 ABS 未成功实现主体信用和债项信用的分离。而未能做到分离,根本原因便是底层资产透明性差,难以进行客观公允的债项评级,消费金融 ABS 尤其如此。消费金融底层资产涉及数千甚至上万笔借款项目,且在动态资产池中动态进出,使得传统的技术手段很难进行精准的信用评估和动态调整,即便可以做到,因为对评估方法的中心化和不透明,也难以取得投资者的信任。

2. 参与方多、业务链条长

以国内传统 ABS 业务为例,参与方包括基础资产原始权益人、专项资管计划(SPV)的计划管理人、为 ABS 提供增信措施的担保人、资金托管和监管银行、ABS 的投资者(包括优先级投资者、劣后级投资者)、登记和交易机构等。业务参与方多、环节多、链条长,又缺乏统一的工作平台对各方数据进行集中管理使用。信息在参与各方各自的业务系统间传输时,所用信息的准确性和一致性、对账清算等存在问题,进一步给 ABS 数据造假留下了空间。

3. 资产存续管理复杂

ABS 资产本质是对未来现金流进行证券化融资操作,这要求投资者和管理人对 ABS 产品的投后管理。有别于债券投资者只关注主体资信,投资者和管理人更需要关注的是基础资产的现金流回款情况,以监控资产回款情况是否按计划进行,或者一旦发生问题,原始权益人是否严格遵守信用触发机制的约定按序还款。然而 ABS 底层资产往往交易量大,交易频次高,因此,信息的及时性、违约机制的可行性存疑。

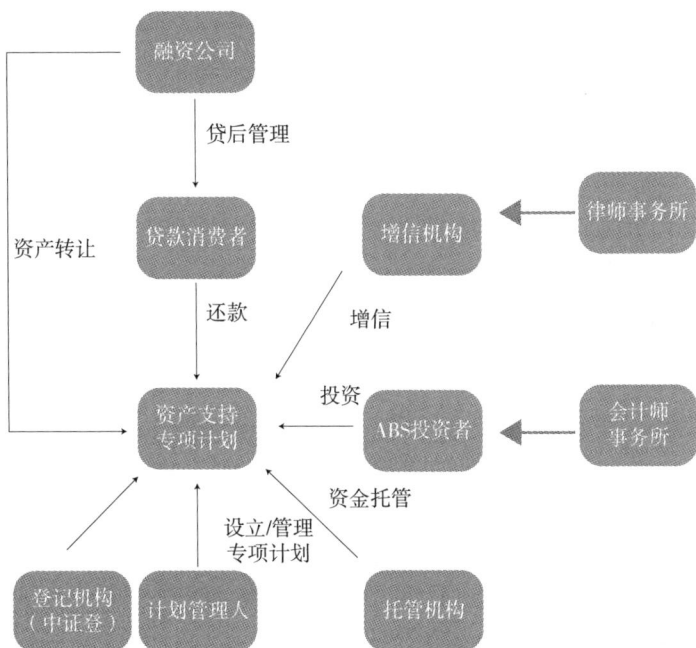

图 7-1 传统 ABS 业务模式

（二）区块链技术在 ABS 中应用的优势

区块链技术具有不可篡改、透明、可追溯等良好性质,在 ABS 领域具有如下优势:

1. 提高底层资产的透明度和真实性:将区块链技术应用于消费金融 ABS,借助其时序特征,可以看到资产的"全生命周期";其分布式网络特征,使所有市场参与者实时掌握信息内容,可大幅提升底层资产的透明度,提升中介机构尽调效率,让投资方对底层资产有了穿透式了解,提高投资人的信心。

2. 保证业务流程中信息数据的安全与统一:如果将资产承做环节部署到区块链上,将在一定程度上优化诚信环境,提升各方使用信息和数据的统一性。一方面区块链上数据成为承做业务各机构获取发行主体和资产信息的统一信息源,避免了各方业务系统数据来源混杂的问题;而另一方面区块链技术可以确保数据一经上链就不可篡改,链上各节点的操作行为也会被全记录,数据上传方无需担心数据会被非法使用,从而保证了上传数据的安全性和有效性。

3. 提高资产投后管理的效率:如果把资产发行人的信息数据系统对接区块链,那么投资者和管理人在 T+1 甚至 T+0 监控到资产底层状况将成为可能。此时区块链数据库可以实时获取到 ABS 底层资产的逐笔放款、还款记录。这些数据将进一步提升平台上资产证券化产品底层数据的真实性和有效性。计划管理人可以通过这些数据,对发行主体所提供资产底层现金流的全流程进行分析和管理,实时掌握所管理资产计划的动态。

而智能合约的引入也可以保证信用触发机制的条款得到坚决执行,为投资者权益提供了进一步的保障。

(三)百度—天风 ABS 产品案例

从划分上看,百度—天风 ABS 属于国内第一单场内(上海证券交易所上市)Pre-ABS 产品,具体信息如下所示:

产品简介:由百度金融旗下西安百金互联网金融资产交易中心有限公司担任技术服务商和交易安排人,长安新生(深圳)金融投资有限公司作为原始权益人和资产服务机构,天风证券股份有限公司担任计划管理人。

发行规模:4 亿元。

发行时间:2017 年 9 月 19 日。

规模与评级:该产品基础资产为原始权益人持有的信托受益权,规模为 4 亿元,其中优先 A 级信托单位规模 3.4 亿元,占比 85%,信用级别AAA,发行利率为 5.5%;优先 B 级信托单位规模 0.24 亿元,占比为 6%,信用级别 AA,刺激资产支持证券无评级,规模为 0.36 亿元,占比 9%。

交易结构与流程:该产品采用的是 Pre-ABS 业务模式,具体见图7-2。

本次发行的百度—天风 ABS 产品的底层资产包含 6069 笔汽车消费贷款，底层资产数量大且透明度差；采用 Pre-ABS 模式，流程比传统 ABS 业务模式复杂，要求做到全生命周期监控，这些特征天然适合使用区块链技术解决。

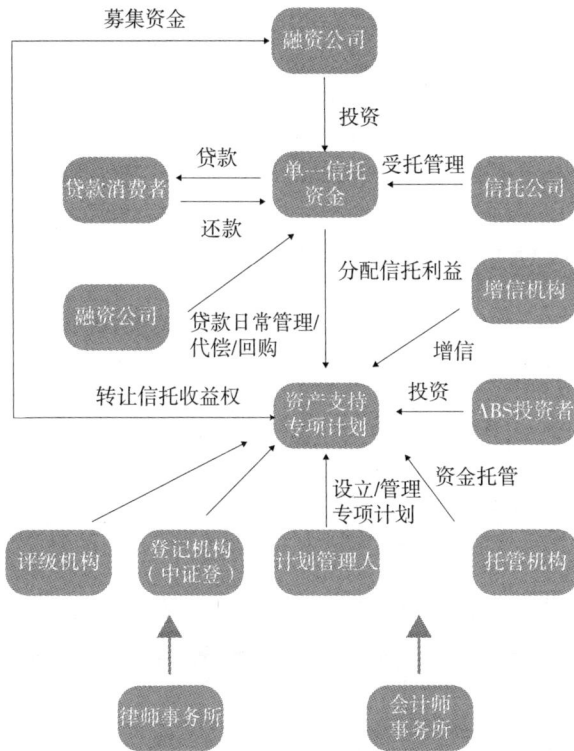

图7-2　百度—天风 ABS 产品交易结构与流程

（四）百度—天风 ABS 产品中的区块链技术创新

百度在 ABS 应用领域使用的区块链技术是联盟链技术。一般而言，区块链技术分为三类：私有链、联盟链、公有链；其中私有链仅仅使用区块链的总账技术进行记账，独享该区块链的写入权限，是"中心化"的区块链；联盟链是其共识过程受到预选节点控制的区块链，允许每个人都可读取,或者只受限于参与者读取,有"部分去中心化"特征;公有链以比特币和以太坊为代表,是全世界任何人都可读取的、任何人都能参与的区块链,是"完全去中心化"的。

对于公有链而言,要求信息完全公开,无法保证隐私,并且确认信息入链的时间延迟大;私有链本质上是中心化的账本,本链与其他分布式存储方案没有太大区别,数据安全性和真实性存疑,因此这两类区块链都不适用于 ABS 领域的应用;而联盟链可以按项目有权限参与方上链和信息披露,可有效保证信息安全,此外联盟链规模较小,权限易控制,因此结合金融对数据隐私和安全性的高要求,百度采用了联盟链技术。项目中的各参与机构(百度金融、资产生成方、信托、券商、评级、律所等)作为联盟链上的参与节点,写入信息数据。百度 ABS 业务区块链应用模式见图 7-3。百度—天风 ABS 产品使用的区块链技术对 ABS 产品进行了五方面的改造:

(1)利用区块链"不可篡改"的特性,将资产方的底层资产信息、评级机构的评级信息等各阶段的信息都能即时写入联盟链中,提高信息的透明度,打造 ABS 平台上的"真资产";

(2)基础资产的变更及各方信息都具有不可篡改性,保证信息真实性;

(3)通过极限事务处理系统,支持百万 TPS 的交易规模,降低交易成本;

(4)通过百度千亿级流量清洗系统,抵御大规模的网络攻击;

(5)通过安全实验室的协议攻击算法,确保通信安全,将黑名单、多头防控、反欺诈和大数据风控模型评分等信息也记入区块链,增强了资产的信息披露程度。

从具体的应用层面而言,百度搭建的区块链平台主要由两大基础系统组成:AaaS(Analysis as a Service)系统和 BaaS(Blockchain as a Service)系统。

AaaS 系统的主要功能是人工智能(AI)提供的大数据风险分析和由区块链技术支撑的信息披露和资产监控。

由于区块链采用分布式记账,因此所有的信息对于参与方都是公开的,而 AaaS 提供了这样的一个基于区块链技术的工作平台:在平台上,项

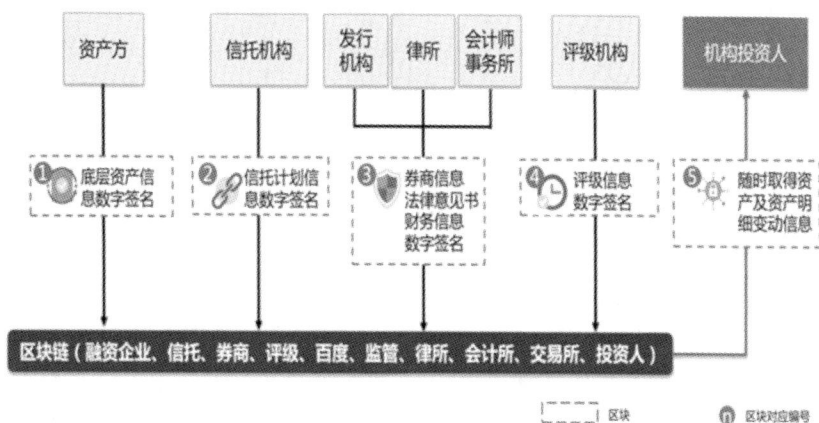

图 7-3　百度 ABS 业务区块链应用模式

目信息、主体信息、资产信息和存续期信息都可共享,从 ABS 的立项到存续期管理实现全流程的管理,保证了信息的公开透明;另一方面,区块链的共识机制保证了信息的一致性和有效性,尽管 ABS 业务的参与方多,业务链条过长,但区块链技术统一了信息源,避免了各方业务系统数据来源混乱的问题。AaaS—共享工作平台见图 7-4。

图 7-4　AaaS—共享工作平台

此外,AaaS 还能提供资产的投后监控功能,由于区块链系统中所有的信息都在链上，可提供底层资产信息、资金的兑付和主体状况等多维度的数据来源，提高资产投后管理的效率，控制违约风险。AaaS—资产投后监控见图7-5。

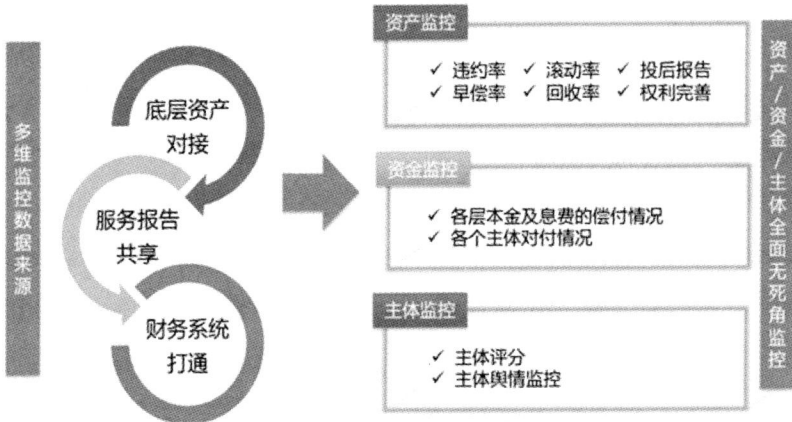

图 7-5　AaaS—资产投后监控

而 BaaS 系统负责提供区块链的服务端，目前该系统完成了区块链开放平台 web 端、客户操作端、区块链集群的搭建，提供区块链特性产品化以及多样的对接方式。BaaS 系统框架见图 7-6。

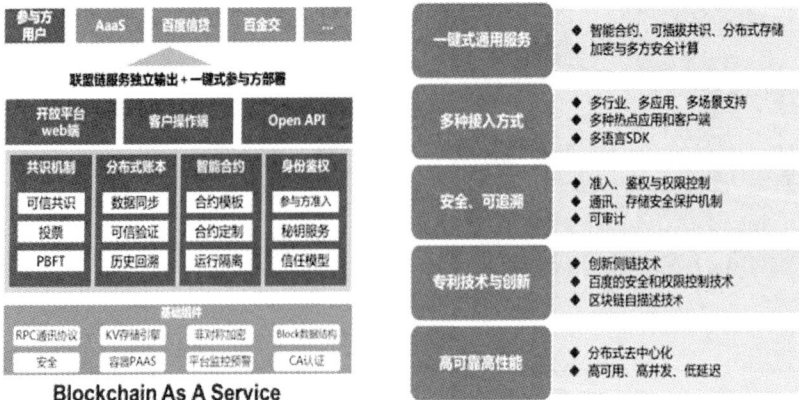

图 7-6　百度 BaaS 系统

130

（五）百度—天风 ABS 发行的意义

1. 对资产发行方

对于本身资本实力不够雄厚和风控不足的资产方,区块链技术可以做到上链数据真实可靠、不可篡改、高度安全,为资产方上链的数据提供"存证"功能。因此,区块链技术客观上对这些上链的资产起到了"背书"和"增信"的作用,降低了发行主体的融资门槛。

2. 对投资者

区块链技术的引入对投资者的正面意义是多方面的:一方面,提升了ABS 资产的透明度和底层数据的真实性,让投资者可以更清晰地看清楚资产底层;另一方面,区块链技术的引入让投资者对资产的投后监控成为可能,大大提升了投资者对所投资产的监控能力;最后,智能合约的引入将为投资者权益带来强有力的保障,从技术层面杜绝了发行方不遵守信用触发机制条款的可能性。

3. 对 ABS 市场

资产证券化产品一直面临市场接受度低、发行难、销售周期长等问题。就像其他场外市场的资产一样,简化销售流程、标准化产品要素、推动销售线上化、推动二级市场建设,这些都将是整个资产证券化行业必须面对的问题。而区块链技术的引入,一定程度上可以提升 ABS 资产底层数据的有效性和真实性。这为未来进一步简化流程、标准化要素和线上销售等打下了基础,对 ABS 的一级发行市场意义重大。而在 ABS 的二级市场上,区块链技术本身在资产的交易确认、清算以及结算等环节都可以发挥积极作用。

4. 对监管机构

区块链技术在资产证券化领域的应用,无疑可以为监管机构提供强有力的技术支持。区块链技术对底层资产的数据穿透可以让监管机构对资产数据验真、防范业务嵌套等关键点进行比较到位的把控。智能合约的应用也可以减少发行方违约情况,对建设良好市场秩序有积极正面的作用。同时,监管机构对区块链技术应用于资产证券化领域的重视,客观上也将激励资产发行方更有意愿将资产数据上到区块链上,从而为区块链对整个 ABS 业务链条的改进打下良好的基础。

5. 对百度金融

相比于蚂蚁金服和京东 ABS 云平台,百度金融的 ABS 业务成立较晚,但凭借自己技术的优势,参与了百度—天风 ABS 的发行,成为国内首单基于区块链技术的场内 ABS 的技术提供商,而另外两家发行的区块链ABS 产品都是场外 ABS,对以后在 ABS 业务上,与京东和蚂蚁金服的竞争占尽先机。

(六)未来发展

如果说 20 世纪的计算机技术的发展实现了信息在网络中的任意传递,那么区块链技术则能实现价值在网络中的任意传递而不需要经过商业银行或清算组织等其他的第三方机构,这正是区块链对当今世界金融格局的颠覆之所在。而 ABS 和区块链结合的最大价值正在于此。

目前区块链领域应用最成功的案例是虚拟数字货币,而虚拟数字货币的一个延伸在于数字令牌(也有人称为代币,即 Token)。数字令牌可以作为资产的权益凭证,这实际上就是一种证券化。在这种情况下,ABS便可实现在网络上任意点对点的交易,而不需要中心化设施的介入,能在增加金融产品的流动性、迅速扩大交易规模、降低交易成本的同时保证信息数据的透明度和真实性。

但这要求使用公有链技术,而百度使用的是联盟链技术,区块链的功能仅限于信息数据记录方面,并不会产生数字令牌,自然也不可能实现ABS 在去中心化网络上的交易。从另一方面看,在交易环节,公有链目前的技术并不成熟,每秒的交易规模过小,确认时间过长,相关技术估计还需要 3~5 年才能成熟,因此区块链技术在 ABS 领域的应用还有很大的拓展。

三、 区块链技术在私募股权交易领域的应用——以纳斯达克 Linq 为例

纳斯达克通过和区块链技术公司 chain.com 的合作,推出了自己的非上市公司股权登记系统 Linq,为非上市公司股份提供在线登记服务,促进其私人证券市场的股份以一种全新的方式进行转让和出售。纳斯达克使用区块链技术布局非上市公司的意图,一是全球资本市场越来越青睐于一级市场,大量独角兽公司迟迟不上市,越来越需要一个一级市场的登记流转服务;二是作为一个金融服务公司,纳斯达克有大量的技术输出服务,为全球几十个资本市场提供技术服务,区块链方向的技术储备会为未来几十年的技术输出业务提供基础。

2015 年 12 月 30 日,区块链创业公司 Chain 已经使用 Linq 平台为新的投资者发行了公司的股权,是第一家使用 Linq 技术来完成并记录私募证券交易的公司。目前,包括 ChangeTip、Chain、Peernova、Synack、Tango 和 Vera 这 6 家公司,已成为 Linq 平台的内测项目。

(一)Linq 与其他股权交易系统的区别

所有的交易系统实质上都是一个记账结算系统,Linq 平台的最大优势是采用了区块链技术,实现了结算系统的去中心化以及证券行业的进一步的无纸化和电子化。Linq 平台中区块链的逻辑结构见图 7-7。首先,对于登记和存管,区块链的分布式账本是极佳的解决方案,区块链上的任何资产天然就是以无纸化和非移动形式交收的,并且区块链的智能合约还能实现证券的代码化,股权转让、股东的投票、禁售限制等可以程序化实现,可将人工操作降到极致;其次,目前的中心化结算系统并不安全,若出故障会导致整个交易系统出问题,著名的如1987 年的纳斯达克的服务器中心大型计算机和电力系统出问题,导致

大规模交易延迟,实际上,近年来,美国股市多次由于系统故障导致出现市场震荡问题。

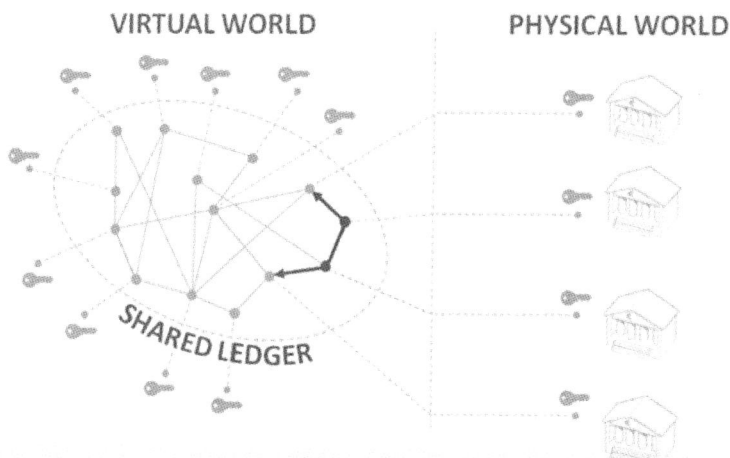

图 7-7　Linq 平台中区块链的逻辑结构图

（二）Linq 的优势

1.减少人工操作

区块链技术所提供的高效率,能大幅度提升 Linq 作为私人股权交易平台的优势。对于私人股权交易市场而言,最大的好处就是不再需要笔和纸,而是基于电子表格来记录。传统的手工处理方式往往会留下很大的人工失误空间。到目前为止还没有任何技术能够真正让人们远离纸张作业,而区块链技术将会帮助证券交易行业往这个方向前进一大步。同时使用区块链技术能为用户提供一个永久保存的数据链,达到更好的透明性和可审计性。

2.减少结算时间

目前的股权交易市场标准结算时间为 3 天,而区块链技术的应用却能将效率提高到十分钟,这可以让九三风险降低 99%,可有效降低资金成本和系统性风险。

3. 简化交易流程

Linq力求企业家能够更简单地通过对资产表格进行数据分析，来提供更直观的可视效果。根据纳斯达克的阐述，他们的目标是让整个流程变得更加简单，以及区块链技术能够让它变得更加灵活和方便，并且获得更广泛的应用。他们现在做的事情，就是创造结构化流动性，在整个过程中减少摩擦，客户就会获得更多的流动性。

（三）Linq 的应用体验

尽管与区块链等晦涩的技术挂钩，实际上 Linq 是一款较为时尚的产品，为投资者和企业家提供了一个直观的用户体验，主要有管理估值的仪表盘、权益变化时间轴示意图、投资者个人股权证明等功能，使发行公司和投资者能更好地跟踪和管理证券信息。股份发行人在登录 Linq 后可以看到一个可管理估值的仪表板，包括每一轮投资之后已发行股份的价格，以及股票期权的比例。

此外，为了使股份的数字代表可视化，纳斯达克开发了"权益时间轴示图"，所有股份数字，包括尚未分配的股份，都通过可视化的颜色块来代表。每一个单独标志代表一个在线证书。一种颜色代表某一种特定资产列表，发行人可以自行定义，包括股权类型和融资轮次数。已被转移的股权会显示为灰色。箭头则反映了该股权是如何被转移和划分的。可以查看每个证书的发行日期、查看最多或最新的证书以及整体的所有权。

（四）未来发展

传统的股权交易中存在着腐败滋生、不公开透明以及中心化引发的系统性风险等问题，而去中心化的股权交易能很好地解决这些问题。实际上，各国的证券交易和登记机构都在对区块链进行布局。澳大利亚证券交易所和美国中央证券登记结算机构先后宣布与区块链技术初创公司DAH 合作，开发基于区块链技术的登记结算系统。东京证券交易所和

IBM 以及野村综合研究所进行区块链登记结算的概念验证工作。此外，纽交所、多伦多证券交易所以及芝加哥商品交易所等也都在区块链领域探索，国内比较出名的项目则是小蚁区块链项目。

第八章 区块链技术在证券市场
应用场景的前瞻分析

一、 区块链技术前瞻

（一）区块链与云计算

区块链技术的开发、研究与测试工作涉及多个系统,时间与资金成本等问题将阻碍区块链技术的突破,基于区块链技术的软件开发依然是一个高门槛的工作。云计算服务具有资源弹性伸缩、快速调整、低成本、高可靠性的特质,能够帮助中小企业快速低成本地进行区块链开发部署。两项技术融合,将加速区块链技术成熟,推动区块链从金融业向更多领域拓展。

2015 年 11 月,微软在 Azure 云平台里面提供 BaaS 服务,并于 2016 年 8 月正式对外开放。开发者可以在上面以最简便、高效的方式创建区块链环境。IBM 也在 2016 年 2 月宣布推出区块链服务平台,帮助开发人员在 IBM 云上创建、部署、运行和监控区块链应用程序。

（二）区块链与大数据

区块链是一种不可篡改的、全历史的数据库存储技术,巨大的区块数据集合包含着每一笔交易的全部历史,随着区块链的应用迅速发展,数据规模会越来越大,不同业务场景区块链的数据融合进一步扩大了数据规模和丰富性。区块链提供的是账本的完整性,数据统计分析的能力较弱。大数据具备海量数据存储技术和灵活高效的分析技术,极大提升区块链数据的价值和使用空间。

区块链以其可信任性、安全性和不可篡改性,让更多数据被解放出来,推进数据的海量增长。区块链的可追溯特性使得数据从采集、交易、流通,以及计算分析的每一步记录都可以留存在区块链上,使得数据的质量获得前所未有的强信任背书,也保证了数据分析结果的正确性和数据挖掘的效果。区块链能够进一步规范数据的使用,精细化授权范围。脱敏后的数据交易流通,则有利于突破信息孤岛,建立数据横向流通机制,并基于区块链的价值转移网络,逐步推动形成基于全球化的数据交易场景。

(三)区块链与人工智能

基于区块链的人工智能网络可以设定一致、有效的设备注册、授权及完善的生命周期管理机制,有利于提高人工智能设备的用户体验及安全性。

此外,若各种人工智能设备通过区块链实现互联、互通,则有可能带来一种新型的经济模式,即人类组织与人工智能、人工智能与人工智能之间进行信息的交互甚至是业务的往来,而统一的区块链基础协议则可让不同的人工智能设备之间在互动过程中不断积累学习经验,从而实现人工智能程度的进一步提升。

二、 证券市场基础设施

区块链在证券市场的最大作用在于进一步推进金融资产的数字化进程。实际上,从 20 世纪七八十年代的纸上作业危机后,证券市场一直在进行"电子化"和"无纸化"的革命,最显著的例子莫过于曾经的证券都是纸质凭证,而今仅仅为电脑账户上的一个数字。尽管在投资终端部分地实现了证券的电子化,但目前的金融系统仍然无法摆脱人工操作和纸上作业的桎梏,而区块链作为一种新的技术,将在证券登记、清算结算领域进一步推进证券市场的电子化革命。

(一)在证券登记领域推进"无纸化"和"电子化"进程

以股票市场为例,在股票市场的发展初期,股票都是纸质的凭证,投资者将股票存放在券商处而不直接持有,当发生交易时只需要在券商之间做背书过户。但随着股票市场的发展,股票数量和交易规模越来越大,美国在20世纪六七十年代出现了纸上作业危机,当时的纽约证券交易所被迫在每周三暂停交易并缩短交易日的交易时间。为了适应市场发展的需要,美国逐步建立了中央证券存管制度,于1973年成立存管信托公司(DTC),集中保管和交割股票,并以电子化账簿形式登记股票的所有权,证券交易的交收和过户不必再以实物证券的移动和背书来实现,而只须对簿记记录进行更新和维护,实现了证券的无纸化和非移动支付。该企业最终于1999年与全国证券清算公司(NSCC)合并,成为美国证券存托与清算公司(DTCC)。

可以说建立中央证券存管制度实在是必要的,因为在当时并不能实现在分布式条件下电子记账的唯一性和可靠性,但是区块链技术带来了革新,能做到在没有中央机构的条件下的登记和电子账本维护,这能节约大量成本,并且可以用后文提及的智能合约,能实现分红派息、禁售限制等,降低人工操作。

(二)重塑证券市场的清算结算体系

区块链在清算和结算业务上的应用也值得期待。清算和结算是证券交易体系的基本功能,也是证券交易体系中非常核心的部分。证券清算和结算是指按照事先确定的规则计算交易双方证券和资金的应收应付数额,确定交易双方的履约责任和交收义务,并根据清算结果,交易双方通过转移证券和资金来履行相关债权债务的过程。清算和结算本身是一个非常复杂的过程,传统的清算结算流程效率低下、程序复杂、成本高昂,是各国金融市场资产交易面临的重要问题之一。传统证券清算结算过程见图 8-1。目前来看证券市场清算结算环节主要存在以下不足:

(1)流程周期冗长。券商的清算、结算流程都需要借助第三方存管机构,要经过银行、清算组织等多个组织较为繁冗的处理流程。在此过程中,不同金融机构间的基础设施架构、业务流程、账户系统各不相同,彼此之间需建立代理关系,每笔交易既需要在本机构记录,也需与交易对手进行清算和对账等。因此,国际上主流证券交易所的清算周期都在 T+1 日到 T+3 日不等。

(2)清算结算集中统一度不高。以我国债券市场为例,登记、清算、结算等业务分散在不同机构,甚至不同类型的债券登记、清结算的机构都不同,进一步加剧了数据和流程统一的难度。

(3)结算过程中需要人工干预环节,这让整个过程面临操作风险。当一笔交易涉及多个参与方时,每个参与方都须保存各自的交易记录,而各个不同交易记录版本可能会导致误差或不一致,如交易方向、头寸、到期日等。为统一各个参与方对交易的确认意见,往往需要对交易记录进行人工核对和调整。对于有些大宗商品、衍生品和银行同业资产的交易来说,一些甚至依然以纸质文件操作为主,这些市场亟待进行"无纸化"和"电子化"改造。

(4)成本巨大。根据环球同业银行金融电讯协会(SWIFT)的研究,全球金融市场每年用于证券清算交收、担保品管理、托管业务费用达 400亿至 450 亿美元。

区块链的共享、可信、可追溯的特点在清算结算领域具备显著优势。区块链技术通过构建去中心化的结构体系和链上节点参与者的共识机

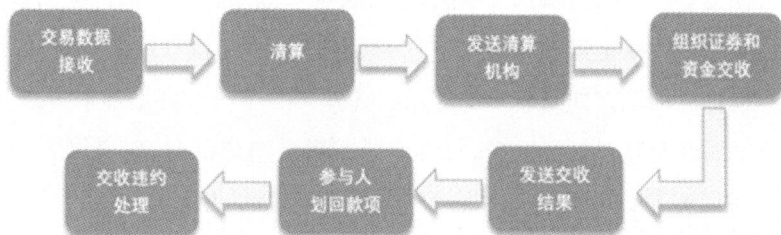

图 8-1　传统证券清算结算过程

制,形成不同的节点共同参与的分布式数据库系统。用共同遵守的数学算法(共识机制)实现不同节点之间无需中心化机构担保而可以迅速建立起信任关系进行共同协作体系。在区块链协作体系中,所有约定的参与者均参与数据的记录和验证。数据库是一个开放式的公开账簿,再通过分布式传播发送给各个节点,即使部分节点失效,也不会影响整个数据库的完整性和信息更新。区块链采取分布式的结构体系和参与者的共识协议来解决信任问题。可以提高整个体系的效率和安全性,降低清算与结算的交易成本,减少手工流程,避免操作风险。区块链上的数据运行规则公开透明,链上操作记录全程留痕,可有效解决当前场外市场证券发行与交易、数据披露、资金托管等方面的信息不对称问题,对于加强市场稳定性建设、改进市场监督管理机制具有重要作用。

此外,区块链技术可以直接实现实时全额结算,区块链通过共识机制验证交易之后,新的区块就可以被写入分布式账本,所有节点的账本将同时更新,交易确认和清算结算几乎在同一时间完成,所有节点依然共享完全一致的账本,即做到"一手交钱,一手交货",这样就完全避免了清算业务,可以节省大量的成本。目前的主要瓶颈还是我们前面提到的区块链的难以承载高强度的交易规模,因此在现有技术条件下只适用于一些小规模的场外市场交易。

然而,场外市场在任何一个国家的金融体系中都有着极其重要的位置。作为证券交易所的必要补充,场外交易市场不仅交易时间灵活分散,而且交易手续简单方便,价格又可协商,在拓宽融资渠道,为部分低标准证券提供流动性方面具有重要作用。场外交易市场一直是各个国家金融行业发展的重点,是发达国家资本市场的重要组成部分,以美国为例,美国场外交易市场的证券交易规模约占全美交易量的四分之三。

一个真正意义上的场外交易市场是没有类似交易所这种中心化设施的交易场所,但实际上,目前的场内市场和场外市场的概念演变为风险分层管理的概念,即不同层次市场按照上市品种的风险大小,通过对上市或挂牌条件、信息披露制度、交易结算制度、证券产品设计以及投资者约束条件等作出差异化安排的市场,无论是场内还是场外交易,证券的交易方式都是通过中心网络系统将订单汇集起来,再由中心电子交易系统处理,场内市场和场外市场的物理界限逐渐模糊,实质上还是中心化的交易市场。因此,使用区块链技术建设一个新的场外交易市场,是非常值得期待的。

如果将区块链技术引入到清算结算体系的基础设施建设中,有以下几个思路可以借鉴:

(1)通过区块链技术构建的场外市场生态系统,可以利用区块链技术的分布式体系实现"多中心化"结构。"多中心"之间存在竞争合作关系。高信用背书特征的节点可以是"主中心",其他一般性参与节点为普通参与节点。在这个体系内,"主中心"可以作为记账节点,拥有整个链数据库的写入功能。普通节点经认证可以同步联盟链的数据并使用链上数据。平台"主中心"节点共同制定平台规则,例如新节点加入、旧节点退出、资产上链规则、交易规则、清算结算规则、违约处理规则等。多中心化的好处在于,清算结算流程可以不再完全依赖中央登记结算机构,可以完成节点对节点的实时交易、清算和结算,从而缩短清结算时间,大幅提升清结算流程效率。并且每个结算参与节点都有一份完整的账单,任何交易都可在短时间内传送至全网。分布式账本技术还可以保证系统安全性,降低单点故障风险。

（2）区块链技术在确保链上数据安全、不可篡改、可被全流程追溯的同时,可以把监管机构设置为最高层级的"特权"节点。在登记托管的特定情况下,监管节点有权依法对已经达成的交易进行暂缓交收、拒绝交收等行动。得益于区块链技术的一些特性,监管机构可以对全市场资产交易动向、底层资产状况、违约情况一目了然,多中心体系的建设也可以提高市场机构参与体系化建设、维护市场秩序、遵守市场规则的意愿。通过区块链技术,监管机构可以统筹监管基础设施,避免重复监管,减少行政管制,对于加大监管信息公开力度、促进监管政策公开透明、限制自由裁量权能起到很好的作用。

（三）智能合约推动证券市场的智能化进程

以太坊开发的智能合约（Smart contracts）是区块链的进一步突破,使区块链的应用有了巨大发展,区块链技术由区块链 1.0 演化成区块链 2.0;智能合约最早由尼克·萨博（Nick Szabo）提出,将其定义为:"一套以数字形式定义的承诺（promises）,包括合约参与方可以在上面执行这些承诺的协议。"简单地说,智能合约很像计算机语言中的 IF-Then 语句,当达到预先设定的条件时,程序就会执行相应的合同。需要注意的是,智能合约并不是人工智能（Artificial Intelligence,AI）,智能合约的 smart 更多的是指灵活的定义和操作,是由一些外部数据来触发智能合约。而人工智能是"关于知识的学科——怎样表示知识以及怎样获得知识并使用知识的科学"。

那为什么尼克·萨博关于智能合约的设想迟迟没有实现呢？让我们回到尼克·萨博对智能合约的定义中:"数字形式"意味着合约必须写入计算机可读的代码中。"协议"其实就是技术实现（technical implementation）,在这个基础上,合约承诺被实现,或者合约承诺实现被记录下来。

同时,智能合约的实现还必须要有一种真正意义上的可以在网络上传递价值的资产,即资产数字化。而在过去的 20 多年来,相关协议并没有开发出来;而银行,证券交易所等金融系统仍然需要手动批准资金的转移,即在实现中没有能够支持可编程交易的数字金融系统,计算机程序不能真正地触发支付。而公有链技术产生的数字令牌(Token Coin)可以作为资产的表征,实现资产数字化,这使尼克·萨博的理论有了实现的可能。

目前,证券市场的许多金融交易仍旧需要人工干预,智能合约可以把许多复杂的金融合约条款写入计算机程序,当发生了满足合约条款中的条件行为时,将自动触发接受、存储和发送等后续行动,实现交易的智能化。比如区块链初创公司 BlockEx 开发的新区块链债券平台使债券发行公司能够使用智能合约来确定债券的利率、息票利率、付款日期和到期日,并且为了有利于债券零售市场运作,息票甚至可以指定每月、每周或每天支付。此外,通过智能合约将交易和清结算流程程序化。通过智能合约可以实现区块链上多方参与的资产交易过程可编程,并且任何一方不可干预既定的交易、清算、结算程序执行过程,以降低交易双方的结算风险。通过对智能合约的应用,也可以让场外市场交易能够在特定条件下执行,这种可编程的资产将不仅能转移价值,而且能将交易双方写入特定的触发条件,使得交易只有在满足特定条件下才会被执行。这些特性的使用,可以大大降低交易双方在结算时面临的风险,大幅降低交易对手违约风险。因此,智能合约在未来的证券交易市场中具有重大运用价值。

三、 证券发行

在上一章中我们介绍了百度—天风 ABS 产品中应用的区块链技术,实际上,所有的证券都代表着一类权益,股票代表的是企业的所有权和分红权,资产支持证券(ABS 等)代表的是资产的收益权,债券代表的是债权,以下以债券为例进行介绍区块链在证券发行领域的应用。

区块链在证券市场的应用按照实施难度和商业价值可分为两种类型:一是使用联盟链技术优化证券发行的流程,提高效率以及降低成本;二是使用公有链技术实行证券的发行和交易。前者在目前的法律和实施难度上看具有可行性,但商业价值较小;后者可能会冲击当前的监管法律且技术上实施的难度大,但商业价值更高。

(一)联盟链技术在证券发行中的应用

1.证券发行的特点

以债券市场为例,债券的发行有两大特点:一是需要大量的中介机构参与,业务各参与方除了要获取发行主体的信息外,还需要获取抵押品、担保人的信息。由于业务参与方多,信息在参与各方各自的业务系统间传输时,所用信息的准确性和一致性存在问题,可能造成效率低下和成本提高。

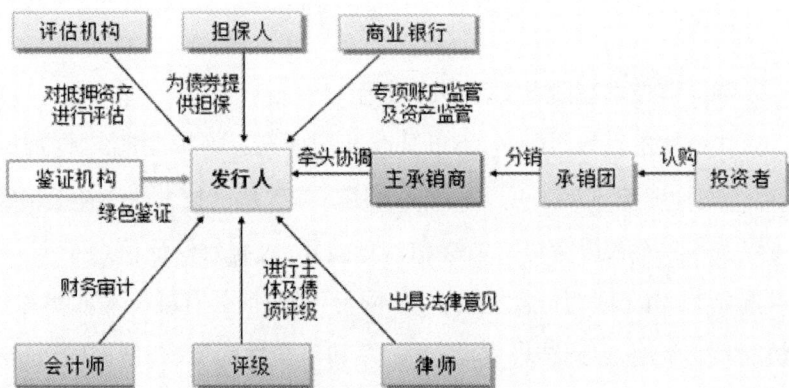

图8-2　债券发行中各中介机构的职责

二是债券发行的过程漫长复杂,从发行人作出决定开始到发行为止,

145

一般的周期为 16 周,而主承销商的职责则从协助发行人制作申报材料直至债券本息全部清偿为止,所用的时间更长且涉及流程复杂,以承做阶段为例,该阶段涉及项目组、质量控制部、合规法律部、财务核算部、风险管理部门等多个部门,为控制风险,防止资料的伪造和篡改,需要大量的手工作业和纸质材料,影响效率。

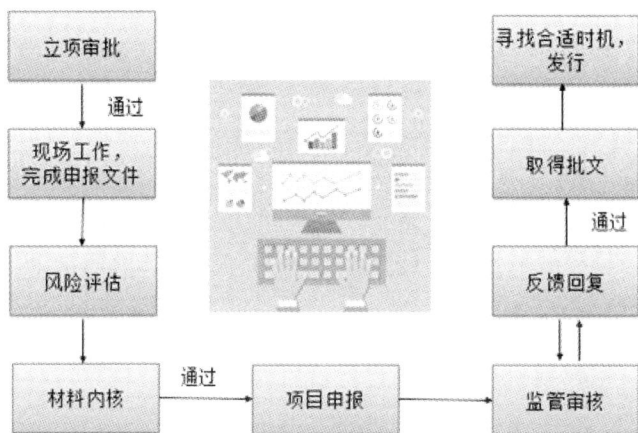

图 8-3 项目承做的流程

2. 联盟链技术在债券发行中的应用

区块链技术有数据保真、不可篡改和高度安全等特性。在债券的承做、存续期管理等环节都可以被落地应用。在区块链技术的选择上,联盟链可以按项目有权限参与方上链和信息披露,可有效保证信息安全。在技术选择上,由于联盟链规模较小,权限易控制;而公有链技术难度高,节点访问不受限制,因此结合成本、可行性和安全性的要求,使用联盟链技术。联盟链技术在债券发行上的应用至少包括以下两条:

(1)统一各机构的信息:如果将债券发行环节部署到区块链上,提升各方使用信息和数据的统一性。一方面,区块链上数据成为各机构获取发行主体和抵押品、保证人信息的统一信息源;另一方面,能及时获取各机构的意见和报告,节约时间,避免了各方业务系统数据来源混杂的问题。

(2)推进债券承做阶段的无纸化进程:目前证券市场上仍然存在大量人工操作和纸上作业,重要原因在于控制风险,防止原数据信息被篡改,以及纸质材料可作凭证;而区块链技术可以确保数据一经上链就不可篡改,链上各节点的操作行为也会被全记录,数据上传方无需担心数据会被非法使用,从而保证了上传数据的安全性和有效性,提升了信息透明度,作为后续证明其真伪性的有力证据。区块链技术的引入将大大提高承做环节数据作假成本。成功实行电子化后,很多申报材料都可以进行自动化文档处理以及保存,部门内的监管审核,项目存续期的督查都可以使用电子系统实时监控和自动控制,所有的申报材料都有相应的电子模板,发行主体发行债券需要提交的信息和发行标准都可在电子系统的帮助下完成,而且区块链技术保证了所有的信息在面向投资者时都是公开透明的,可以大幅降低债券发行的时间和成本。

3.可行性分析

联盟链技术在技术上实现的难度不大,并且能节约成本,提高发行效率,因此现阶段在证券市场上实现是完全可行的,如目前百度—长安新生—天风资产支持证券正是其中一例。

(二)公有链技术在证券发行中的应用

1.公有链技术的作用

公有链技术在证券发行领域的潜力巨大。目前证券市场上银行以及券商扮演着收费中间商的角色,如果公司想要发行债券为其业务提供债务融资,它还需要为银行或券商支付一部分费用,而后者负责项目的承做和承销等环节,然而在公有链技术的支持下,区块链系统中产生的代币可以作为证券的凭证,因此企业可以绕过银行和券商等中介机构,直接面向投资者发行债券,这意味着区块链债券只需要一个债券的公开的市场平台,而不需要或需要少量相应的中介机构即可实现债券的发行和交易,这种另类交易平台将对目前的证券交易所和监管法律造成影响。目前伦敦区块链的初创公司 BlockEx 正在开发这一类型的专门面向机构投资者的投资平台。

2. 可行性分析

目前公有链技术并不成熟,最主要的问题是交易承载规模小和确认交易时间长的问题,很难满足实际交易需求。再者,公有链技术会对现行法律和市场体系造成冲击,该类区块链交易平台是否能建成在很大程度上取决于监管机构的态度。

四、 资产管理

区块链可以将资产数字化变为现实,能降低资产的管理成本,提高效率。想要理解区块链在资产管理领域如何应用,首先要理解什么是资产的表征(Token),以及最重要的是 Token 后的一套账本(Ledger)系统。货币是我们最常见的资产,同时虚拟数字货币也是区块链技术目前最成功的应用。因此这里我们以货币为例做介绍。关于货币的本质,流行的货币理论认为,货币是一种特殊商品,充当一般等价物,作为市场交易的媒介,而在支付宝等第三方支付和银行账户普及后,货币成了一个电脑或手机上的数字,越来越虚拟化了,因此先前的货币理论受到越来越多的挑战;实际上,弗里德曼在《货币的祸害》中介绍了雅浦岛石币,雅浦岛上的货币是一些几千斤重的石轮,称为费币,当遇到交易时,居民并不需要将这些笨重的石币搬来搬去,而是在上面做标记表示所有权已经易手。从中可以看出货币的本质其实是一套以信用记账以及靠这种账目而进行清算所构成的体系,而所谓的黄金、纸币等只不过是用来进行交易和记账的表征(Token)。实际上,任何资产都是如此,而区块链刚好能提供这样一套分布式的账本系统。公有链技术产生的数字令牌(Token Coin)能为资产提供资产权利的表征,与现实世界中有价值的资产做映射后,便可在区块链系统中进行交易和管理。

在资产管理使用区块链技术有什么优势呢?首先,区块链技术保证了数据信息的不可篡改性,并且能追踪和查询到所有的数据记录;此外,由于采用分布式记账的方式,所有的资料都是公开透明的,相对于传统方式,记录的安全性和有效性得到了极大的提升,由于是采用电子信息记录,非常方便查阅和做"存在性证明",能节省大量的人力物力成本,因此区块链在资产的登记和托管方面具有巨大优势。其次,区块链技术能实现网络上点对点的实时资产交易,目前的网络交易都需要通过第三方,这意味着自由交易的限制,不能做到"一手交钱一手交货"的现金模式交易,而使用区块链技术以及智能合约完全能做到。最后,在公有链技术下,尽管数据信息是透明的,但用户的身份却是匿名的,保护了用户的隐私。

这一领域比较出名的是国内的小蚁区块链项目,采用员工持股激励制度的公司可以用小蚁来进行员工持股管理。使用小蚁比自建系统更经济更安全,小蚁的设计给了公司灵活的股权转让控制权。公司可以限制股权仅可以被指定的员工持有,可以灵活的设置允许股权转让或交易的比例。比如可以设置为允许员工每年最多转让其本人所持股权的25%。

五、　数字资产

数字资产是指依托于互联网数据网络,以电子化形式存在的具有商业和交换价值的财产资源。数字化是其表现形式,资产代表着价值属性。目前,以比特币和以太坊等加密数字代币为代表数字资产的是区块链最成功的一个应用领域,在世界范围内产生深远影响。在可预见的未来,这类数字资产将成为证券市场上受人追捧的新资产。实际上,在2017年9

月末,美国证券交易委员会(SEC)即批准 Overstock[①] 合法开设的 tØ 区块链交易平台,成为全球首个为美国机构投资者提供代币交易服务的另类交易系统(ATS)。

在介绍本节内容之前,有必要了解数字资产、比特币、数字货币之间的关系和区别。数字资产内容包含游戏及其附属虚拟物、数字版权、数字代币、大数据和计算机软件、数字媒体等。2013 年 12 月,中国人民银行联合五部委下发了关于防范比特币风险的通知,界定比特币为一种特定的虚拟商品,不具备与货币等同的法律地位。因此,以比特币和以太坊为代表的数字代币只是数字资产的种类之一,但是这类数字代币能在证券市场的另类交易系统(ATS)上进行交易,作为证券市场新兴的交易品种,具有巨大的投资价值和投资风险。2016 年 1 月 20 日,中国人民银行数字货币研讨会在京召开,研讨数字货币的发行总框架,分析央行发行数字货币的可能性。因此从当前情况看,未来加密数字货币将分为两大类,一类是具有投资属性的代币数字资产,代表有比特币、以太坊、莱特币等,这类数字货币主要作为投资商品;另一类是央行发行的数字货币,主要充当法定货币职能。

(一)代币数字资产

自 2017 年开始,数字代币迅猛发展,该类数字资产总市值变化如图 8-4 所示,在 2016 年年初为 70 亿美元,2017 年 10 月初达到 1400 亿美元,并一度突破 1500 亿美元,涨幅超过 20 倍;日均交易量从 2016 年年初的 5000 万美元增长到 2017 年 7 月超过 30 亿美元,作为一个新兴的金融

---

① Overstock 是一家位于美国犹他州盐湖城的在线购物零售商,还拥有汽车、旅游、保险、B2B 等业务,产品已销往全球 180 个国家和地区,截至 2017 年 10 月在纳斯达克的市值为 7.59 亿美元。《福布斯》杂志将 Overstock 评选为 2014 年最值得信赖的 100 家公司之一。公司的 CEO 是帕特里克·拜恩(Patrick Byrne),拥有哲学系博士学位,奉行自由主义思想和奥地利经济学派,他一直认为,华尔街金融系统的不透明导致出现诸多漏洞,这些漏洞常常被金融机构利用牟取暴利,因此一直想要改革华尔街,而区块链在他看来是可以实现愿望的方式。

单位：十亿美元

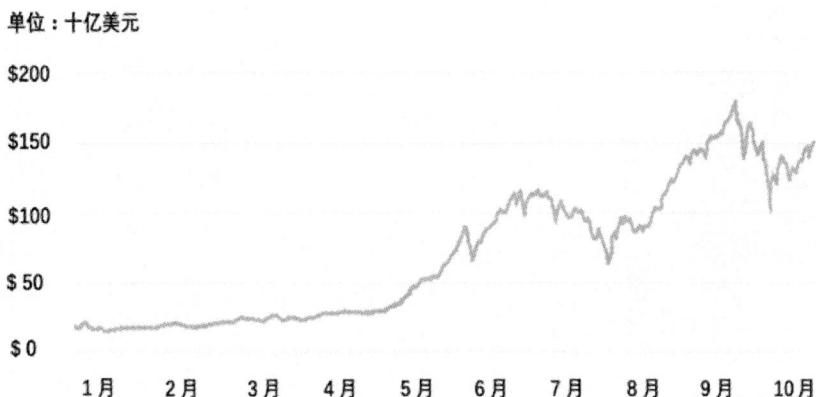

图 8-4 2017 年数字资产总市值变化情况

市场,其未来的发展值得进一步观察。

在这类数字资产中,除众所周知的比特币外,比较有名的还有以太币和莱特币。以太币(ETH)是以太坊(Ethereum)发行的数字代币,被视为"比特币 2.0 版",采用与比特币不同的区块链技术"以太坊"(Ethereum)。以太坊是一个开源的有智能合约功能的公共区块链平台,平台内置其专有加密货币以太币通过以太坊虚拟机来处理点对点智能合约,ETH 在 2014 年通过在社区线上公募的方式得以开始发展,目前市值(2017 年 8 月)大约为 1750 亿美元,仅次于比特币(BTC)。莱特币(LTC)在技术上与比特币有相同的原理,但在工作量证明算法中使用了scrypt 加密算法,这使得相比于比特币,在普通计算机上进行莱特币挖掘更为容易。当前各数字代币的市值情况如图 8-5 所示,从目前的趋势看,比特币的市值仍然是最高的,但随着该市场的逐渐成熟,其他代币种类的逐渐丰富,比特币市值占数字资产总市值的比重将会越来越低,如图8-6 所示。

正如 20 世纪七八十年代的资产支持证券,以及新世纪以来各种金融衍生品一样。数字代币作为证券市场上的新生事物,在未来最大的用处

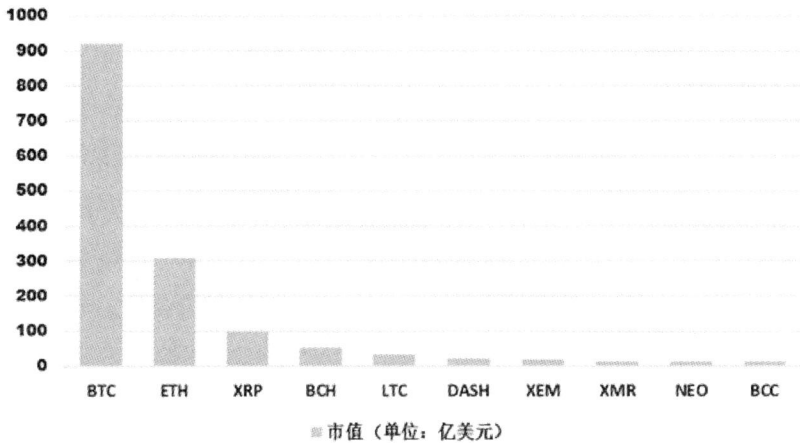

图 8-5　2017 年 10 月全球十大数字货币市值

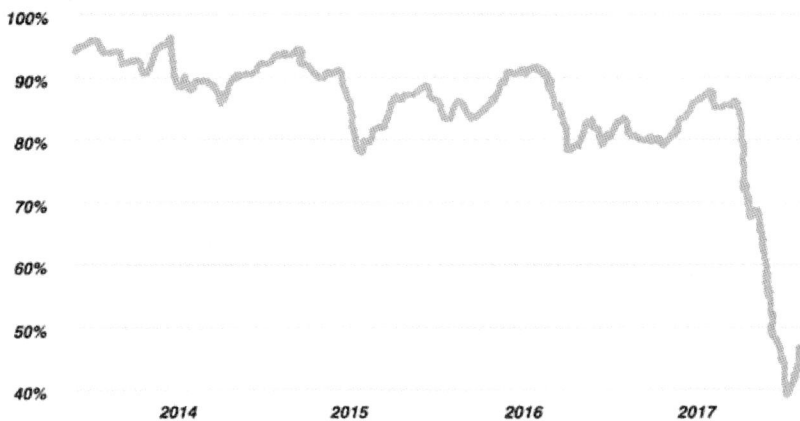

图 8-6　比特币市值占数字资产总市值的比重

是用于做资产配置,用于规避经济的不确定性并提高收益。正如图 8-7
所示,从 2017 年全球各项资产的收益看,数字资产的表现良好,涨幅最
大。关于数字资产的投资,万向控股的董事长肖风对此做了精彩的阐述:
"20 年之后,按最悲观的预计,数字资产的总市值将至少达万亿美元。我

认为,也许 10 年之后,数字资产的总市值就会超过万亿美元。要想获得超出预期的回报,就意味着必须采取和别人不一样的资产配置方式,而未来在另类资产配置方面,最明显的一个机会可能就是数字资产,未来 10 年,不可以忽略这个新的资产类别。"

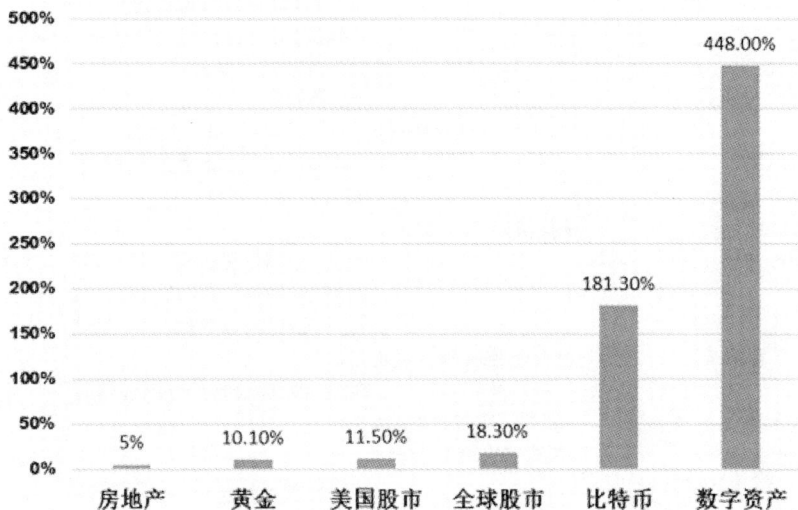

图 8-7　2017 年各类资产的年化收益率

作为一个新生的资产类型,由于缺少必要的市场规则和监管,这类数字货币很容易陷入"投资"还是"投机"的争论。图 8-8 给出了 2013 年至 2017 年前 20 大数字货币的市值变化情况,各个数字货币的投资回报差异巨大。另外,数字货币的币值也十分不稳定,以比特币为例,如图 8-9 所示,IMF 在 2015 年的报告指出,与其他部分货币和交易商品的波动性对比看,比特币的波动率达到 70%,而货币中波动最大的巴西雷亚尔也只达到 20%,衡量美股的标准普尔指数的波动率也不足 20%,相信随着全球各国市场制度的建设以及行业监管的展开,这类资产的投资价值会越来越大。

众多自由主义者和市场主义吹鼓者都希望该类代币能颠覆当前由国

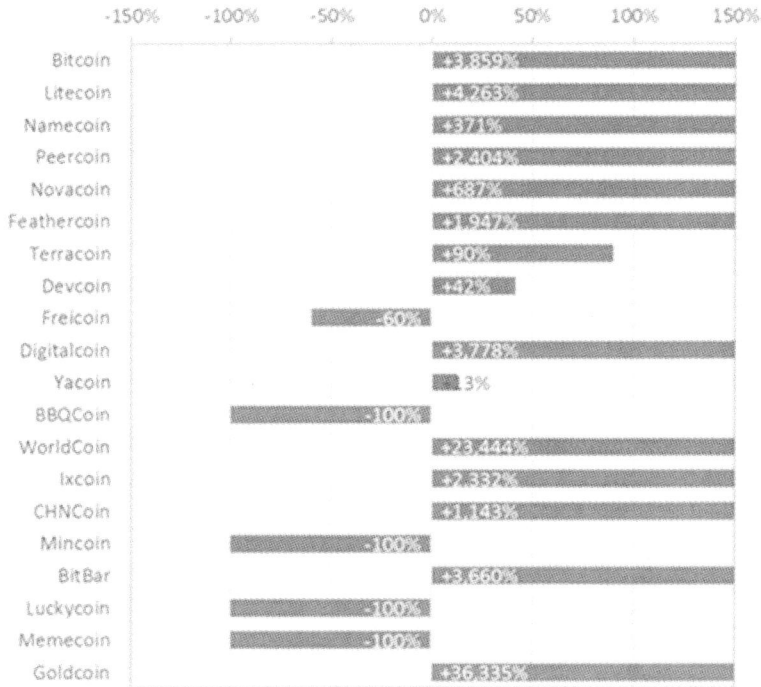

图 8-8　前 20 大代币数字资产市值变化情况（2013 年至 2017 年）

家主导的货币体系,他们认为掌握在政府手里的货币发行权是一种向大众掠夺财富的工具,政府可以随时通过超发货币向民众征收铸币税,而解决的方案是发行一种不受政府控制的货币,其中的代表是哈耶克在晚年提出的"货币非国家化",哈耶克认为市场经济在过去种种的不稳定,其实是因为市场上最重要的自我调节成分——货币,被政府控制而没有受到市场机制的调节。因此哈耶克主张废除中央银行制度,允许私人发行竞争性的货币,来取代政府发行性的垄断货币。那么在和其他货币的竞争中,发行者就会极力维持稳定的币值,从而创造出既无通货膨胀,又无通货紧缩的理想稳定货币。但遗憾的是,即使是目前最成功的比特币也

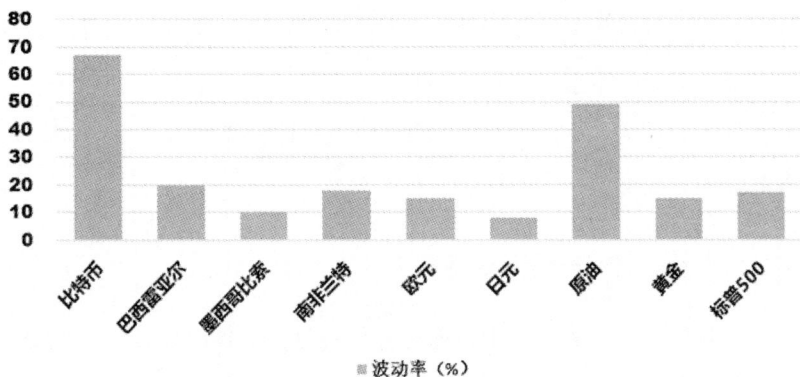

图 8-9　IMF 报告:2015 年比特币与货币、商品的波动性对比

无法实现哈耶克的愿望,也不可能成为真正的货币,只能说相较于过去前进了一小步。

　　首先,想要成为真正的流通货币,必须保证币值的稳定,以此提供一个稳定的计价单位,而比特币的币值波动非常大,因此难以被机构或其他人接受;其次是支付问题,在上一章中我们已经提到过比特币大约在十分钟内产生一个区块,一个区块大约为 1M,这意味着每秒能承载的交易数量大约为 7 笔,为确保是否记录在链上,需要延迟一个小时,而在 2016 年"双十一"全天,支付宝实现的支付总笔数为 10.5 亿笔,支付峰值达到 12 万笔/秒,目前的中心化清算系统都是每秒数万级别的,因此比特币很难满足实际支付需求。另外,比特币的总量是固定的,其主要目的是为了防止滥发货币。但是,熟知货币数量论①的读者很容易发现货币供应量固定后,伴随着经济增长,实际产量的上升,会出现物价的下跌,而物价的下跌又会导致产出减少,继而减少需求和工资水平,最终形成螺旋形通缩,当然以太币采用的是通胀率缩减的发行机制,没有总量上限,但即使是这

――――――――――
　　①　著名的货币数量论公式:$MV=PQ$,其中,M=货币供应量,V=货币流通速度,P=一般物价水平,Q=实际产量,一般而言货币的流通速度保持不变。

样也难以满足现实需要,因为现实中的经济增长率并不会随之同步,这也是黄金被纸币所替代的重要原因,因为黄金的产量远远满足不了经济发展带来交易增加的需求。因此,目前数字代币的本身属性很难使之成为真正意义上的货币。不过作为一项货币实验,随着技术的进步,其未来发展值得进一步观察。

(二)央行发行的数字货币

关于央行发行的数字货币目前还停留在理论和测试阶段。发行数字货币具有众多好处,这里可以引用 2016 年中国人民银行的数字货币研讨会内容供大家参考:"会议认为,在我国当前经济新常态下,探索央行发行数字货币具有积极的现实意义和深远的历史意义。发行数字货币可以降低传统纸币发行、流通的高昂成本,提升经济交易活动的便利性和透明度,减少洗钱、逃漏税等违法犯罪行为,提升央行对货币供给和货币流通的控制力,更好地支持经济和社会发展,助力普惠金融的全面实现。未来,数字货币发行、流通体系的建立还有助于我国建设全新的金融基础设施,进一步完善我国支付体系,提升支付清算效率,推动经济提质增效升级。"

在国家对比特币等虚拟货币进行整顿之时,中国人民银行研究发行的法定数字货币已经在全球先行测试。2017 年的春节前夕,中国人民银行通过数字票据交易平台进行了数字货币的测试,配合的机构包括工商银行、中国银行、微众银行、浦发银行和杭州银行等五家金融机构。不过,上述的货币测试更多的是作为技术储备,知识积累,与真正发行数字货币还不是一个概念,至于何时能推出法定数字货币,目前央行还没有时间表。

尽管前景诱人,但正如周小川在接受采访时指出的那样,到目前为止,区块链占用的资源还是太多,不管是计算资源还是存储资源,都应付不了现在的交易规模。因此,还需要区块链技术的进一步发展才能真正实现该目标。

六、 金融监管

区块链技术保证了数据信息的不可篡改性,并且能追踪和查询到所有的数据记录;此外,由于采用分布式记账的方式,所有的数据都是公开透明的,相对于传统方式,记录的安全性和有效性得到了极大的提升,最后,由于是采用电子信息记录,非常方便查阅和做"存在性证明",能节省大量的人力物力成本,因此区块链有助于减少监管负担。

除此之外,如果各金融机构在区块链上实现了交易信息的共享,那么监管机构可以作为一个节点加入到区块链中,获取第一手数据信息,从而实现对区块链上所有交易等行为的全方位实时监管。任一交易的任何环节都不会脱离监管的视线,这将极大地增强反洗钱的力度。同时,通过在区块链上设置一定的规则与逻辑,区块链将自动验证交易和用户的合规性,不合规的交易及用户将被去除,整个金融企业的合规程度将得到提高。

德勤公司从 2014 年起成立了专门的团队对区块链技术在审计方面的应用进行研究,目前已与部分商业银行、企业合作,成功创建了区块链应用实验性解决方案。其开发的 Rubix 平台,允许客户基于区块链的基础设施创建各种审计应用。普华永道自 2016 年宣布大举进军区块链领域研究后,已经招募了 15 个技术专家探索和研究区块链技术,并与专门研发区块链应用的 Blockstream、Eris 科技公司合作,寻求为全球企业提供区块链技术的公共服务。

第九章　区块链应用于证券市场的监管

区块链技术的应用,将对建立在传统交易模式下的证券市场产生深刻的影响与变革,当前已经兴起的区块链技术既有实践和未来应用场景一方面对传统证券监管形成了巨大的冲击,另一方面也对监管因应提出了新的要求与挑战。如何站在时代发展和技术进化的视角下及时更新证券监管策略,明确证券监管重点并创新监管方式,是区块链技术在证券市场应用进程中必须提前设计并妥善处理的重要任务。

一、 区块链技术应用对证券监管的冲突与挑战

金融科技的蓬勃发展,给证券市场的业务模式和结构创新带来了巨大的想象空间。尤其是呼声日隆的区块链技术,在证券行业的应用前景备受期待。区块链在证券市场的运用包括了非上市公司股权交易、公众公司股份交易、回购协议、公司债券、衍生品交易以及客户身份管理等方面,主流观点都同意区块链技术的运用会给证券市场带来额外的效率并增强透明度。[1] 然而,当金融科技创新融入证券市场运行,由此形成的新型市场结构,会对传统证券监管形成巨大的冲击与挑战。传统监管体系与监管制度在区块链技术的颠覆性变革下必定会暴露其不适性。因此,

---

[1]　See FINRA:Distributed Ledger Technology:Implications of Blockchain for the Securities Industry,January 2017.

在探讨区块链技术在证券市场的应用时,必须审慎考量证券监管的调适与变革,从而有效因应金融科技创新所带来的新的市场格局和金融风险。

(一)区块链技术下的证券发行与交易的监管调适

尽管目前证券市场活动基本实现了电子化和网络化,证券的发行与交易也都是通过计算机网络得以实现,但这种建立在证券无纸化基础之上的市场结构①仍然停留在金融 IT 阶段,证券的权利表彰和交易记录都以电子数据形式记载在交易所和登记结算机构的服务器中,并未对传统纸面作业模式形成实质性颠覆,金融监管制度也都是围绕着传统证券发行与交易的基本流程而设置。然而当区块链技术应用于证券市场后,传统的权利表彰和交易记载都通过区块链技术完成,相应数据都记载于多个分散的电子账簿即区块,由各个区块形成的链条共同形成对证券权利归属和交易过程的证明。这就使得证券的发行与交易会从"梧桐树下"的"集中模式"走向分布于网络空间各个区块的"分散模式",在这个过程中形成的变革与创新,将无可避免地与现行监管框架产生冲突。

首先,区块链技术的应用会突破传统监管下的交易场所概念,造成监管对象和范围的分散化。根据《证券法》第三十七条之规定,公开发行的证券,应当在证券交易所或国务院批准的其他证券交易场所交易。这里的证券交易场所一方面是能够提供证券集中交易平台设施的物理条件,另一方面是以经过监管当局的批准为法定前提。而区块链技术下的证券发行与交易,则会突破传统意义上的物理空间或网络平台,通过分布式账簿的一致性记载和协同化证明,来完成整个证券发行与交易的过程。尽管我们可以预期未来集中报价和信息撮合的场所依然会存在,但是发行与交易的完成则将会是整个区块链条共同运作的结果。传统意义上的交易场所在区块链技术的冲击下将会虚化,并且分散在整个网络空间之中。

---

① 参见冯果:《网络时代的资本市场及监管法制之重塑》,载《法学家》2009 年第 1 期。

交易场所也由单一化整体化的物理形态,分解为构成整个区块链条的无数个分布式账簿。那么过去围绕单个证券交易场所的监管,则将会演变为面向整个互联网上各个区块的监管,从而给监管带来巨大的压力与难题。

其次,区块链技术的应用会对传统的证券权利表彰形式形成冲击,进而引起证券权利证明和监管的困境。从证券的权利内容来看,证券本质上是投资合同,是持有人投入一定的资金经由他人的经营获取收益的权利义务安排。就证券的权利形式而言,证券是记载投资者权利义务的书面凭证。证券无纸化的过程,是在信息技术发展浪潮下对纸质证券的电子化,以电子数据替代纸质文件记录和表彰证券权利。而区块链技术下的证券,尽管在本质上依然是以电子数据对证券权利进行记载,但记载的方式将从证券登记结算机构的单点证明转变为整个区块链条上的多点证明。后者具有更强的安全性和不可篡改性,但在直接性和经济性上却难免受到诟病。同时,目前利用区块链技术的证券发行,是类似于 IPO (Initial Public Offering) 的 ICO (Initial Coin Offering),即基于现有区块链数字货币技术,以数字代币作为证券权利的表彰形式,易言之,数字加密货币取代传统证券成为发行标的。由此也衍生出两大监管问题:其一,数字代币的发行是否构成数字货币发行? 按照当前央行的监管口径,数字货币的发行必须基于货币发行权,非央行发行的数字货币不具有法偿性和强制性,因此只具有虚拟商品的法律地位而不是货币。因此以数字代币替代传统证券,尚不至于受到货币监管当局的干预。其二,数字代币是否属于证券,数字代币的发行是否应纳入证券发行监管? 从证券概念来看,尽管当前我国《证券法》采取的列举模式并未将数字代币视作证券,但数字代币在事实上是作为持有证券的凭证,最终还是指向证券权利。因此作为传统证券替代形式的数字代币同样具有证券的法律属性,数字代币的发行也需要接受证券发行监管。此外,数字代币的交易也与传统证券交易的过程不同,现有监管制度包括投资者适当性、证券账户和资金账户的分离与托管、信息披露、锁定期等都难以有效适用。①

(二)"去中介"和"去信任"对证券市场结构的颠覆

信任是证券市场运行的基础,为消解证券市场的信息不对称,大量中介机构发挥着重要的作用。而区块链技术使用全新的加密认证技术和去中心化共识机制去维护一个完整的、分布式的、不可篡改的账本,让参与者在无需相互认知和建立信任关系的前提下,通过一个统一的账本系统确保资金和信息安全。由此形成的"去中心化"和"去信任"的运作机制构成了区块链技术的核心特征和优势。当区块链技术应用于证券市场时,证券的发行与交易、登记与结算不再是依赖于中介机构得以完成,而是由分散在多个网络空间的账本上的记载协同完成,由此也会带来证券市场主体结构和交易结构的变化,从而对传统的证券监管模式形成冲击②。

一方面,区块链的"去中心化"会降低证券登记结算机构在证券市场运作过程中的作用。证券的集中登记存管,其意义在于提高证券登记结算的效率,同时有利于对证券交易过程进行监管。而区块链技术的大规模应用,会颠覆传统的证券登记结算机制,投资者可以通过分布式账簿的一致记载确认其对证券的直接持有,并且能够借助智能合约自动完成证券的转让,中央对手方和净额结算在区块链技术下也不再必要。在证券登记结算机构和机制发生变动的情况下,建立在传统证券登记结算基础设施之上的证券交易监管模式也面临着自我变革的需求。

另一方面,区块链的"去中介"和"去信任"会降低证券中介服务机构在证券发行与交易中的监管功能。在证券市场上,中介机构除了为发行

---

① 参见刘瑜恒、周沙骑:《证券区块链的应用探索、问题挑战与监管对策》,载《金融监管研究》2017 年第 4 期。

② See Cheng Lim,T.J.Saw,Calum Sargeant,Smart Contracts:Bridging the Gap Between Expectation and Reality,Oxford Business Law Blog,11 July 2016.

人和投资者提供中介服务之外,也扮演着重要的"看门人"角色,即在忠实勤勉地履行中介服务职能时,中介机构信义义务的履行会使得其在很大程度上确保信息真实和行为合规,从而在事实上使中介机构具有一定的监管功能。而随着区块链技术的应用,为消除信息不对称而生的中介机构在"去信任"的区块链运作机制下逐渐失去存在的必要,证券的发行、交易、登记和结算都可以直接完成,中介机构在承销、经纪、登记、清算、交收等方面的服务职能被弱化。由此证券中介服务机构的"看门人机制"缺失,会增加证监会的行政监管和行业协会及交易所的自律监管的压力。

(三)区块链技术下证券市场新型风险的挑战

尽管区块链技术以其安全性著称,但当区块链技术应用于涉及数量巨大的各类投资者的证券市场,对于区块链技术和证券市场本身的风险以及区块链技术与证券市场活动融合所新生的风险,都将成为证券监管者不得不审慎面对的问题。申言之,就区块链技术自身而言,虽然受到金融界和 IT 界的热捧而备受期待,但任何技术都很难说绝无漏洞和风险。证券市场本身作为金融体系的一部分,也不可避免地存在各类金融风险,并且会因为市场主体的利益冲突而存在投资者保护的难题。而在以区块链技术改造证券市场运行的情况下,与数据安全、用户隐私、交易安全等有关的新型风险可能会由此产生,[①]尤其是在去中心、去信任的区块链网络中并无任何特定主体对系统运行负责,可能会给市场和投资者造成新的风险。因此有必要重新审视区块链技术下证券市场所面临的新型风险,见图 9-1。同时要妥善制定监管方案予以应对。

网络安全是区块链应用于证券市场所需要面对的首要风险。由于区块链是采用分布式总账的方式对证券权利和交易信息进行记载,而且各

---

① See FINRA:Distributed Ledger Technology:Implications of Blockchain for the Securities Industry,January 2017.

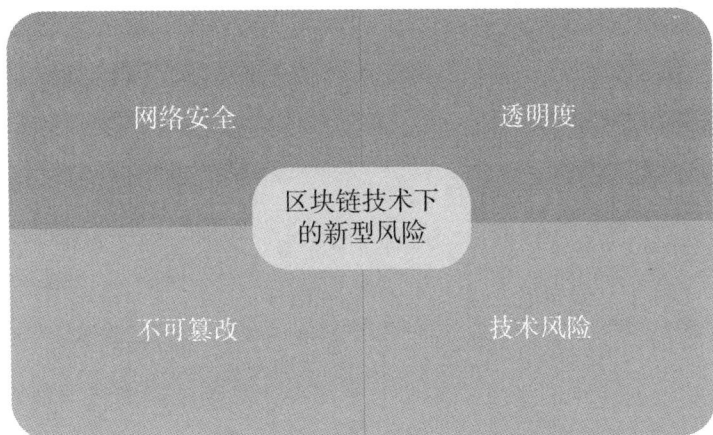

图 9-1 区块链技术下证券市场所面临的新型风险

个区块均能自主接入并修改数据,因此相比于传统的集中登记,区块链技术能够给系统内的参与者更多的在区块内自主修改数据的机会。尽管区块链技术可以通过密码学、时间戳和共识机制维护区块链账本的真实性和安全性,但分布式账本对外开放也会构成安全性的潜在隐患。此外区块链每个节点都拥有全链总账,一旦区块链系统被黑客攻陷,不仅被攻陷节点的信息会被窃取,全链储存的总账信息都可能被复制,从而存在隐私安全的风险。[1] 并且,区块链自身的安全性并不意味着整个区块链系统在平台安全和应用安全的坚不可摧。基于区块链的比特币市场,也发生了 Allinvain 25000 个比特币被盗和比特币平台 Bitfloor 被黑客攻破的事件。当证券以数字代币的形式进行确认和交易时,一旦数字代币被盗,意味着证券和其所代表的身份和财产权利的丧失,投资者可能会遭受重大损失。

透明度是区块链应用于证券市场时存在的两难问题。一方面,区块链技术能够提高市场透明度,因为区块链网络参与者能够便利地获取相

---

[1]　See ESMA,The Distributed Ledger Technology Applied to Securities Markets,Discussion Paper,June 2016.

应信息,无需专门创设新的信息披露基础设施。另一方面,有些市场透明度并非区块链技术所能解决,例如对个人身份信息和交易策略的保护等。此外,区块链技术也并非总是有利于提高透明度的,相反会损害市场透明度。例如私有链下的信息只在该私有链参与者(network participants)之间公开,从而对非该网络用户(non-network players)造成信息不利(informational disadvantage),也有一些网络中的参与者会基于竞争因素而寻求对一些交易信息或持仓信息进行保密或匿名。① 在这种情况下,区块链技术的运用并不能在增加透明度和投资者保护之间寻求有效平衡,相对机械的技术处理并不能适应证券市场运行过程中不同环境下的具体要求。这种差异有可能为道德风险和欺诈行为提供滋生的空间。

不可篡改是区块链应用于证券市场时的硬币之两面。对于传统意义上的证券交易而言,可能由于人为失误,行政命令或者司法裁决需要对已经完成的证券交易进行调整时,可以直接在证券登记结算机构的系统中对相关数据进行修改,从而实现交易回拨。然而区块链技术的不可篡改性,一方面保证了交易的安全性,另一方面却极大地增加了对交易信息进行修改的难度。当基于区块链技术完成的证券交易存在需要撤销或修改时,或者在区块链技术环境下司法当局或监管部门需要对证券权属进行调整或设置权利负担时,相关主体难以对整个链条上的各区块记载的信息进行修改,从而存在应对操作风险和公权力介入的技术障碍。

技术风险也是区块链应用于证券市场所需要破除的障碍。当前对于区块链技术的设想多集中于积极层面,然而对于这一尚未发展成熟的新技术,冷静分析其技术风险尤为必要。一是私钥安全。区块链技术一大特点就是不可逆,不可伪造,但前提是私钥是安全的。一旦私钥遗失,意味着证券投资者无法对账本进行修改,即无法对其账户下的资产进行操

---

① See FINRA: Distributed Ledger Technology: Implications of Blockchain for the Securities Industry, January 2017.

作。二是错误实现。区块链大量应用了各种密码学技术,属于算法高度密集工程,出现错误也是在所难免。一旦出现漏洞,将有可能导致严重的安全问题,甚至危及整个系统。三是协议被攻击。当区块链系统在基础协议层面遭受具有足够强大算力的 51% 算力攻击时,即对超过 51% 的区块进行攻击修改时,区块链不可篡改将成为过去式,基于区块链的信任应用将不复存在①。此外,智能合约技术在证券发行与交易过程中的应用也可能遭受诸多瓶颈。这些技术风险都有可能导致区块链技术在证券市场应用的失败。

二、 区块链技术应用于证券市场的监管策略选择

作为新型金融科技,区块链技术应用于证券市场会给建立在传统技术上的证券监管带来巨大的冲击与挑战。尽管区块链技术具有去中心、高效和安全等优势,但这些优势存在"不可能三角"悖论,即三者只能择其二。② 如何有效调和这三大优势实现最优效果,取决于证券市场在应用区块链技术时的监管策略的选择和具体监管措施的制定。其中如何对待区块链技术,在何种程度上应用和推广区块链技术,如何趋利避害实现区块链技术的价值,是区块链技术应用于证券市场所必须考虑的前提性问题,也是相关监管问题所必须明确的价值取向。

(一)坚持"技术中立"与"业务实质"原则

金融科技的开发与应用,极大地改变了金融市场运行的固有模式,由此形成的新样态和新结构让金融监管无所适从,导致了诸多监管难题。区块链技术在证券市场的应用,在很大程度上改变了证券发行、交易、登

---

① 参见程显峰:《区块链技术的风险》,载《大众理财顾问》2017 年第 3 期。
② 参见陈一稀:《区块链技术的"不可能三角"及需要注意的问题研究》,载《浙江金融》2016 年第 2 期。

记和结算的传统形式,市场人士声称区块链技术给证券市场带来的"颠覆"也让监管者面临着巨大压力。接受并适应金融科技给证券市场造成的变化是市场规律下证券监管发展所必须经历的过程,但必须要厘清金融科技与金融市场之间的联系与区别。事实上,金融科技只是技术层面上的优化方案,而金融市场本身依然是资金融通的过程与系统。尽管金融科技创新能够带来渠道的拓展和效率的提升,但并不能替代金融的基本功能,亦不能改变金融体系本身的运作规律和内在风险属性。[①] 易言之,区块链技术虽然对证券市场的运行可以产生较大的变革,但其本身只是便利和优化证券市场活动的工具层面的改进方案,并未改变证券市场体系的核心运作机制,也不会改变证券市场业务的实质。因此对于证券监管而言,应当坚持"技术中立"原则,既不宜主观地将区块链技术作为证券监管的基础,也不宜无视和限制区块链技术给证券市场活动带来的现实变革,而是应当在充分认知和回应区块链技术对证券市场体系和金融消费者可能产生的现实风险的基础上,跳出新型技术造成的监管迷雾,回归金融市场的本质,围绕具体证券活动的业务实质开展监管活动。例如不论是以数字代币形式发行证券的 ICO,抑或是通过分布式账簿记载和修改证券权利,都没有脱离证券发行、证券登记和证券交易的固有逻辑,在考虑到区块链技术的特殊性的基础上,依然可以围绕这些业务实质按照透明度和反欺诈原则实施有效监管。

(二)包容和适应技术创新

技术创新作为金融创新的一种表现形式,与金融监管之间联系密切。一方面技术创新会给金融监管带来新的问题与挑战,推动监管升级与完善,而另一方面金融监管的强度调整又会对技术创新产生影响,限制技术

---

① 参见李文红、蒋则沈:《金融科技发展与监管:一个监管者的视角》,载《金融监管研究》2017 年第 3 期。

创新的发展。① 就技术创新本身而言,尽管新的金融科技在金融市场上的应用过程中会阶段性地形成风险敞口,并且可能产生不同程度的风险事件,例如高频交易导致的乌龙指事件。但是从金融市场发展的趋势来看,技术创新在整体上会提升金融市场的效率,并且会系统优化金融市场的运行。因此金融监管应当为技术创新留下空间,不宜以过于严格的监管限制和妨碍金融科技的创新与发展。正如前任纽约金融服务部主任本杰明·罗斯基在面对比特币监管的问题时所认为的,如果可以做好正确的监管,确保趋利避害并减少监管因素带来的过多负担,我们就有机会帮助一个可能会给我们的系统带来重大改进的技术成长。② 对于证券市场而言,区块链技术的应用确实能够带来显著的效率提升,即便当前对区块链技术应用于证券市场可能存在的风险仍存在颇多担忧,例如网络安全、技术风险以及所谓的"不可能三角"悖论,但是目前也不宜因为监管的不确定而延缓区块链技术的应用。根据英国行为金融监管局的估计,监管不确定会让金融科技创新业务上市时间延后三分之一。③ 如果我国监管者不能及时对区块链技术在证券市场上的应用进行回应,可能会影响证券市场在全球率先优化升级。④ 因此我国证券监管应当包容技术创新,对区块链技术在证券市场的应用保持相对宽容的态度,允许相关企业和机构积极进行尝试,同时也应当积极适应区块链技术的应用,密切关注区块链技术对证券业务模式、风险特征和证券监管的影响,加强对金融科技企业和金融机构的沟通交流与政策辅导,强化专业资源配置和工作机制建设,探索建立和完善监管规则,改进监管方式,确保监管有效性。⑤

---

① 参见冯果、袁康:《社会变迁视野下的金融法理论与实践》,北京大学出版社 2013 年版,第 63 页。

② 参见[加]唐·塔普斯科特、[加]亚历克斯·塔普斯科特:《区块链革命:比特币底层技术如何改变货币、商业和世界》,凯尔、孙铭、周沁园译,中信出版社 2016 年版,第 274 页。

③ 参见姚前:《数字加密代币 ICO 及其监管研究》,载《当代金融家》2017 年第 7 期。

④ 参见杨东:《区块链带来金融与法律优化》,载《中国金融》2016 年第 8 期。

⑤ 参见李文红、蒋则沈:《金融科技发展与监管:一个监管者的视角》,载《金融监管研究》2017 年第 3 期。

（三）坚守金融安全的底线

金融稳定与安全是金融监管的目标和底线。IOSCO 发布的证券监管三大目标就是保护投资者、确保市场的公平效率和透明、降低系统性风险。[①] 从区块链技术而言，其自身的技术风险尚未完全弄清，当其应用于证券市场时将会对投资者的证券财产安全以及证券市场体系造成何种风险也仍属未知。ESMA 在其对区块链应用于资本市场的评估报告中提出了可能存在的网络安全、市场欺诈、洗钱、操作风险以及因为运算能力不足和智能合同技术局限可能导致市场波动甚至系统性风险。[②] 因此，证券监管当局应当在区块链技术投入应用时，充分评估技术创新对金融安全的影响，一方面避免区块链技术应用过程中产生的欺诈和其他侵害投资者利益的行为，另一方面需要守住不发生系统性风险的底线。从微观层面而言，监管部门应当进行有效的行为监管，对区块链技术在证券市场活动各个环节的应用机制进行准确的把握，统一制定技术标准并设置技术准入条件，对证券基础设施、金融机构和科技金融企业制定专项监管计划，以确保区块链系统各个环节的透明、高效和安全。从宏观层面来看，监管部门应当针对区块链技术在证券市场的应用进行审慎监管，准确评估区块链系统运行中的相关风险并制定相应的风险预防、缓释和处置机制，避免因网络攻击、系统失灵等导致整个证券市场的非正常波动和崩溃。

三、 区块链技术应用于证券市场的监管重点

区块链技术在证券市场的应用尚处于起步阶段。2015 年年底美

[①] See IOSCO, Objectives and Principles of Securities Regulation, June 2010.

[②] See ESMA, The Distributed Ledger Technology Applied to Securities Markets, Report, January 2017.

国证券交易委员会(SEC)批准了在线零售商 Overstock 的 S3 申请,在比特币区块链上发行该公司新的上市股票。纳斯达克推出了基于区块链的企业级应用 Linq,作为私募股权交易平台,澳大利亚证券交易所(ASX)也正在考虑采用区块链技术来实现其证券结算系统。但是到目前为止,区块链技术的大规模应用还未能成为现实。尽管如此,各国证券监管部门对于区块链技术的应用保持着高度的关注与热情。囿于市场实践仍然有限,SEC、FINRA、ESMA、IOSCO 等监管部门和国际组织对区块链应用于证券市场的监管更多地停留在讨论阶段,问题的提出多于制度的设立,抽象的原则多于具体的规则。厘清区块链下证券监管的具体思路,还需要在市场实践过程中不断摸索。但根据区块链的技术特征和证券市场的客观现实,本书认为应当将以下几个方面作为监管重点。

(一)市场基础设施的监管:以区块链系统为中心

根据美联储和 FSB 的定义,金融市场基础设施是各金融机构之间的多边系统,包括支付、存管、清算结算、中央对手方以及交易资料存储等。[1] 金融市场基础设施的应用与优化,主要目标在于实现更为经济高效和稳定可靠的交易过程。区块链技术对市场基础设施的改造,确实具有提高交易效率和降低成本的显著优势,但由于区块链技术作为软件的脆弱性和兼容性等原因,其作为证券市场基础设施还存在着现实的障碍,[2]此外也面临着如何维持去中心化的数据库的安全以及消除运算能力瓶颈等诸多问题。[3] 从监管角度而言,区块链技术的应用必须建立在

---

[1]　See Niamh Moloney, Eilís Ferran, and Jennifer Payne, The Oxford Handbook of Financial Regulation, 2015, p.569.

[2]　See Angela Walch, The Bitcoin Blockchain as Financial Market Infrastructure: A Consideration of Operational Risk, Legislation and Public Policy, Vol.18, 2015, p.837.

[3]　See WFE, Financial Market Infrastructures and Distributed ledger Technology, Report, August 2016.

市场基础设施能够稳定、顺畅地处理证券权利证明和交易记录的前提之下,并且能够构建起区块链操作框架以有效地处理市场参与者的进入与退出、交易有效性、资产证明、数据安全和透明度等要求。[①] 这就需要在区块链技术大规模投入应用之前,对证券市场尝试区块链技术进行有效的引导和规范,见图9-2。

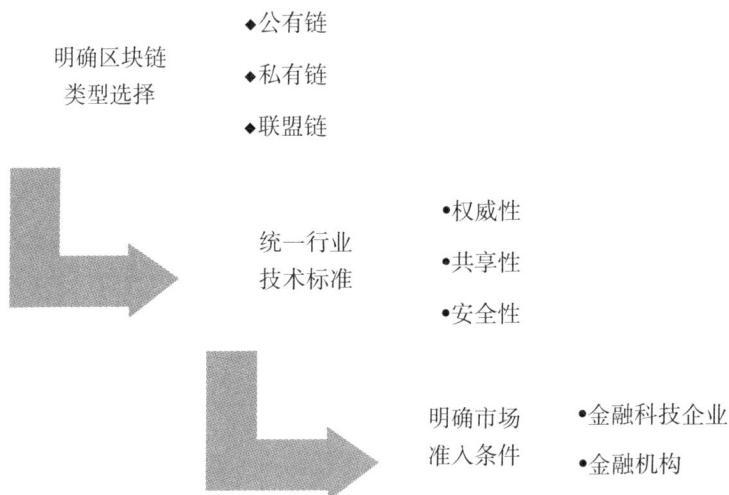

图9-2 对区块链技术的引导和规范

首先,需要明确区块链的应用类型选择。根据开放程度的差异,区块链可划分为公有链(permissionless network)和许可链(permissioned network)。公有链的各个网络节点可以自由加入、退出、保存和参与更新公共账簿。节点之间完全陌生且没有准入限制。而许可链要对网络节点准入进行授权,具体又分为联盟链、私有链两种主要形式。联盟链是一组经审查和授权的用户,根据共识机制以及激励机制共同保存、更新和维护公共账簿。私有链是存在一家机构负责管理整个区块链,在用户准入、共识

---

① See FINRA:Distributed Ledger Technology:Implications of Blockchain for the Securities Industry,January 2017.

规则和更新账簿等问题上享有控制权。① 与公开、开放的公有链不同,私有链仅是权限网络,只有特定主体才有权进入。私有链能够允许网络运营者限制其他主体进入并为受信任的主体创造安全的环境。在私有链网络中,不同的主体可以有不同的权限去交易和浏览数据。商业化应用的区块链,也多为私有链。② 从证券市场基础设施效率本身而言,区块链技术能实现实时结算,显著提高结算效率并降低结算风险,并且能提高股东大会投票的效率。但是公有链和许可链的运算速度和能耗依然存在着显著的差距,公有链由于节点多且门槛低,尽管其能更加彻底地实现"去中心化",但依然存在着运算能力和效率的限制。同时从安全性来看,缺乏准入门槛的公有链也不利于数据安全和隐私保护。而许可链通过设定进入区块链系统的权限,能够确保分布式账簿在身份确定且相互信任的主体之间完成记载和修改。对于需要高度监管的证券业而言,许可链更能保证证券发行与交易的安全与效率。③ 就同属于许可链的私有链和联盟链而言,使用和维护私有链的机构可以轻松改变区块链的规则、恢复交易、修改余额信息,容易造成账簿数据的篡改和操纵,而联盟链则由于参与主体的多元化能够对此形成制约,更能实现安全性。因此,在以区块链技术改造证券市场基础设施时,监管部门应当审慎选择区块链的应用类型,以更加安全高效的联盟链作为首选。

其次,需要建立统一的行业标准。由于区块链目前尚未形成统一的行业标准和技术准则,各金融科技企业和金融机构都在基于不同的协议和需求,创造性地开发各种自成体系的应用。这些市场自发的尝试体现了证券市场对区块链的热情和区块链技术的多样性,但也意味

① 参见王焯、汪川:《区块链技术:内涵、应用及对金融业的重塑》,载《新金融》2016 年第 10 期。
② See FINRA:Distributed Ledger Technology:Implications of Blockchain for the Securities Industry,January 2017.
③ See IOSCO:IOSCO RESEARCH REPORT ON FINTECH,FEBRURAY 2017.

着未来不同区块链之间将很难实现兼容、互联互通和信息共享。一旦各机构各自为战的区块链应用尝试蔚为风气,形成诸侯割据之局面,容易导致证券市场内部的割裂。届时再进行统一与整合,将会付出较大的成本并造成社会资源的浪费。因此,监管者提前参与到区块链技术的应用创新的进程之中,对金融科技企业和金融机构开发和应用区块链技术时给予充分的监管指引,参与制定区块链协议的相关技术标准,从而避免记载着证券交易数据信息的各区块在形成链条时可能产生的冲突。① 通过建立统一的行业标准,从而在各区块链平台发展到一定阶段后实现各平台的相互连通与整合,进而形成一个具有权威性、共享性的可安全记录和开放访问的全局性的账本,以确保证券市场基础设施的集中化统一化。

最后,需要明确市场主体准入条件。在运用区块链技术改造证券市场基础设施的过程中会有多方主体的参与。在技术研发阶段,传统意义上的证券市场主体,包括证券登记结算机构、证券交易所和证券公司出于主动创新和被动适应的考量,会基于其在证券市场结构中的地位优势,积极地尝试采用区块链技术对传统的证券交易流程进行优化,而金融科技企业出于拓展市场和获取先发优势的动机,会基于其显著的技术优势和创新能力积极地开展区块链技术应用的研发。而在技术应用阶段,又会存在区块链账簿节点的主体分配的问题,即在证券市场业务开展过程中哪些主体享有接入账簿节点并写入或修改账簿的权利,以及哪些主体享有运行和维护整个区块链系统的权利。就前者而言,由于技术创新是开放式的,设置过多的限制条件可能会抑制市场化的创新,因此不宜对区块链技术的证券市场应用研发设立准入门槛,而是应当以开放的态度和适度的引导鼓励各类机构和金融科技企业研发和试验,尽快形成相对先进成熟的技术方案。对后者而言,由于区块链技术的实际应用会对证券市

---

① See Y Lewenberg, Y Sompolinsky, A Zohar.Inclusive Block Chain Protocols, Financial Cryptography,2015,pp.528-547.

场造成现实的影响,可能会损害到证券市场安全稳定和投资者利益,因此
则需要审慎设置准入门槛,避免因区块链的过度开放而导致风险爆发。
从证券行业的特殊性而言,区块链系统的维护应当属于作为证券市场基
础设施的职能,不论是采用私有链还是联盟链的模式,负责区块链维护的
机构均应当按照《证券法》的原则向证券监管部门申请获取相应的业务
资格。具体的标准应当涵盖注册资本、技术能力、风控指标等。此外,为
发挥区块链技术去中心化的技术优势,应当允许证券活动的参与者都能
接入各网络账簿节点,但针对不同的主体类型应当设置不同的权限,以保
证数据安全和客户隐私。在这点上可以借鉴 R3 开发的 Corda 平台,以加
密方式完成区块链的共识机制,节点信息和智能合约数据只对具有相应
权限的用户开放。①

(二)交易过程的监管:以智能合约为中心

数字货币是区块链技术发展的 1.0 阶段,智能合约就是区块链技
术发展的 2.0 阶段。智能合约是区块链系统中预先编码并可自动执行
的业务逻辑的应用,是基于区块链自动运行的程序。② 智能合约的本
质是在分布式账簿上编写的程序,在区块链节点上存储和执行,通过智
能合约触发的验证与执行生成业务活动的结果并存储在各区块之
中。③ 如果说区块链上的各个网络节点为证券交易数据提供存储和证
明机制,那么智能合约则是通过自动的运算和执行实现排除人为干预
的运算机制,实现交易的去中心化和去信任化。区块链智能合约在实
践中,通过赋予资产一些代码并在区块链上运行,成为全网共享资源和

---

① See Richard Gendal Brown, James Carlyle, Ian Grigg, Mike Hearn, Corda: An Introduction, The Corda Non-technical White Paper, R3, August, 2016.

② 参见中国区块链技术和产业发展论坛:《中国区块链技术和发展白皮书(2016)》,2016 年 10 月 18 日。

③ See IOSCO: IOSCO RESEARCH REPORT ON FINTECH, FEBRURAY 2017.

共识算法,再通过外部数据触发合约执行,决定网络中智能资产分配或转移①②。根据这一运作机制,在证券市场中,智能合约可以用于证券交易、登记结算、公司行为、保证金和担保物管理等各个领域。智能合约的应用具有显著的优势,包括能够简化交易流程,提高自动化交易水平,确保交易的安全与效率,降低金融交易和合约执行成本,等等。③ 然而,由于智能合约作为标准化的计算机程序难以满足特定交易需求,同时其实时结算和自动执行有时会造成"实时欺诈"且无法及时修复,因此其大规模应用于证券市场之前需要建立完备的监管机制,以保证智能合约的有效使用。

首先,应当建立智能合约与法律合约的协调机制。智能合约并非传统意义上的合同,而是根据预先设定的程序自动更新客户账户的实现机制,这种实现机制必须建立在法律关系明确可行的基础上,且智能合约的运行也必须符合法律规则的要求。因为智能合约将在区块链技术应用于证券市场的过程中扮演着执行证券交易、结算等活动的依据,因此作为一种自动化运行的程序,智能合约在代码编写时即应当寻求与法律制度的协调,以实现智能合约与法律合约的协调。作为传统意义上的法律合约,是通过传统的书面形式设定一系列的合同义务,规制缔约各方的法律关系并提供合同执行机制。尽管智能合约与法律合约一样都会设定交易各方的合同关系并规定相应义务,但由于智能合约是以代码形式编写且自动执行,其对权利义务的描述、违约和例外情形的把握等均存在过于僵化的可能且缔约主体参与协商不足,以及高级汇编语言无法让缔约主体充分理解

---

① See Mark Carney, The Promise of FinTech: Something New Under the Sun?, Speech on Deutsche Bundesbank G20 conference on " Digitising finance, financial inclusion and financial literacy ", Wiesbaden, 25 January, 2017.

② 参见朱太辉、陈璐:《FinTech 的潜在风险与监管应对研究》,载《金融监管研究》2016 年第 7 期。

③ 参见刘德林:《区块链智能合约技术在金融领域的研发应用现状、问题及建议》,载《海南金融》2016 年第 10 期。

等问题。① 因此,智能合约的运用需要建立以下几个方面的规则,尽量弥合智能合约与传统法律合约之间的差异。一方面,智能合约应当以法律合约为内容。即在智能合约代码编写时,应当将法律合约的内容作为智能合约编写和执行的基础,即确保智能合约所设定的验证和执行机制符合法律法规和交易合约的规定,确保其法律内核的确定性。这就要求证券金融机构或金融科技企业在开发区块链技术时,需要法律合规部门提前介入到技术开发部门的工作之中,使智能合约的编写符合法律合约的逻辑和规则。另一方面,在智能合约执行之前或者在日常的投资者教育过程中,需要通过生动易懂的语言向客户充分介绍智能合约的运作机制和不同条件下的自动执行方案,并且充分阐述智能合约中的法律关系,确保金融消费者的知情权。② 还有就是要确定智能合约的责任主体。即当因为智能合约运行过程中因错误或漏洞产生了纠纷,相应的法律责任应当由智能合约开发者还是由智能合约运行平台承担,③也是需要提前予以明确的法律问题。

其次,应当建立智能合约的监管审查机制。由于智能合约的后台处理和自动执行,证券市场参与主体无法直接接触、处理和调整智能合约的运行,交易的实施和证券资产的存管都依赖智能合约的运行。一旦智能合约在设计和编码过程中存在漏洞或者后门,则将给投资者利益带来隐患,甚至有可能对整个证券市场带来系统性风险。因此,监管部门应当在对证券市场区块链进行监管时,尤其重视证券市场交易过程中的智能合约的监管审查,确保智能合约的安全性与合规性。具体而言,区块链平台在投入应用前,应将智能合约的代码提交至监管部门备案,由监管部门对智能合约代码进行安全性和合规性审查。监管部门应当联合金融科技企

---

① See Cheng Lim,T.J.Saw,Calum Sargeant,Smart Contracts:Bridging the Gap Between Expectation and Reality,Oxford Business Law Blog,11 July 2016.

② See Joshua A.T.Fair eld,Smart Contracts,Bitcoin Bots,and Consumer Protection,71 Wash.& Lee L.Rev.Online 36 (2014),http://scholarlycommons.law.wlu.edu/wlulr-online/vol71/iss2/3.

③ See Andy Robinson,Tom Hingley,Smart Contracts:the Next Frontier? Oxford Business Law Blog,23 May 2016.

业和证券金融机构出台智能合约开发指引,按照证券行业监管规律明确相应程序的标准和要求。只有经过监管部门审查并认可的智能合约程序才能应用于证券市场区块链系统。并且,监管部门应当对智能合约的运行状况进行监测,通过压力测试等方法对智能合约的执行能力和载荷进行分析评估,[1]以维护智能合约和区块链平台的流畅运行。

最后,应当建立智能合约自动终止与修复机制。由于智能合同的自动处理特点,缺乏一般合同的灵活性,因此在某些特定情况下如何中止或终止合同是需要考虑的重要因素。[2] 以太坊公有链上的 The DAO 智能合约遭遇攻击事件,就是因为智能合约脚本的漏洞导致的三百多万以太币被盗。而因为智能合约无法终止或修复,导致了损失难以挽回。当区块链技术应用于证券市场,证券交易和结算都依靠智能合约执行,一旦智能合约存在漏洞或被攻击,或者因为操作失误,产生的交易错误会因为"实时结算"而形成蝴蝶效应无法调整或者撤销交易,严重威胁投资者的利益和证券市场的安全与稳定。因此,应当在智能合约编程时设置一种"失效安全"(fail-safe)机制,即允许智能合约代码在满足特定条件时可以由相关主体,包括监管部门、交易所或登记结算机构以及拥有相应权限的参与主体终止其执行。[3] 为了避免智能合约失灵导致的区块链上数字资产的被盗或错误交易,业界也有人士提出在智能合约中设置"逃生舱"(escape hatch),在智能合约执行失灵时能够冻结和转移区块链上记载的价值从而防范风险。[4] 概言之,尽管智能合约的自动执行是一柄双刃剑,

---

① See Khaled Baqer, Danny Yuxing Huang, Damon McCoy, Nicholas Weaver, Stressing Out: Bitcoin Stress Testing, Financial Cryptography and Data Security, FC 2016 international Workshops, BITCOIN, VOTING and WAHC Christ Church, Barbados, February 26, 2016 Revised Selected Papers, Springer, 2016, p.3.

② See IOSCO: IOSCO RESEARCH REPORT ON FINTECH, FEBRURAY 2017.

③ See Cheng Lim, T.J.Saw, Calum Sargeant, Smart Contracts: Bridging the Gap Between Expectation and Reality, Oxford Business Law Blog, 11 July 2016.

④ See Jerry Brito, Beyond Silk Road: Potential Risks, Threats and Promises of Virtual Currencies, Mercatus Center, George Mason University.

在提高交易效率的同时也容易造成证券交易的失控,因此需要通过相应的技术手段进行优化,使得监管部门或其他有权限的主体能够在限定的条件下进行干预和纠错。

(三)交易后领域的监管:以证券登记结算为中心

区块链系统上的证券在各个分布式账簿上是多点同步记载、实时结算且不可逆的,这与传统证券市场上由证券登记结算机构、中央对手方机制等构成的证券登记结算体系大不相同。欧洲央行在区块链技术对证券交易后领域的影响进行评估时指出,区块链技术在证券的结算、存管和清算三个层面颠覆了传统市场基础设施的运作机制,尽管其能够通过去中心化和去信任的共识机制确保证券资产的安全并通过智能合约执行货银对付实现实时结算,具有显著提高效率和降低信用风险、操作风险的优势,然而若不对其进行统一化的监管,则有可能因采用不同技术标准而导致市场分化,并且有可能会面临与传统主流证券登记结算体系的兼容性难题。[①] 当前业界对区块链应用于证券市场最大的期待或者说关注的核心就是区块链技术对交易后领域(post-trade)的改造,而这一过程中监管者需要注意的是以下两点:

一是证券资产代币化下的证券登记所面临的监管问题。由于区块链系统中资产价值都是以虚拟数字货币的形式表彰,当区块链技术应用于证券市场后证券的发行与交易在区块链系统中都是以代币作为载体,因此区块链技术下的证券登记实际上就是数字代币的登记。在将数字代币作为证券资产登记在权利人账户时,存在着几个方面的问题。首先是代币发行如何符合证券发行的监管要求。既然代币是证券财产在区块链系统中的载体,那么在证券法上也应将其视为证券,代币的发行必须纳入证券发行的监管框架。那么如何设定代币的发行条件、控

---

① See Andrea Pinna, Wiebe Ruttenberg, Distributed Ledger Technologies in Securities Post-trading:Revolution or Evolution? European Central Bank, Occasional Paper Series, No.172, April 2016.

制代币的发行数量、明确代币的权利主体则是在区块链系统设计时需要监管者提前介入并控制的。其次是数字代币的统一登记标准。在不同的区块链平台中存在着不同的代币类型,例如彩色币、以太币、比特币等。不同的代币无法跨系统交易将造成市场分化,这一问题可以通过区块链系统的选择和统一得以解决,但在代币登记时如何确定单位代币对应的单位证券,以及实现对应证券的身份权和财产权的区分和行使等,都需要予以审慎考量。最后是数字代币登记中的身份认证问题。区块链技术的去中心化固然有其优势,但在证券登记时仅凭借各节点的共识机制仍然难以确保证券登记和存管的准确,仍然需要明确由区块链系统的维护者承担发行人和投资者身份验证的义务。[①] 通过明确相应主体责任的监管要求,将智能合约自动执行和机构认证相结合,以确保证券登记过程的准确和安全。

二是实时结算下的证券结算所存在的监管问题。区块链技术为证券交易和结算同时完成提供了技术条件,当交易平台与分布式账簿相连接,证券交易指令能够在区块链系统中即时完成证券资产登记的变更,实现实时结算。[②] 由此,传统意义上依赖中央对手方的净额结算机制可能失去其存在的必要。然而区块链技术的运用尽管能够提高结算效率,但就多样化的证券市场类型而言,实时结算是否是理想的结算尚不明确。一些市场参与者指出了一段时期的净额结算比实时结算更合适,因为其可以限制一些临时头寸的交易。采用实时结算可能会影响短线交易中的撤销,影响做市商和对冲。然而也有人指出实时结算能够减少交易对手方风险,从而无需提供担保和提高效率。[③] 然而,实时结算的结果是不可逆的,一旦区块链上的智能合约自动执行完成了交易结算过程,记载在各区

---

① See Andrea Pinna, Wiebe Ruttenberg, Distributed Ledger Technologies in Securities Post-trading:Revolution or Evolution? European Central Bank,Occasional Paper Series, No.172,April 2016.

② See Andrea Pinna, Wiebe Ruttenberg, Distributed Ledger Technologies in Securities Post-trading:Revolution or Evolution? European Central Bank,Occasional Paper Series,No.172,April 2016.

③ See IOSCO:IOSCO RESEARCH REPORT ON FINTECH,FEBRURAY 2017.

块账簿上的证券权利将被即时修改,在活跃的市场交易下可能下一秒钟又会发生新的权利变动,此时便难以完成交易的回拨或者修正。因此,监管部门应当审慎对待实时结算,准确全面评估实时结算可能形成的风险,明确实时结算的适用范围和条件。

四、 区块链技术应用于证券市场的监管方式创新

作为新兴的金融科技,区块链技术仍处在尚不成熟的阶段。尽管全球金融科技企业和金融机构都在探索和尝试将区块链应用于证券市场的具体形式和路径,但由于缺乏规模化的应用实践,各国监管部门均未出台成型的监管规则,更多的是对于未来区块链技术正式应用后的监管进行探讨。事实上,金融科技创新与市场变革在当前很难有具体且精准的预测,市场的发展是无法预设的,因此当前既无可能亦无必要在区块链技术尚未规模化应用于证券市场的情况下盲目地制定监管规则。对于监管者而言,当务之急是在维护市场安全稳定和投资者保护等市场核心原则的前提下,明确监管有限介入的限度,通过监管方式的创新有效应对证券市场上的区块链技术实践,以实现促进创新和有限监管之间的平衡。

(一)引入"监管沙盒"监管机制

正如前文所分析的,区块链的应用会给传统意义上的证券市场及其监管制度体系带来重大变革,当前的证券监管制度难以有效回应区块链应用背景下的监管需求,并且在现有监管框架下利用区块链技术开展的证券发行和交易也存在着合规性障碍,这种两难境地将使证券市场的区块链应用陷入僵局。事实上,在证券市场面临区块链技术带来的创新时,如果无视情况变化而坚持执行过去作出的所有法律承诺,当不可避免地摧毁金融体系,反之如果根据情况变化放松或中止全部法律效力,则会削

弱法律赋予金融的可信性。① 因此,既不能因循守旧地以现有监管制度约束和限制证券市场区块链技术创新,又不宜过于放任区块链技术在改造证券市场基础设施的过程中无序创新影响市场稳定与系统安全,而是应当选择一种折中的方式寻求创新与风险的平衡。

英国为了实现其在金融科技领域的领先地位并成为全球金融创新中心,金融行为监管局(FCA)创新监管模式②,提出了"监管沙盒"(regulatory sandbox)项目③,在限定的范围内简化市场准入标准和流程④,在确保消费者权益的前提下允许金融科技创新企业或业务的快速落地运营,并根据在沙盒内的测试情况准予推广。⑤ 监管沙盒本质上是金融科技创新提供的监督管理机制和政策环境,纳入监管沙盒的创新主体可以对其创新产品和系统进行测试而不需要担心由此带来的监管后果。⑥ 根据英国"监管沙盒"的设计,通过实验的方式为金融科技的创新应用创造一个"安全区"(safe place),由创新主体向 FCA 提交试用监管沙盒的申请,FCA 根据相应的审核标准,例如项目创新性、测试必要性、安全保障措施的完备性等判断是否将该创新项目纳入监管沙盒进行测试。当创新项目进入测试阶段,FCA 豁免相应金融监管规则的适用,并对测试情况进行持续监测,待测试结束且测试报告经 FCA 审核后,方能将该创新项目正式投入市场。由此,金融科技的创新能够在相对宽松的监管环境下得以发展、测试和完善,同时也能避免直接投入市场而导致风险事件爆发。在监管沙盒项目实施后,Nivaura、Otonomos 等金融科技企业都在沙

① 参见卡塔琳娜·皮斯托:《金融的法律理论》,载《比较》2013 年第 1 期。

② See FCA, Regulatory Sandbox, November, 2015.

③ 参见徐文德、殷文哲:《英国金融行为监管局"监管沙箱"主要内容及对互联网金融的启示》,载《金融监管》2016 年第 11 期。

④ See FCA, Financial Conduct Authority Unveils Successful Sandbox Firms On the Second Anniversary Project Innovate, Press Release, Nov.7, 2016.

⑤ See FCA, Regulatory Sandbox, November, 2015.

⑥ 参见徐文德、殷文哲:《英国金融行为监管局"监管沙箱"主要内容及对互联网金融的启示》,载《金融监管》2016 年第 11 期。

盒中对区块链技术在私募证券发行、股权管理等领域的应用进行并通过了测试。① 除了英国之外，新加坡、澳大利亚等国也都纷纷采用了"监管沙盒"机制，通过授予申请人一定期限和范围内的放松使用监管规则的特权，为其金融科技创新提供监管空间。②

鉴于境外的成功经验，在我国证券市场探索区块链技术应用的过程中，可以借鉴"监管沙盒"机制，尝试为进行证券区块链业务的金融科技企业、金融机构提供免于符合现行监管要求和监管责任的创新空间，使其在相对封闭和安全的环境下开展基于区块链技术的证券市场运行测试，并在测试过程中准确评估风险并探索合适的监管规则，从而为区块链技术在证券市场的正式应用做好监管准备。

(二)探索创新指导窗口和创新加速器等监管手段

金融科技的创新尽管主要依赖金融科技企业和金融机构等市场力量自发完成，但这一过程中监管部门也能够发挥积极的引导和推动作用。从监管者的角度来看，金融科技创新及其在金融市场的应用涉及多方面的因素，技术研发与应用以及监管政策和环境都影响着创新的实际效果，单靠市场主体自发行为显然难以在创新和风险之中实现有效平衡，而监管部门主动参与并对金融科技创新和应用进行及时全面的把握，既能够避免盲目创新带来的合规问题，又能够提高创新的针对性和应用性。因此，在区块链技术应用于证券市场时，监管部门不应消极观望而应积极参与，发挥其在创新进程中的主动性。

具体而言，监管者可以通过创新指导窗口和创新加速器的方式主动介入到金融科技创新的进程之中。创新指导窗口(Innovation Hub)，指针

---

① See FCA, Financial Conduct Authority Unveils Successful Sandbox Firms On the Second Anniversary Project Innovate, Press Release, Nov.7, 2016.

② See Rosabel Ng, Jeffery Lim, Tian Sion Yoong and Hannah Ng, Inside and Outside Singapore's Proposed FinTech Regulatory Sandbox: Balancing Supervision and innovation, Journal of International Banking and Financial Law, No.10, Nov.2016, p.596.

对持牌或非持牌机构的创新产品或服务,监管部门就政策规定、监管程序和相关监管关注点,提前进行提示和指导,使市场主体尽早了解监管要求,确保创新产品和业务的合规性。① 这种机制是监管部门基于其监管职能,在事前提供监管指导,以避免金融风险并提升创新效率。例如澳大利亚证券投资监管委员会(ASIC)就设立了创新指导窗口,从监管者的角度为金融科技企业指出技术创新中涉及的监管问题,从而提高金融科技创新的效率和进度。② 此外,意大利央行、新加坡金管局等也都设立了相应的创新指导窗口机制,为金融科技创新提供窗口指导。创新加速器(Innovation Accelerator),则是指金融科技企业、金融机构与政府部门共同协作,及时评估、验证新产品方案的合理性与可操作性,促进其更好地向实际应用转化。③ 该机制并非是基于监管职能,而是从金融行业创新发展的角度以协作者的定位培育和孵化金融科技创新。监管部门通过创新加速器机制,以协同创新者的角色主动参与、支持和配合金融科技企业和金融机构的创新活动,使得金融科技创新自开发阶段就能够符合监管者的思路,避免因监管者的缺位而导致的风险隐患,并且有利于监管者在参与创新的过程中形成准确的监管思路。例如英格兰银行通过其设立的创新加速器,就在从机器学习到区块链等金融科技的研发和应用的同时研究了监管政策和技术对策。④

因此,在区块链技术应用于证券市场的技术变革进程中,证券监管者应当通过创新指导窗口以及创新加速器机制,以引导者和协作者的身份

---

① 参见李文红、蒋则沈:《金融科技发展与监管:一个监管者的视角》,载《金融监管研究》2017 年第 3 期。

② See Nino Odorisio,ASIC and ASX Hot on Distributed Ledger Technology,Governance Directions,Volume 60 Issue 4,May 2017,pp.225-227.

③ 参见李文红、蒋则沈:《金融科技发展与监管:一个监管者的视角》,载《金融监管研究》2017 年第 3 期。

④ See Mark Carney,The Promise of FinTech:Something New Under the Sun?,Speech on Deutsche Bundesbank G20 conference on "Digitising finance, financial inclusion and financial literacy",Wiesbaden,25 January,2017.

主动参与到证券区块链技术的研发和应用之中,一方面能够避免市场主体盲目创新导致的区块链技术的不当应用、不能应用,甚至造成证券市场的系统性风险,另一方面能够使证券监管部门在参与过程中增进对证券区块链技术的了解和把握,有利于区块链技术正式应用时及时有效地出台监管政策和制度。

(三)监管科技的开发与应用

随着金融科技的发展与应用,作为金融科技分支的监管科技(RegTech)概念被提出。监管科技在通过创新技术来高效率低成本地满足监管部门日益提高的合规要求方面被寄予厚望,因此也被认为是主要应用于金融机构的合规工作。[1] RegTech 主要是通过机器学习(Machine Learning)和人工智能(AI)技术[2][3][4],对金融机构日常活动中产生的数据和信息进行处理,甄别和发现金融机构业务活动中的合规性问题。然而随着监管科技的不断创新和金融活动的数字化,监管部门也日益重视监管科技在日常监管中的重要性,以监管科技应对快速发展和变迁的金融市场和新型金融业务运行模式,成为了监管者提高监管效率和监管能力的可行选择。[5] 中国人民银行也在通过金融科技委员会强化监管科技的应用实践,并且中国人民银行金融研究所所长、互联网金融研究中心主任

---

[1] 参见曹硕:《RegTech:金融科技服务合规监管的新趋势》,载《证券市场导报》2017 年第6期。

[2] 参见曹硕:《RegTech:金融科技服务合规监管的新趋势》,载《证券市场导报》2017 年第6期。

[3] See Douglas W.Arner,Janos Nathan Barberis,Ross P.Buckley,FinTech,RegTech and the Reconceptualization of Financial Regulation,University of Hong Kong Faculty of Law Research Paper NO. 2016/035.

[4] See Douglas W. Arner, Janos Nathan Barberis, Ross P. Buckley, The Emergence of RegTech 2. 0:From Know Your Customer to Know Your Data,Journal of Financial Transformation,Vol.44,2016, pp.79-86.

[5] See Douglas W.Arner,Janos Nathan Barberis,Ross P.Buckley,FinTech,RegTech and the Reconceptualization of Financial Regulation,University of Hong Kong Faculty of Law Research Paper NO. 2016/035.

孙国峰也指出,在金融科技不断发展的前提下,不论是金融机构还是监管者,都需要监管科技提供的技术加持。

区块链技术应用于证券市场,本质上是以区块链技术改造传统证券基础设施,使证券市场活动都在区块链系统中完成。这种分布式账簿技术相比于传统的证券无纸化技术而言,技术更为先进且复杂,从而给证券监管带来了更大的挑战。为了有效应对区块链技术所带来的市场变革,监管部门也需要与时俱进开发监管科技,提高监管能力。尽管当前的监管科技主要集中于报告分析和合规流程且以了解你的客户为核心关注点,但未来的监管科技将能够构建起电子身份、客户数据和监管之间的网络,以更为主动和高效的方式在金融科技应用过程中识别和处置风险。[①]因此,证券监管部门应当加强监管科技的开发与应用,以更新的技术手段适应基于区块链系统的证券市场的监管需求。

(四)发挥自律监管的功能

与我国证券市场建立初期自上而下的市场构建模式不同,区块链技术在证券市场的应用是在发挥市场在资源配置中的决定性作用的前提下,按照自下而上的模式由市场主体自发尝试和探索。从技术创新的驱动力量来看,金融科技企业、证券金融机构、证券交易所和证券登记结算机构将在这轮证券市场基础性技术创新中发挥主体功能。相比于证券监管部门的行政监管而言,证券行业自律监管由于其一线性和灵活性,更能适应证券行业尝试应用区块链技术过程中的监管需求。一方面,自律监管能够更为贴近和反映证券市场主体的现实需求,有利于在坚守安全底线的前提下为技术创新提供良好的监管环境。另一方面,自律监管手段和措施更为灵活,有利于在区块链技术应用的前期阶段便利监管政策和

---

① See Douglas W. Arner, Janos Nathan Barberis, Ross P. Buckley, The Emergence of RegTech 2. 0:From Know Your Customer to Know Your Data,Journal of Financial Transformation,Vol.44,2016, pp.79-86.

制度的调整与试验。从各国的监管实践来看,在金融科技发展的过程中也总是遵循了"行业自律先行—政府监管跟上"的路径。① 因此,在区块链技术应用于证券市场的监管探索中,有必要充分发挥证券业协会作为自律监管组织的积极作用。

具体而言,证券业协会可以从以下几个方面实施有效的自律监管:首先,推动建立统一的区块链技术应用指引。尽管自发分散的金融科技创新能够最大限度地激发创新活力,但是缺乏有效引导的创新也存在浪费资源和造成整合困难的问题,证券业协会作为自律组织可以组织金融科技企业和证券业金融机构共同探讨并制定技术标准,例如区块链种类的选择、代币形式的确定、智能合约的编码规则、网络安全措施的要求等,在区块链技术应用时都应当有统一的标准和规则。证券业协会可以在广泛征求会员意见的基础上出台相应的技术标准和业务指引,以行业共识为技术创新建立统一标准,为证券行业开展区块链技术创新形成有序引导。其次,研究出台证券行业区块链技术应用探索的自律规则。在区块链技术成熟运用于证券市场之前,无法期待成型的立法或监管规则提前于市场实践出台,因此只能依靠行业协会在业务探索与试点的同时以相对灵活的方式通过自律规则进行调整。因此证券业协会可以在创新主体准入条件、技术应用的范围与进度、风险防控措施的设置以及各类主体的责任划分等方面制定相应的自律规则,从而规范证券市场利用区块链技术开展的业务创新活动,并为监管部门正式制定监管规则提供制度准备。

---

① 参见朱太辉、陈璐:《FinTech 的潜在风险与监管应对研究》,载《金融监管研究》2016 年第 7 期。

第三编

PART THREE

互联网综合理财平台的
业务实践与法律问题

第十章　金融行业结构变革与互联网
综合理财平台的兴起

随着我国金融体系的逐步发展与成熟,金融活动开始成为日常经济生活的常态,金融交易在广度上从机构和高净值人群覆盖到普通居民,在深度上则体现为交易标的即金融产品的多样化以及金融交易的频繁化,面对旺盛的金融服务需求,传统金融服务的机构和模式亟需自我创新和突破。同时,日新月异的互联网技术与金融市场的碰撞与融合,将金融活动推入一个新的时代,互联网金融给传统金融所带来的革命性的冲击,对传统金融机构和金融服务模式产生了深远的影响。互联网金融浪潮的勃兴与我国金融市场发展的新常态,给金融创新提供了新的机遇。互联网金融模式的崛起、居民日益增长的投资理财需求以及金融行业混业经营的发展趋势为互联网综合理财平台的兴起提供了时代机遇、市场基础以及业务空间,互联网综合理财平台这一新型模式应运而生,并且具有巨大的发展潜力和良好的前景。

一、 互联网技术革命对传统金融行业的冲击

回顾金融创新发展的历史,每一次历史变革都与先进的科学技术紧密结合。随着移动互联、大数据和云计算等技术革新的诞生和蓬勃发展,互联网不断创造出新的商业模式,塑造新的经济形态,互联网基因也不断

融入到社会运行的底层物质技术结构之中,并最终冲击和改变传统金融的方方面面。互联网的本质是高速信息交换网络,其直接作用和显著特征在于极大地提高了用户的覆盖面,极大地提高了信息传播和交换的速度和效率,极大地降低了信息交换的成本和不对称性。以上鲜明和独特的优势渗透到金融领域后,使得金融的资源配置、资金融通、财富管理和支付结算等功能的实现产生了革命性的变化,也奠定了笔者所要讨论的互联网综合理财平台兴起的物质基础。

(一)移动互联

移动互联网指移动通信与互联网的结合,即使用移动设备、利用无线通信方式接入互联网,享受互联网服务。移动互联网的诞生和爆发式增长基于两个物质基础,一是移动数据通信技术的突破,即3G移动通信技术的普及和4G技术的启动和进步,使得移动通信的带宽、速度和服务能力得到了突破性的发展;二是智能移动设备包括智能手机、平板电脑等的发展,使得具有便携性、低价格和广泛软件应用资源的移动互联网硬件载体得到普及。据相关统计显示,截至2020年3月,我国网民规模达9.04亿,其中手机网民规模达8.97亿,较2018年年底增长7992万人,我国网民使用手机上网的比例达99.3%。手机网络支付用户规模达7.65亿,占手机网民的85.3%,手机网络购物用户规模达7.07亿,占手机网民的78.9%。[①]

从上述统计数据和发展趋势可以看出移动互联对金融业的巨大冲击的缘由:一是金融业的最终用户正在全面加速向互联网尤其是移动互联网迁移,网民尤其是手机网民的规模和比例已经达到居民人数的接近一半,并且从年龄结构、学历结构、职业结构和收入结构来看,已经覆盖了金融消费者群体的绝大部分。据统计显示,我国网民中以10—39岁年龄段

---

① 以上数据来源于:中国互联网络信息中心:《第45次中国互联网络发展状况统计报告》,2020年4月。

为主要群体,占比达到78.1%,具备中等教育程度的群体规模接近70%。二是移动互联技术使得交易技术得到了革命性的突破,用户通过移动互联网随时、高效、安全、低成本和高质量地获得线上金融服务成为现实。传统金融以网点为主要渠道、以柜台为主要入口、以营销人员现场服务为主的线下金融服务模式受到了强烈的冲击。

(二)大数据

根据维基百科的定义,大数据是指无法在可承受的时间范围内用常规软件工具进行捕捉、管理和处理的数据集合。大数据的4V特点:Volume(大量)即体量和规模巨大,Velocity(高速)即数据产生和变化快,Variety(多样)即数据类型、结构和来源多样化,Value(价值)即其所蕴含的商业价值巨大。大数据对于金融行业具有决定性的意义,尤其是在互联网时代可以通过互联网收集、分析海量数据获得有价值信息,并通过实验、算法和模型,从而发现规律、收集有价值的信息和帮助形成新的金融商业模式。

大数据的根本不在于多与大,而在于将数据运用于业务,直接转化为生产力,大数据的收集、分析、处理和使用的技术,为互联网金融的发展插上了翅膀,对传统金融行业的组织架构、工作方法和业务流程等形成了巨大的颠覆和挑战。大数据与互联网金融的结合巨大影响体现在诸多方面:首先,大数据取代网点、设备等成为金融行业生存和发展最为依赖的信息资产,海量的数据信息能帮助金融机构找到客户、找到资产、找到产品,帮助金融机构精准地配置资源和控制风险等。其次,大数据使得金融行业的业务流程和工作方法得到全方位的再造和提升,以减少物理网点、降低人工成本,从而支撑更大的客户服务数量和范围,更迅速、更灵活的决策,带来更贴近客户需求的多样化、个性化的产品和服务创新。数据的采集、分析、决策、实施,再到新数据的采集,如此循环往复,来分析用户行为、资金风险、信用评级等,达到最优的用户体验、最低的风险和成本,以及资本配置的最优化成为大数据时代互联网金融标志性的业务流程。以往过于依靠人工、过于烦琐和冗长的程序,过于复杂和臃肿的组织体系,过于依赖经验判断的传统金融行业在基于大数据的互联网金融行业面前将毫无竞争力可言。最后,大数据打破了金融机构对客户的信息垄断,有助于提升金融市场的透明度。传统金融机构利用投入大量人力和财力,建立了特有的信息收集、分析和决策体系。近年来,互联网金融平台直接收集潜在的金融交易双方信息,形成了新的金融信息来源模式,金融客户信息、交易价格信息和社会经济状况等数据更为精细和透明,使利率形成更为准确和市场化。

二、 互联网思想革命对传统金融行业的冲击

互联网金融不仅仅是互联网技术的金融,更是基于互联网思想的金融,互联网"自由、平等、民主、分享和协作"等思想革命对传统金融构成了更深层次的冲击和挑战。互联网中的信息可以实现多方向的无限连接,其信息结构是网状、扁平、横向的结构,可以保障每个主体平等地参与信息的制作、传播和分享。因此,互联网天然具有"自由、平等、民主、分享和协作"的精神内涵,并且通过其独特的技术特征实践了这些内涵。这些互联网思想潜移默化地改变着金融市场中所有参与者的行为模式,改变着市场运行的规则、权利义务构架、产品与服务体系、利益分配的模式等方方面面。

"自由"。随着互联网技术的进步,支付手段更为便捷,信息匹配成本更低,交易行为可以直接在线上完成,这就使得资金的供需双方得以脱离金融中介而直接进行交易,加速了金融脱媒的进程。传统意义上必须依赖金融中介才能完成的金融活动,在互联网的作用下开始变得直接,这就形成了既不同于商业银行间接融资,也不同于资本市场直接融资的第三种金融模式,即互联网金融模式。[①] 互联网本身多点连接的特性使得

---

① 参见谢平等:《互联网金融模式研究》,载《新金融评论》2012 年第 1 期。

金融中介的地位越来越弱化,其所独有的数据产生、数据挖掘、数据安全和搜索引擎技术成为互联网金融有力的技术支撑。因此,金融机构在传统金融模式下连接投融资双方的垄断中介地位,以及信息不对称所赋予的竞争力在互联网金融模式下都立即土崩瓦解。用户理想中的破除垄断和信息透明,自由选择金融机构、产品和服务的权利,甚至自由参与设计和提供金融产品和服务的权利在互联网金融模式下成为现实的可能。

"平等"。传统金融必然产生金融排斥,包括受限于服务地域的地理排斥,受限于客户资质的评估排斥,受限于价格承受能力的价格排斥,受限于获得金融服务或产品附加条件的条件排斥等,往往使得传统金融模式下金融资源不可避免地存在分配不公平和不均衡的现象。互联网金融所表现出来的信息处理能力、风险评估能力、脱离中介的资金供求的期限和数量的匹配、超级集中支付系统和个体移动支付的统一、脱离中介的直接交易、低交易成本等特征,使得其具备了传统实体金融所难以企及的优势。普惠金融的目标得以在互联网金融模式下变成现实,得以为更多的有金融服务需求的长尾客户群体能够以合理的价格,方便和有尊严地获取全面高质的金融服务。

"民主"。互联网世界里真正的游戏规则是客户导向,因此,互联网金融模式下消费者地位实现了真正意义上的反转,消费者民主金融的意识被唤醒。在扁平化的结构下,在信息透明公开的前提下,客户的体验和选择牵引着金融机构的行为,两者的地位和权责分配得以发生颠覆。金融消费者的知情权、选择权、公平交易权、批评建议权、求偿权等民主权利得以在这样的环境下得到充分保障和实现。金融消费者更加自由和深度地参与金融市场建设,金融机构更加充分地竞争,金融监管更加公开和公平地接受消费者的监督,是互联网金融引领市场真正走向一个更加公平、公正和公开的民主金融模式的正确方向。

"分享"与"协作"。互联网的技术基础决定了其开放性和交互性强的特征,因此,任何金融机构再强大也难以拥有完全满足海量客户个性化需求的产品和服务能力,必须参与或打造一个平台式的生态,多方合力把市场做大,群策群力完善产品服务客户,通过科学合理的利益分配形成稳固的利益共同体。即时通信、社交网络等互联网技术消除了沟通的障碍、架起了交流和互助的平台,成功实现了这样的分享和协作。一方面,用户、产品、评价和信用等多层次的数据、信息、知识和经验,甚至金融服务过程中的算法和模型能够共享;另一方面,通过金融机构、海量的用户共同协作,实现对算法、模型、产品和服务的共同设计、修改、完善和筛选,并提供给更多的客户分享。

三、 互联网综合理财平台兴起的基础

移动互联、大数据和云计算等先进科技奠定了互联网综合理财平台的技术基础,"自由、平等、民主、分享和协作"等互联网思想奠定了互联网综合理财平台的文化基础。但客观上真正催生其诞生和发展的还是现实的需要。

第一,随着我国经济的高速增长,居民财产性收入显著增加,相应的投资理财需求也日益高涨。截至 2015 年 4 月,全国居民人均可支配收入实际增长 8%,居民本外币存款余额达到了 53 万亿元[①]。高净值人群数量进一步增加,资产规模进一步扩大,财富管理需求旺盛。同时中低净值人群的理财需求也日趋旺盛。根据中国人民大学发布的《2014 年中国财富管理报告》预测,截至 2020 年,中国私人财富管理市场规模将达到 227 万亿元。从财富管理行为来看,我国城乡居民已经普遍具备理财意识并且开始尝试各类理财产品和服务,并且投资理财领域除了储蓄、股票、基金、保险之外,还广泛涉及黄金、房地产和另类投资等,资产配置呈多元化发展趋势。然而由于广大投资者缺乏相应的专业能力导致投资理财能力

---

① 数据来源:中国人民银行,http://www.pbc.gov.cn/publish/html/2015s01b.htm。

不足,加上复杂的金融产品设计以及专业机构服务的相对分散,使得客户亟需专业机构为其提供符合多元化、经济性且专业化的投资理财产品和服务。然而传统金融模式中的财富管理服务多定位于高净值人群,中低净值人群的投资理财需求往往被忽略。截至 2020 年 3 月,月收入在 2001—5000 元的网民群体合计占比 33.4%,月收入在 5000 元以上的网民群体占比为 27.6%,有收入但月收入在 1000 元以下的网民群体占比为 20.8%。从中国网民的收入结构来看,高净值客户在整个网民中的占比并不高,而大部分是中低净值的客户,但其规模和未来收入增长的空间都相当大。由专业机构提供的财富管理主要集中在银行理财产品、证券公司和保险公司的集合投资计划、信托产品和第三方理财等。然而这些财富管理的高门槛往往将这些中低净值人群拒之门外,难以满足草根群体的投资理财需求。在这一背景下,互联网金融的发展为财富管理开辟了新的蓝海,"长尾市场"得到更多的关注。一方面向下延长了客户群链条,使更多的中低净值人群能够参与到财富管理之中,为其提供投资理财途径。另一方面提供了成本低廉、快捷便利的营销网络,使得财富管理需求者的规模得以进一步扩大。①

第二,互联网金融最初的突破口是支付,这与国内蓬勃发展的电子商务形势有关,也与支付作为金融最基本的功能有关。以支付宝和微信支付为代表的支付工具和平台促进了第三方支付行业的兴起和快速发展,据统计截至 2014 年 12 月,我国使用网上支付的用户规模达到 3.04 亿,较 2013 年年底增加 4411 万人,增长率为 17.0%,其中手机支付用户规模达到 2.17 亿,增长率为 73.2%。在 2015 年一季度国内互联网金融市场整体规模中,支付市场规模为 9.22 万亿元,目前仍然占据着互联网金融的主导地位。在参与电子商务的过程中,支付宝具有资金积聚功能,天生具有金融属性,以其为平台和枢纽可以将资金汇集

---

① 参见吴晓求:《中国金融的深度变革与互联网金融》,载《财贸经济》2014 年第 1 期。

起来后流向多个方向和用途。余额宝就是在这种背景下应运而生,开启了互联网金融的更高层次的互联网理财阶段。截至 2014 年 12 月,购买过互联网理财产品的网民规模达到 7849 万,较 2014 年 6 月增长1465 万人。在网民中使用率为 12.1%,较 2014 年 6 月使用率增长 2 个百分点。随着客户金融需求的深化和国外互联网金融的创新,以网贷(P2P)为代表的互联网债权融资模式和以股权众筹为代表的互联网股权融资模式逐步萌芽并得到初步发展,其中前者的市场规模已经超过 1000 亿元,后者规模接近 100 亿元。

而本应成为现阶段互联网金融发展重点的互联网理财在过去一年里明显遇到了发展的瓶颈,其原因可能是多方面的:一是综合性较弱,在互联网金融时代,客户的金融需求是多元化和综合性的,单纯的支付和货币基金已经难以全方位满足客户的金融需要,互联网理财急需拓展服务的内涵和外延,将全链条的金融服务涵盖在内;二是集约性较弱,现有的互联网理财产品没有形成集约性的一站式平台,打通账户体系和业务流程,使得各类金融功能集中的展现和操作;三是智能化较弱,现有互联网理财产品同质化强,没有实现智能化的了解和分析用户意图、最优化的金融决策建议和自动化的操作;四是社交属性弱,没有形成社交平台,没有实现分享协作机制,仍然是金融机构唱独角戏的模式,使得互联网金融的优势没有得到根本体现。

因此,集中提供多元化金融服务的互联网理财平台是未来金融市场发展的必然趋势,证券行业的发展也必须走综合性金融服务的道路,为客户提供不仅限于证券经纪和投资咨询等传统服务,而是应该进一步推动业务创新,为客户提供品种更丰富、类型更齐全的综合性金融服务。以跨业别、多样态理财服务为主要产品内容的互联网综合理财平台正好符合这一行业发展趋势,在未来混业经营进一步推进的确定预期下,互联网综合理财平台打破不同金融业别的限制,为客户提供一站式、多元化、综合性的金融服务将不再存在制度障碍,从而能够获得更大的发展空间。

第十一章 互联网综合理财平台的
境内外实践

　　金融行业的结构性变革与互联网金融的勃兴,使得通过互联网平台为客户提供综合性一站式金融服务以满足客户投资理财需求具备了现实必要性和可能性。设立互联网综合理财平台,利用便捷高效的信息技术将各类产品和服务予以集中,同时应用大数据技术实现服务的精细化和智能化,从而开辟了金融服务的全新模式。境外依托金融机构和互联网企业而设立的互联网综合理财平台取得了良好的效果,境内的互联网综合理财平台在近年来也如雨后春笋不断出现。一时间,似乎凡是与互联网沾边的理财平台都被纳入互联网综合理财平台的范畴。然而事实上,这些平台要么只是理财产品网络销售平台或基金代销平台,即所谓"理财产品超市",要么仅仅是 P2P 网贷平台,并不提供综合性一站式金融服务,更没有充分运用大数据技术来提供智能化金融服务。这些伪互联网综合理财平台大行其道,不利于我们廓清互联网综合理财平台的真实面貌,不利于探索互联网综合理财平台的统一模式和发展趋势。因此,有必要对互联网综合理财平台正本清源去伪存真,合理界定其基本特征和业务模式,以明确互联网综合理财平台的基本定位及其发展趋势。

一、 互联网综合理财平台的界定

(一)互联网综合理财平台的概念

互联网综合理财平台属于互联网金融时代的新生事物,至今还处在探索时期因而尚无明确定义。然而从互联网综合理财平台所试图实现的通过互联网技术提供一站式理财服务的目标以及互联网综合理财平台本身的称谓来看,所谓互联网综合理财平台,是指以互联网为通道并以互联网新技术为手段,为客户提供与个人财富管理、运用以及保值增值有关的一揽子理财服务的网络平台。

互联网综合理财平台这一称谓获得市场共识,反映着业界对这种新型互联网金融模式的共同期待。所谓"互联网",包括了两个层次的内涵:第一个层次是互联网综合理财平台区别于传统的基于金融机构物理网点的服务模式,而是采用电子商务式的网络平台对接客户需求,通过网络向客户提供满足其理财需求的相关金融产品或服务。由此将理财服务从线下实体性的物理网点转移到线上虚拟性的网点,从而节省交易成本,并且增强了理财服务的时效性和便捷性。第二个层次是互联网技术发展到更高阶段的体现,在这层意义上,互联网综合理财平台不只是简单地将互联网平台作为提供金融产品和服务的通道,而是颠覆传统实体金融服务模式,利用大数据、云计算、社交网络、搜索引擎等先进互联网技术进行数据挖掘和分析,实现对客户信息的快速搜集和处理,从而能够智能化、精细化、社交化地为客户提供有针对性的理财服务。[1] 所谓"综合理财",是指互联网综合理财平台的主要功能和内容是提供综合性的理财产品和服务,为客户提供一站式金融服务解决方案。这里的"理财"是广义范畴

---

[1] 参见冯果、袁康:《社会变迁视野下的金融法理论与实践》,北京大学出版社 2013 年版,第 232—236 页。

上的概念,包括了银行账户管理、证券交易、支付、资产管理、保险以及新型金融产品等与个人财富管理有关的所有金融产品和服务。与只提供单一金融服务的机构或平台不同,互联网综合理财平台能够全部或部分提供目前市场上的主要金融产品和服务,从而能够一站式地为客户提供一揽子金融产品和服务,集中满足客户的理财需求。而所谓"平台",则是将具有理财功能的金融产品和服务从单纯的业务提供模式提升至交互模式,以统一的交互窗口界面集中提供金融服务,客户不仅能够与作为平台运营后台的金融机构之间进行互动,而且能利用平台与其他客户之间进行互动交流,也就是说,互联网综合理财平台不只是交易系统,而且还是信息获取、处理和分享平台。客户只需要通过一个界面就可以与多个金融机构实现对接,从而接受类型多样的金融服务。

(二)互联网综合理财平台的基本特征

基于以上分析,结合互联网时代金融服务发展趋势,互联网综合理财平台应当符合以下特征:(1)综合性。互联网综合理财平台将与客户资产管理有关的多种金融产品和服务集成在一个网络平台之中,使客户能够通过同一系统或者界面即可进行多种理财活动,将传统意义上需要通过不同金融机构或者不同交易程序的理财服务以一揽子的方式集中起来供客户选择,从而为客户提供一站式的解决方案。互联网综合理财平台所提供的产品和服务内容的综合性,是其区别于 P2P 网贷平台、基金代销平台、网上银行系统、网上证券交易系统等单一互联网金融服务平台的最显著的特点。(2)便捷性。互联网综合理财平台能够为客户提供高效便捷的理财服务,一方面是通过网上交易和服务的方式减少成本,节省客户的时间和费用,另一方面则是依托于综合性产品和服务的提供使客户免于在不同金融机构的交易系统中频繁跳转,实现操作的简便易会,从而使客户能够更加方便地开展理财活动。(3)互动性。互联网综合理财平台将金融机构提供理财服务的场所从物理网点转移至网络,尽管客户不能面对面与金融机构代表沟通,但是互联网综合理财平台能够通过简洁清晰的交互界面以及信息披露使客户充分地了解金融产品和服务,同时有些互联网综合理财平台还能够通过自己的理财顾问或独立第三方理财顾问与客户的即时通讯交流,为客户提供理财咨询。此外互联网综合理财平台还能够依托社交网络来实现客户之间的互动交流与分享。(4)智能性。互联网综合理财平台能够搜集和挖掘网络中的海量数据,利用大数据、云计算等先进互联网技术对客户信息和市场信息进行分析和处理,再基于独特的算法完成对客户的风险承受能力和偏好的分析和类型化,并在此基础上自动生成科学的投资组合或者理财策略建议,甚至能够实现由计算机替代人工来完成投资理财活动。概言之,互联网综合理财平台将电子商务、社交网络、大数据、人工智能等先进技术融为一体,能够高效、便捷、智能地为客户提供全方位、多样化的理财产品和服务并且能够实现理财信息交互共享,是区别于传统金融服务以及单一金融服务网络平台的新型互联网金融模式。

(三)互联网综合理财平台的构成要素

互联网综合理财平台的运行需要同时具备内容、入口、平台和技术等四个方面的要素。(1)就内容要素而言,建立互联网综合理财平台需要能够同时提供多样化的金融产品和服务,这是互联网综合理财平台综合性的应有之义。银行存款、股票、基金、期货、信托、集合投资计划、金融衍生品等金融产品以及相关的经纪、咨询顾问等服务都属于能够满足客户投资理财需求的金融产品和服务,对应着不同资金实力和风险偏好的客户不同层次的需求。互联网综合理财平台提供综合性的金融产品和服务,就需要能够将市场上所有的至少是主要的金融产品和服务集成在该平台之上,使客户能够通过该平台一站式地获取这些金融产品和服务从而实现理财目标。概言之,多样化的金融产品和服务,是互联网综合理财平台的基础。(2)就入口要素而言,建立互联网综合理财平台离不开统一金融账户,唯其如此,客户方能通过一个账户即能对接多样化的金融产品和服务。在当前分业经营的市场结构下,不同性质的金融产品和服务都有对应的独立账户,这就使得客户在进行不同业别的理财活动时需要通过多个账户来完成,增加了操作的烦琐程度。若没有统一金融账户,即便互联网综合理财平台将多种金融产品和服务集中起来,客户依然需要重复使用多个账户完成操作,导致互联网综合理财平台的综合性形同虚设。将证券、银行、基金等账户整合为跨业别、跨产品、多功能的统一金融账户,能够使客户只需要通过一个账户便可接受互联网综合理财平台提供的多种产品和服务。可以说,统一金融账户,是互联网综合理财平台发挥应有功能的前提。(3)就平台要素而言,建立互联网综合理财平台需要构建一个能够连通各类金融机构系统后台的网上交易系统。客户持有的资金和产品并不总是放在同一金融机构账户之中,并且相关的金融产品和服务往往也涉及诸多金融机构,这就需要互联网综合理财平台的后台系统能够与相关金融机构的后台系统相连接,能够及时顺畅地完成数据交换,从而保证交易的顺利进行。例如通过互联网金融理财平台进行的证券交易,就需要经过券商的证券账户、银行的资金账户以及证券登记结算机构的登记系统。互联网综合理财平台的后台系统与其他金融机构后台系统的互联,是客户通过平台完成理财活动的保障。(4)就技术要素而言,建立互联网综合理财平台离不开先进的大数据、社交网络等新型互联网技术。互联网综合理财平台作为互联网与金融市场深度融合的产物,体现着互联网技术发展的新趋势。大数据时代下的数据挖掘与分析以及计算机算法为互联网综合理财平台提供精细化、智能化的理财服务创造了可能,即时通讯和社交网络使互联网综合理财平台、客户以及独立第三方之间的交流互动更为便利,同时也使理财活动具备了更强的社交属性,从而进一步提升了互联网综合理财平台的用户体验。先进的互联网技术的运用,是互联网综合理财平台优化传统金融机构理财服务模式的强大推动力。

二、 境外互联网综合理财平台的实践

境外互联网综合理财平台起步较早,经过长期的自我完善和市场检验,大致形成了三种不同模式的平台类型,即基于统一账户主要提供财务管理服务的平台、基于大数据分析和社交网络的智能化投资平台以及全能型金融服务平台。这些平台通过不同的模式,各有侧重地利用互联网技术为客户提供投资理财服务,对我国证券行业建立互联网综合理财平台具有重要的借鉴意义。

如表 11-1 所示,我们选取了境外互联网综合理财平台中具有典型代表意义的三种类型,基于其不同的目标客户群体以及经营理念,平台的业务模式和服务内容有所区别,具体分析如下:

表 11-1　境外互联网综合理财平台典型模式介绍

类型	名称	特点	主要服务
统一账户管理平台	Mint	账户综合管理,变动一目了然;基于客户数据,推介理财产品。	(1)账户管理;(2)获得免费的信用评分;(3)预警与建议;(4)比价功能;(5)投资跟踪;(6)账单支付。
智能化、社交型平台	Motif Investing	自由度高,社交化选股。	(1)创建多个投资组合(motif);(2)客户可购买已构建的投资组合、修改组合权重、创建新的投资组合;(3)社交机制—分享投资组合。
	Wealth front	互联网化、数据化、模型化。	(1)根据客户风险承受能力,为客户量身定做投资组合产品、代理客户买卖投资组合产品;(2)全天候自动管理投资理财账户。
全能金融服务平台	Charles Schwab	一站式与智能化的统一。	(1)投资服务;(2)银行服务;(3)顾问服务;(4)智能投资咨询服务。

（一）基于统一账户的互联网理财平台：以 Mint 为例

账户是金融理财的入口，不论是证券投资还是银行储蓄，都需要获取相应的账户。然而当理财途径日益多元，金融产品多种多样，就会出现彼此独立的账户数量过多的现象，从而会导致客户成本增加，操作烦琐复杂。为了解决类似问题，提供个人财务管理的网络平台开始出现，并逐渐发展成为综合性的互联网理财平台。美国的 Mint 即是其中的典型代表。成立于 2007 年的 Mint 通过客户授权，用统一的 Mint 账户将客户的证券、支票、储蓄、投资和退休金等多个账户连接起来，自动整合和更新客户财务信息，以此为基础分析客户的理财数据，帮助客户制定个性化的理财计划，同时有针对性地为客户推荐金融理财产品。[①] 通过 Mint 这一平台，客户可以实现以下六种功能：（1）账户管理。根据用户授权，它把个人财务信息包括银行账目、信用卡、房贷、共同基金、个人养老账户等纳入用户账户中，帮助用户全面了解自己的财务状况。（2）获得免费的信用评分（free credit score）。用户可以清楚、及时地获知信用卡使用状况、使用历史、信用积分。同时还会提供信用积分获取、使用信息。（3）预警与建议（alert and advice）。Mint 提供每月收支、预算与现金流统计管理功能，能够帮助用户分析每个月在饮食、娱乐和购物等各方面的开支比重。Mint 与超过 7500 家金融机构签订了合作协议，每当用户使用银行卡完成交易时，Mint 都会实时记录并通过手机短信通知用户。用户还可以订制个性化的每周提醒。每周五，Mint 会根据用户需求，将未来一周内将要到期的信用还款、预算超支预警或是银行收取额外费用等信息，以电子邮件或手机短信方式发送给用户。（4）比价功能。Mint 提出"每年为用户节省超过 50 美元"的目标，它可以根据用户的消费习惯，推荐还款利率更低的信用卡或是存款利率更高的银行。当扫瞄消费结果发现用户每个月支

---

① 参见李卫东：《互联网金融：国际经验、风险分析及监管》，载《金融会计》2014 年第 7 期。

付高利率的信用卡利息时,网站将建议申请其他信用卡,而且会立即链接到发卡机构的网站填写申请表格。(5)投资跟踪(invest tracking)。用户可以追踪自己每个投资账户情况及资产配置状况,对于市场指数进行比较。根据用户的投资风格推荐理财产品,也帮助用户甄别不必要的财务费用。(6)账单支付(Mint bills)。Mint 在应用上开辟了专门的 Mint bills,一次设置,持续关注。Mint 将适时提醒用户支付账单,用户可以在线支付。

Mint 的创新之处在于将客户零散的金融账户用统一的平台账户予以整合,使客户能全面、直观地了解和分析自身的整体财务状况,为客户理财提供完整的信息和建议。然而 Mint 的这种模式还存在着一些问题。首先,Mint 是作为第三方访问客户账户信息,尽管其能够获得客户授权,但并非与所有金融机构的账户相兼容,可能存在无法连接部分账户的问题。其次,Mint 只是归集信息,并不能用来进行金融交易,使得其理财功能大打折扣。

(二)基于大数据和社交网络的互联网理财平台:以 Motif Investing 和 Wealthfront 为例

随着互联网的发展进入新的阶段,互联网所能够发挥的功能从简单的信息传递扩展至数据共享与处理,社交化与智能化的互联网理财平台得以实现。所谓社交化,指的是客户在通过互联网综合理财平台进行投资理财活动时,能借助社交网络就相关投资理财产品、信息和技能进行分享和交流。而智能化,则是指互联网综合理财平台能够抓取和挖掘客户的相关数据资料,自动地分析客户的风险偏好和投资兴趣,同时自动生成有效的投资组合供客户选择。建立在大数据和社交网络基础之上的互联网理财平台具备了社交化和智能化的特征,其典型代表就是 Motif Investing 和 Wealthfront。

Motif Investing 创立于 2010 年,在 2012 年正式上线,将"社交化选股平台"作为基本定位,为客户提供理财服务。在 Motif Investment 上的投资组合被称为 motif,每个 motif 由一组具有相似主题或理念的多支股票、债券或 ETF 基金组成,例如视频点播、云计算概念、移动互联网概念以及 3D 打印概念等,并且 motif 会根据投资标的的变动自动更新。这些 motif 又分为以股票为主要投资标的的权益型组合、以债券为主要标的的固定收益组合以及用来满足退休后或未来特定时期财务需求的组合等,以符合不同投资者多样化的需要。用户可以根据自己的投资理念从平台上选择已有的 motif 直接使用,也可自行修改和调整 motif 中包含的股票/基金组成和比重后使用,还可以自己创建全新的 motif。Motif Investing 为客户提供了多种类型的账户,包括个人经纪账户(Brokerage Account)、个人退休账户(Individual Retirement Account)以及信托账户(Trust Account),以满足客户的不同需求。通过 Motif Investing 的平台,客户只需要选择某一主题,即可从平台自动生成或者其他客户创建的投资组合中确定中意的 motif,再方便地对其进行调整,即能够以极低的成本便捷地完成投资。①
Motif Investing 为客户提供了强大的自助式投资组合设计工具,用户可非常方便、直观地修改、创建、评估 motif,只需要几分钟便可拥有个性化的投资组合。同时,Motif Investing 还将社交机制引入平台,用户可以把自己的 motif 分享给好友或者选定的圈子,共同对 motif 进行讨论和优化。同时,Motif Investing 还搭建了投资顾问平台(motif advisor),独立投资顾问能够通过该平台上为不同财富水平的客户提供咨询服务并且管理客户的资产组合,从而给客户提供了更为丰富的服务。Motif Investing 还通过名为 Creator Royalty Program 的计划激励客户创建 motif。当有其他客户购买了某个 motif,则创建该 motif 的客户能够从平台所收取的 9.95 美元的手续费中收取分成。由此,通过多样化的账户类型和投资主题、社交化

---

① 　Motif Investing 收费低廉,不论用户总体投资额有多少,也不管用户所使用的 motif 是平台提供还是自己创建,每按该 motif 购买或出售一次,Motif Investing 即收取 9.95 美元的交易费用。而如果只交易其中的一支证券,则每次收取 4.95 美元。

的交流分享机制和激励机制以及独立第三方的顾问服务,Motif Investing 构建了一个完整的生态系统,客户的投资理财需求在这个平台能够得到有效的满足。这种全新模式使得 Motif Investing 的定位变得异常艰难,有人认为其既是网上证券经纪,又扮演着智库(think tank)的角色,同时其本质又还是一家科技企业。①

如果说 Motif Investing 是互联网理财平台社交化的代表,那么 Wealthfront 则将互联网理财平台的智能化体现得淋漓尽致。作为用计算机算法和标准作为投资模型为客户管理投资的理财平台,Wealthfront 利用大数据挖掘和分析实现了投资的智能化,并且使以往只有高净值客户才能享受到的私人财富管理规划通过互联网让普通投资者也能有机会获得。目前,Wealthfront 是世界上最大的自动投资服务(automated investment service)平台,管理着逾 24 亿美元的客户资产。智能化是 Wealthfront 最显著的特点。在用户首次使用 Wealthfront 时,平台会通过调查问卷和大数据分析来对用户的风险偏好和风险承受能力进行评估,然后根据评估结果为用户量身定制投资计划,并向用户自动配置根据专门的计算机算法挑选的交易所交易基金(ETFs),同时平台会随时监控投资动态,并定期更新投资组合计划。整个投资过程都由 Wealth-front 自动完成,后台系统全天候自动管理投资理财账户,使客户从纠结的投资决策中解脱出来。这种智能化的理财方式实现了所谓的"设置它然后忘记它"(set it and forget it),能够极大地减轻客户负担。而同时 Wealthfront 平台的透明化又是其另一个特点,即客户所有的交易过程和结果都能实时显示在电脑或移动设备上。在投资提交前,平台会精确显示将要投资的项目以便用户确认,用户可以随时查看自己投资的最新状态,加上客户资金由第三方托管,能够有效避免欺诈的发生,保障客户的财产安全。

---

① See Michael Carney, Motif Investing Rolls Out Social, Do It Yourself Stock Investing, https://pando.com/2013/02/28/motif-investing-rolls-out-social-do-it-yourself-stock-investing/.

　　Motif Investing 和 Wealthfront 将互联网技术与投资理财服务充分地糅合起来，是社交网络和大数据等最新互联网技术在金融服务领域的投射，是互联网理财平台社交化和智能化的典范。通过 Motif Investing 这一社交化平台，客户实现了理财信息、策略和经验的共享，体现了互联网文化中的"分享"精神，也为用户的投资理财提供了便利和激励。而 Wealthfront 则集中展现了互联网理财平台的智能化特征，依托计算机系统和大数据分析实现了全天候自动化交易，使投资理财不再费心费时。这两大平台代表着互联网理财平台发展的未来方向。然而不论是 Motif Investing 还是 Wealthfront，其功能都仅仅局限于股票和基金的投资交易，而无法实现储蓄、支付以及购买保险等其他理财方式，导致其并不能满足客户所有的投资理财需求。

（三）基于全能金融服务的互联网综合性理财平台：以嘉信理财（Charles Schwab）为例

　　以创始人 Charles Schwab 的名字命名的嘉信理财于 1971 年在旧金山成立，截至目前已经成为在全美有 325 家分支机构，资产管理总额达 2.48 万亿美元，交易活跃账户数量超过 930 万个，并且拥有 140 万个企业退休金计划账户和 97.4 万个银行账户，业务范围覆盖了证券经纪、资产管理、银行、投资咨询服务等，成为美国乃至全球举足轻重的综合金融服务公司。自 20 世纪末网上证券交易渐成主流，网络券商模式发展迅速，造成了网上证券经纪业务竞争激烈，在此背景下嘉信理财开始尝试差异化竞争，探索囊括银行、资产管理、保险、养老金等多项业务的综合金融服务商模式。嘉信理财在多样化的业务类型的基础上，在互联网上搭建了一个综合性金融服务平台。嘉信理财可以称得上是互联网综合理财平台的集大成者，将各类互联网理财平台的特色和功能整合起来，实现了一站式与智能化的统一。首先，客户只需要通过其所持有的嘉信理财的账户，即可经济便捷地获取各类金融产品和服务，范围包括投资服务（Investment），产品类型囊括了共同基金（mutual fund）、指数基金（ETFs）、股票、债券、固定收益工具、期权、大额存单、货币市场基金、保证金贷款（margin loans）、保险、年金以及境外市场的金融产品。同时，通过嘉信理财平台，客户还能直接获取银行服务（Banking），使用支付账户（checking）和储蓄账户（saving），申请住房贷款。凭借嘉信理财经纪业务的传统优势，该平台还能为客户提供交易平台和交易工具，通过网页、软件和移动客户端为客户的金融产品提供交易服务，并且提供财富管理顾问服务，为客户的财务计划和资产配置提出建议。通过嘉信理财的平台，客户可以一站式地完成几乎所有的投资理财活动。其次，嘉信理财平台也在智能化方面寻求突破，适时推出了智能投资咨询服务（Schwab Intelligent Portfolios），通过智能系统自动地提供投资建议、规划投资组合、自动监测投资余额、合理进行税务筹划。嘉信理财最大程度地囊括了多样化的金融服务，并且在一定程度上利用了智能化的互联网技术，在理财服务的深度和广度上实现了与真正意义上的互联网综合理财平台的匹配，也是当前互联网综合理财平台最为典型的范例。

三、 我国互联网综合理财平台的实践与局限

尽管网上证券交易在我国早已有之，但真正意义上的互联网金融也是在近几年才开始蓬勃发展。以支付宝为代表的第三方支付以及 P2P 平台和众筹融资平台的兴起，使得金融机构和产业资本开始意识到互联网金融的新机遇，各类互联网综合理财平台开始如雨后春笋般出现，金融机构和互联网企业都在不同层面尝试着设立互联网综合理财平台。然而由于金融行业发展自身的不成熟，以及市场格局的限制，我国的互联网综合理财平台在当前也有着明显的自身局限。

表 11-2　我国互联网综合理财平台典型代表

类型	名称	主要服务
产品超市型平台	百度财富	(1)选购理财产品;(2)申请贷款;(3)购买保险;(4)申请信用卡。
	小马 bank	(1)购买理财产品:"千里马"和"马宝宝";(2)智能化的风险评测和理财规划。
账户整合型平台	君弘一户通	(1)君弘一户通账户:证券、期货、资管、场外账户;(2)购买券商理财产品、公募基金等产品;(3)网络购物和生活服务账单的支付。
	挖财	(1)账户管理服务:储蓄、信用卡、理财、支付宝和券商;(2)推介理财产品;(3)"挖财社区"。
社交网络型平台	雪球	(1)金融信息;(2)查看和管理账户的持仓和收益情况;(3)投资者社区和群组,信息与组合分享、交流。
	米投	(1)信息的提供与分享;(2)经认证而注册为策略师,可以发布其自主研发的投资策略进行销售并获取收益,米投网提供投资策略的审核、上架、销售和分成的一站式服务;(3)实盘跟单交易。

从整体来看,国内目前构建的互联网金融平台的目标均希望打破过去业务互相割裂的情况,为客户提供综合金融服务,同时也开始引入了智能化和社交化的属性。具体而言,如表 11-2 所示,三类典型平台提供的金融服务仍集中于某一板块业务,综合性、智能化、社交化程度仍处于低级层次。

（一）产品超市型互联网综合理财平台:以百度财富和小马 bank 为例

将不同类型的金融理财服务集中到一个平台,以金融产品超市的形式使客户能够便捷、高效地比较、选择并获取理财服务,是互联网金融最原初的形态,也是我国互联网综合理财平台的初级模式。百度财富则是由互联网巨头百度公司开设的互联网综合理财平台,该平台覆盖了主流的理财、贷款、保险、信用卡和股票等五大类理财服务,从而形成了产品多样化的理财服务超市。客户可以通过百度财富平台,选购银行理财产品、P2P 理财产品、信托理财产品以及基金;申请消费贷款、经营贷款、购车贷款和购房贷款;购买车险、健康险、旅游险、意外险等保险产品;申请各大银行的信用卡产品;等等。而百度公司同时也开发了百度钱包作为第三方支付工具,能够实现银行转账、提现和支付等资金管理服务,为客户提供信用卡还款、网游充值、彩票投注、爱心捐款以及其他的生活消费支付等服务。此外,百度还设置了百度金融板块,为客户提供理财产品和众筹融资项目。但遗憾的是,百度并未将百度财富、百度钱包和百度金融三个板块有效地整合起来,板块间的人为割裂也限制了百度财富平台提供综合金融服务的能力。小马 bank 作为典型的银行系互联网综合理财平台,依托于包商银行而设立。小马 bank 为平台用户主要提供两种产品,即本质分别为项目投标和货币基金的"千里马"和"马宝宝"。前者实际上是将包商银行传统小贷业务的贷款转化为债权在线上出售,而后者则是与余额宝类似的委托招商基金管理的招商招钱宝货币市场基金。通过小马 bank 平台,客户能够以较低的投资门槛购买上述产品。当然,小马 bank 除了提供上述产品之外,还整合了互联网综合智能理财的概念,利用互联网和大数据技术,根据客户输入的相关信息对客户进行智能化的风险评测,智能化地对客户进行理财规划并提出资产配置建议,从而完成自动化的理财规划服务。但是小马 bank 的局限在于金融服务的单一和产品数量不足,包商银行的业务基础并未有效地整合进小马 bank 平台,无法实现银行账户的有效管理,同时客户只能通过该平台购买两种产品,选择范围不大,造成了客户投资理财需求无法得到全面的满足。

(二)账户整合型互联网综合理财平台:以君弘一户通和挖财为例

将用户的各类金融账户整合在一个平台账户之下,通过统一平台接口为客户提供多元化金融服务是互联网综合理财平台的显著特征。

君弘一户通作为国泰君安证券打造的一站式理财平台,实现了一个账户全面管理的目标。客户可以通过君弘一户通账户将名下的证券、期货、资管、场外等各个实体账户实名绑定到君弘一户通账户,可以直观地对所有实体账户和整体资产状况进行全景式的管理,并且可以便捷地直接进行证券、期货、融资融券、场外市场等交易下单和购买各类理财产品。具体而言,客户可以通过君弘一户通实现资产展示、产品一站式购买、交易、转账、支付等功能。君弘一户通的账户菜单集成了证券资金账户、资产管理账户、融资融券账户、期货交易账户等四个子账户,能够反映客户的资产状况和持仓情况,并且能够进行资产诊断,生成资产分析报告。同时,在君弘一户通平台下,客户能够一站式地购买券商理财产品、公募基金等产品,进行证券交易、基金交易、融资融券和期货交易。此外,客户还能够通过君弘一户通的君联天下,完成证券资金账户和存管银行、非存管银行之间的相互转账,完成网络购物和生活服务账单的支付。可以说,国泰君安推出的君弘一户通已经基本实现了账户一站式管理、支付、理财三方面的主体功能,初步形成了互联网综合理财平台的架构,但是与国外的平台相比,还存在着一些不足。一是由于分业经营的限制,账户管理只是限制在券商已有的业务之上,而无法实时管理银行储蓄账户。二是理财产品的推荐只是简单地陈列,并未基于大数据分析用户偏好,不能实现个性化定制。三是未能提供社交化机制。

除了金融机构之外,互联网企业也在整合金融账户方面进行着尝试。挖财是类似于 Mint 的互联网理财平台,能够为客户提供账户管理服务。客户通过将银行储蓄账户、信用卡账户、理财账户、支付宝账户和券商账户等与挖财账户进行关联,从而能通过挖财账户即可完成不同账户的访问和管理,使用户能在同一界面内实现对自己活期存款、定期存款、银行理财产品、信用卡、网络账户、基金、债券、证券账户资产管理的覆盖,这使得挖财用户能更加全面和精准地管理好自己的各类资产,极大地便利了用户全面进行理财。同时,挖财平台还设置了"理财超市",提供了各类理财产品供客户选择,产品范围覆盖信托理财产品、券商理财产品、银行理财产品以及各类基金,为客户提供不同风险类型和收益率的理财产品选择。此外,挖财平台也设置了"挖财社区",以社交媒体的形式为客户搭建理财信息交流平台,在一定程度上作出了社交化的尝试。然而挖财由于并不具备自主提供金融服务的资质和业务基础,只能作为中介和通道来将客户账户和信息进行整合,而不能直接在该平台完成交易。

(三)社交网络型互联网综合理财平台:以雪球和米投为例

随着社交网络在我国的发展,也有互联网企业从社交网络的视角尝试建立社交化的互联网综合理财平台,其中比较有代表性的就是雪球网和米投网。雪球打造了一个基于财经信息和金融活动而关联起来的社交网络,由雪球向注册用户提供新闻资讯、论坛、日记、博客、微博、评论、股票行情、公司信息等相关信息,使用户能够及时自动获取与其投资品种相关的金融信息,并且能够直观地查看和管理账户的持仓和收益情况。更为重要的是雪球通过投资者社区和群组建立客户之间的关系,使用户能够通过"找人"精准定位与其投资兴趣类似的其他用户,相互交流和分享投资经验和技巧。此外,用户通过雪球可以关注由专业投资人士和民间投资高手创建的投资组合,同时也可以自行创建投资组合,从而能一目了然地了解自己或其他人的投资业绩。而米投网则与雪球有所差别,并非只限于信息的提供与分享,而是创设了一个开放式的投资顾问平台,从"策略师"和"投资者"两个方向提供服务,集投资策略的研发、销售、交易于一体。经米投网认证的专业投资人士和投资机构可以在米投注册为策略师,并将其自主研发的投资策略在米投网上发布销售并获取收益,米投网为策略师提供策略发布平台和账户管理工具,并完成投资策略的审核、上架、销售和分成的一站式服务。而投资者通过米投的网页端或手机端控制交易账户，选择适合的投资策略，进行自动或手动跟单交易，从而使经验欠缺的投资者能够在事实上享受定制级的投资顾问服务，提高其投资的成功率。雪球网和米投网是社交化理财平台的有益尝试，在一定程度上代表了未来互联网综合理财平台的方向。但是由于雪球网和米投网更加侧重投资策略的分享，并且局限于证券、基金和债券等投资品种，而在储蓄和支付等日常理财方面捉襟见肘，加上投资品种和功能相对单一，与真正意义上的综合理财平台在"综合性"上还有较大差距。另外，雪球网只是信息分享交流平台，而不能为用户提供实盘交易服务。而米投网尽管支持实盘跟单交易，但是由于其搭建了开放式的投资策略分享平台，涉及投资咨询业务因而存在着合规风险。

（四）我国互联网综合理财平台的局限

从总体来看，随着互联网金融在我国的兴起，通过网络平台为客户提供综合性理财服务成为互联网企业和金融机构竞相抢占的高地。然而由于金融监管体制和网络理财平台发展阶段的客观局限，我国的互联网综合理财平台仍处在相对初级的阶段，与境外成熟金融市场的实践还存在着一定的差距。

首先，互联网综合理财平台功能单一，所能提供的理财服务内容有限。尽管我国许多平台自称是"互联网综合理财平台"，但事实上只是P2P平台，或者只是将理财产品集中起来供客户选择，本质上还只是所谓的"理财产品超市"，而并未提供包括银行账户管理、证券交易、投资顾问服务等在内的一揽子投资理财服务。无法提供"综合"理财服务的互联网综合理财平台显然名实难副。我们将国内有代表性的互联网理财平台与国外典型的互联网综合理财平台相比较，嘉信理财全方位地提供了股票、基金、支付、理财、保险、贷款、咨询和储蓄等在内的所有理财服务，而不论是银行系的小马bank，还是券商系的君弘一户通，抑或是互联网企业系的百度金融,都只是提供部分投资理财服务。①

其次,我国互联网综合理财平台智能化程度不高。国外的Wealthfront 和 Motif Investing 都将基于大数据分析和计算机算法作为主要特色,能够自动地生成投资组合建议,智能化地为客户提供理财服务。这种智能化的理财服务能够显著地降低客户的理财成本,并且可以即时、高效、精准地生成与客户风险承受能力、资金实力、风险偏好等相适应的投资建议。与传统金融服务中的理财顾问相比有着明显的优势,也是互联网对传统金融服务行业的积极影响。然而上文中提到的几个互联网理财平台中只有小马 bank 有智能分析功能,且只是局限于风险测评而非自动生成投资组合。智能化程度的不足,一方面反映了我国现有互联网综合理财平台发展的不充分,另一方面也制约了互联网综合理财平台对传统金融服务模式的实质性颠覆。

最后,我国互联网综合理财平台社交化程度很低。Motif Investing 将社交网络深度地嵌入在理财平台之中,客户可以便利地分享投资组合、经验以及信息。而上文提到的我国的几个平台之中,只有雪球、米投、挖财有社交功能,并且还只是停留在 BBS 论坛和简单的用户关联的最初级阶段,并且这种社交网络的构建主要是基于其互联网企业的技术优势之上,而由金融机构设立的互联网综合理财平台则在社交化方面存在显著的短板。

在某种意义上说,由于智能化和社交化程度的不足,我国当前的互联网综合理财平台还仅仅只是停留在互联网理财超市层面,而互联网金融的本质在于利用互联网的信息处理技术和社交互动性减少金融的交易成本、提高市场效率,②停留在电商化层面的互联网理财平台离真正意义上

---

① 百度金融提供基金、理财产品和保险的代销,并且提供小额贷款和众筹服务,不能提供股票、支付、P2P、投资咨询和储蓄等服务;小马 bank 只提供基金代销和 P2P 平台服务,君弘一户通虽然最大限度地打通了股票、基金、支付、理财、保险和投资咨询,但是也不能提供贷款和储蓄等银行服务,也并未开通 P2P 平台功能。

② 参见胡吉祥:《互联网金融对证券业的影响和对策——以证券销售电商化为例》,载《中国金融》2013 年第 16 期。

的互联网综合理财平台还有一定的差距。当然,从另一个视角来看,我国
互联网综合理财平台发展的不成熟,实际上为证券行业建立互联网综合
理财平台提供了良好的机遇和巨大空间。充分借鉴境外成熟的互联网综
合理财平台的成功经验,进一步拓展我国互联网综合理财平台的服务内
容,提升我国互联网综合理财平台的智能化社交化水平,能够极大地提升
用户体验和强化投资理财服务功能,为客户提供更优质的金融服务。

第十二章　我国证券行业建立互联网综合理财平台的创新路径

　　从前文的分析中我们可以看出,境外的互联网理财平台起步较早,并经过不断的自我完善与市场检验,已经形成了多样化的、成熟的商业模式。而随着近年来国内互联网金融的蓬勃发展,国内金融机构和产业资本也开始意识到互联网金融的新机遇,各类以"互联网综合理财平台"标榜的网站或应用如雨后春笋般出现,在未来的两三年中,国内互联网综合理财服务必将会迎来其发展的高峰。

　　互联网金融的快速发展,对于证券行业来说是机遇与挑战并存,证券行业应当主动出击,以建立互联网综合理财平台为契机,大力发展互联网金融业务,适应时代发展的需要,促进业务的创新与升级。在本章中,我们将对证券行业建立互联网综合理财平台的创新路径进行详细分析。

一、 证券行业互联网综合理财平台的业务模式概述

　　互联网综合理财平台作为新型互联网金融模式还处在发展的初期阶段,尚未形成统一的业务模式。然而从前文的研究中我们可以发现,在境内外互联网综合理财平台的市场实践中,不论是依托于金融机构还是依托于互联网企业,各互联网综合理财平台的运营都在不同程度上反映着综合性、便捷性、互动性和智能性等共性。而且随着平台的发展和优化,

各互联网综合理财平台在业务范围和功能特色等方面也不断相互借鉴和趋同,最终的发展趋势必定是融合了统一账户、社交网络和大数据以及全功能等三种模式于一体。易言之,证券行业构建的未来的互联网综合理财平台应当全面地融综合性、便捷性、互动性和智能性等特征于一体,其业务模式也将实现现有模式的有机结合,从广度和深度两个方面强化核心功能,从而为客户提供内容更为丰富、操作更加方便、用户体验更好的互联网理财服务。

(一)互联网综合理财平台的四大内容要素

互联网综合理财平台融合了互联网和金融的不同属性特征,其依托于互联网,融入了"开放、平等、协作、分享"的互联网理念,借助大数据、云计算、新一代网络通讯等技术革新,互联网金融强调的是服务碎片化、交易扁平化、信息的爆炸性、用户体验与人人参与。但是金融的功能属性、风险属性和契约精神没有改变,互联网综合理财平台的核心仍是在于金融专业领域的服务,我们认为从业务模式的广度来看,证券行业构建互联网综合理财平台时应具备以下四个方面的内容要素。如表 12-1 所示:

表12-1　证券行业建立互联网综合理财平台需要具备的四大内容要素

以客户为中心			
①基础设施	账户体系	支付体系	信用体系
②平　台	服务整合	个性化	社　交
③渠　道	渠道融合	数字化渠道	
④场　景	应用场景	用户体验	

1.基础设施。此处的基础设施主要是指以客户的账户体系为中心，支付体系、信用体系为辅助手段而构建的客户基础信息平台。账户、支付、信用应当是互联网综合理财平台的三大基础支柱。

首先,建立适用的综合账户体系是互联网综合理财平台构建的基础和入口,对于互联网理财平台具有重要的意义。"得账户者得天下""账户为王"这是近年来金融行业一直在讨论的热点与焦点。账户是记载和存放客户资产的载体,国内目前按照金融资产的种类存在银行账户、证券账户、保险账户和信托账户等体系,不同的账户和资产之间独立存在且相互割裂;账户是客户财富管理的信息来源和基础,在现行体系下上述不同账户之间的信息相互封闭,无法集中搜集和汇总分析;账户是资产转移的端口,在现行体系下同一客户上述不同账户间的资产转移的端口难以整合和通畅;账户也是客户交易的端口,客户在从事购买基金、保险、信托和股票等不同种类资产的交易时要分别从不同的账户端口进入肯定是低效和复杂的。从美国的 Mint 和 Simple 的实践来看,其解决思路都是在所有实体账户之上构建一个虚拟账户,以方便汇总和分析各类实体账户的资产信息,建立中间划付通道方便不同实体账户间的划付,同时整合投资功能方便客户从虚拟账户直联各类交易账户进行投资交易。Simple 公司就是将银行卡、储蓄卡、支票等归入一个 Simple 账户,然后客户可以很明显地看到自己的所有个人账户信息和交易记录,并在其中进行相关操作,具体包括存款、借款、支付转账和投资。因此,证券行业的互联网综合理财平台建立一套综合账户管理体系来整合实体账户并提供统一的端口是后续服务的基础。

其次,在互联网金融的生态圈内,不论是小额信贷端的融资服务,还是在线理财端的理财服务,抑或是数据征信类服务和金融服务平台的搭建,其基础都是基于互联网而产生的一套独立的支付生态体系。[①] 无支

---

① 参见拯迪:《券商互联网化: 最终还是账户为王》,http://www.huxiu.com/article/37893/1.html,最后访问日期 2015 年 7 月 10 日。

付不金融。在市场经济时代,经济和社会活动很多都需要完成交易,促成交易完成的最后一公里是支付。电子支付、移动支付可以说改变了国人的消费方式,从最初的刷卡消费、网银支付到目前的二维码支付、芯片支付、虚拟货币等新型介质,余额宝的巨大成功不得不说离不开其依托的第三方支付平台——支付宝的强大客户群和支付能力。证券行业建立互联网综合理财平台,如果缺乏独立自主的支付体系,那么不仅各类交易的完成要受制于人,而且由支付所带来的资产沉淀也不可能保留在平台体系内,更重要的是由支付所带来的海量信息的缺失使得互联网金融时代最重要的资产残缺不全。因此,在互联网综合理财平台中,一个独立的、便捷的支付与汇兑渠道,是维持客户高黏性、高活性的关键所在,因此,独立的支付体系对于证券行业构建互联网综合理财平台的重要性不言而喻。

最后,在整个互联网链条中,信用体系显得格外重要,如何识别客户信息、如何控制风险等都依托于信用信息提取是否充分,信用体系架构具有重要意义,对于金融行业更是如此。传统金融模式下,征信由人民银行主导,信息来源于线下搜集的信用卡和银行贷款记录。互联网金融模式下,大数据和云计算技术的使用使得网络征信得以突破,除了信用卡和贷款记录等线下信息外,包括社交媒体的记录、网络借贷的记录、电商购物的流水、打车记录、O2O 生活记录等网上信息也成为重要的信用来源,并且辅之以配套的算法模型形成了一整套适用于互联网综合理财平台的数据库和征信模型。一旦经过一段较长时间的积累,证券行业互联网综合理财平台建立健全了上述信用体系,并且通过推广获得了客户的认可,那么传统金融机构的主导地位和主动权可能面临着被动摇甚至颠覆的局面。

2. 平台。平台是指连接两个或多个特定群体,为其提供行为规则、互动机制和互动场所(常常是虚拟场所),并从中获取盈利的一种商业模式。① 证券行业开展互联网综合理财业务的载体是平台,其应当具有

---

① 参见邓俊豪、张越、何大勇:《互联网金融生态系统 2020——新动力、新格局、新战略》,波士顿咨询公司。

三个关键点:服务整合、个性化与社交属性。首先,关于服务整合方面,互联网时代的理财应用应当体现"不受时空限制、不论资金多寡、不管知识多少"的碎片化理财概念。为维持互联网综合理财平台的稳健运用,运用机构服务整合一方面在于内部服务的网络化,使得客户通过网络端口即可得到满意的服务,另一方面在于创新与合作伙伴的关系,不同业务类别,不同经营机构之间的无缝连接,形成一个窗口服务,客户能够获得一站式的金融服务体验。最终的平台应该实现账户一体、数据共享和需求覆盖。其次,个性化服务主要体现在产品的推介上,在证券行业传统资管业务中,"私人订制"服务是高净值客户的专享,面对长尾市场客户采用的是"福特制"标准化产品经营模式,然后,这一思维定式已经难以适应互联网时代对于个性化服务的要求,因而,在互联网综合理财平台中利用智能化的计算机算法和大数据分析技术,为客户形成资产财富、风险收益报告,并制定适宜的理财方案、推介理财产品才是未来的发展方向。最后,在社交属性方面,根据优势麦肯媒体(Universal McCann)的一项研究表示,我们相信陌生人在网上的推荐意见就如同面对面的推荐。同时,消费者宁愿相信一个陌生人,也不愿相信商家出钱搞的信息交流或广告。其他各种研究均显示了类似的结果:人们越来越不相信来自单一渠道的信息。[1] 社交网站和工具的蓬勃发展,其所积聚的流量数据已经为互联网等诸多创新性行业所认识和利用,但对作为传统金融行业的券商们而言,已经习惯于推送既定信息和产品,因此充分利用平台的社交属性,使得客户能够加入到信息制作、产品设计等环节中来,也是证券行业互联网综合理财平台未来的突破点。

3. 渠道。渠道的核心议题是多渠道整合,即客户能够自由选择在何时通过何种渠道获得怎样的金融产品和服务。其背后是机构的不同渠

---

① 参见[荷]雷吉·德·范尼克斯、罗杰·佩弗雷里:《重塑金融服务业——消费者对未来银行和保险业的期待》,中国工商银行城市金融研究所译,中国金融出版社2014年版,第169页。

道在产品和服务、流程、技术上的无缝对接。① 根据波士顿咨询公司
（BCG）的测算，到 2020 年，互联网和移动渠道总共将为银行贡献近 40%
的销售交易以及 66% 的售后服务和转账交易，远高于 2012 年水平（分别
为 20% 和 50%）。事实上，在证券行业也表露出同样的迹象，互联网和移
动通信的发展倒逼着传统金融机构进行转变与革新，其中重要的体现就
是渠道融合与数字化渠道的开放，渠道融合是要整体提升互联网综合理
财平台的技术升级，使得产品、服务形成流程上的无缝对接，客户在任何
时间点通过任何渠道都可以获得想要的服务；数字化渠道的开放在于对
于线上线下渠道的整合，虽然互联网金融中强调渠道的数字化，但是在
未来较长一段时间内，客户对于实体物理网点的习惯和依赖仍旧不会完
全消失，而且实体网点面对面交流的特点在针对复杂产品和不同客户群
体仍具有优势，因此，线上网点和实体网点的多渠道融合同样也是证券
行业在构建互联网综合理财平台需要设计和考虑的方向。

4. 应用场景。互联网带给客户行为和心理的变化体现在要求金融
服务的生活化，对于用户体验的要求达到了前所未有的高度，可以说应
用场景将重构企业与人之间的商业关系。应用场景并不是指某一个独
立的功能，而是自客户打开应用之始，涵盖在每一个环节和操作之中，甚
至包括界面的设计是否美观、舒适。将金融嵌入到客户的生活中，将产
品与场景相融合，捕捉到客户最基本的需要，吸引客户的眼球，提升客户
的用户体验，真正做到以客户为中心。互联网理财平台扩张主要基于两
个维度，一是扩大目标客户群，二是占领客户的生活时间，后者则与应用
场景密切相关，只有将产品、场景和客户需求紧密结合才能成功。据统
计，2014 年中国网民的人均周上网时长达 26.1 小时，娱乐、沟通、信息获
取和电子商务占据了其中大部分的时间，因此，如何设置和切入应用场

---

① 参见邓俊豪、张越、何大勇：《互联网金融生态系统 2020——新动力、新格局、新战略》，
波士顿咨询公司。

景也是互联网综合理财平台需要考虑的重要因素。

(二)互联网综合理财平台的三大功能层次

从业务模式的深度来看,互联网综合理财平台所具备的核心功能是具有层次性的,我们设想构建的互联网综合理财平台最基础的功能是为各类理财活动提供一站式解决方案,进而是要变革传统的投资理财方式,最终进化为集资金管理和投融资于一体的全功能金融服务平台,如图 12-1 所示:

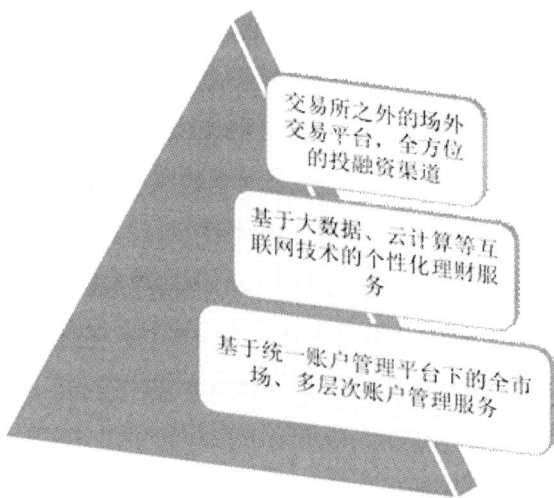

图 12-1　互联网综合理财平台的三大功能层次

1. 综合账户管理功能是互联网综合理财平台的基础功能

综合账户管理功能是互联网综合理财平台的底层基础,从形式上应当有统一的界面和唯一的号码提供给客户,从结构上应当是以一个虚拟账户关联全部实体账户,从受理、征信、开立、变更到注销等全部的业务流程应当是以简捷、统一和方便的方式完全在线操作,其核心功能应当包括:

完整和实时地记录和反映客户的资产数额、种类、损益和收付状况；分析收支、预算和现金流，提供预算管理和开支计划；转账支付，包括关联实体账户间的资金划转，以及外部支付功能；现金管理，智能配置货币基金、理财产品等固定收益类产品；消费金融，根据网络征信状况给予小额消费金融贷款；网络经纪，通过虚拟账户进入证券、期货、保险、信托等产品交易通道进行网上交易；取现，未来考虑的方向。

2. 智能化和社交化理财平台是互联网理财平台的核心功能

利用互联网技术实现投资理财的智能化和社交化是互联网综合理财平台的更高级层次。一方面，互联网时代产生的海量数据以及数据挖掘、大数据分析技术为投资理财活动提供了有利条件，互联网综合理财平台能够借此对客户需求和特性进行精细化和智能化的处理，其核心功能包括对客户的风险偏好、承受能力和具体需求利用相关模型进行评估、根据评估结果以自动和智能的算法为客户建立投资组合、依据系统自动生成和实时调整投资组合。另一方面，社交功能是互联网综合理财平台另一个重要的功能，开放的社交功能可以为全体投资者提供自主设计和展示智能投资组合的舞台，提供给平台使用者交流和完善智能投资组合的机制，提供智能投资组合转让和收费的通道和可能。

3. 互联网金融产品发行和交易平台功能

构建全功能开放式网上金融服务平台是互联网综合理财平台的未来发展趋势。随着综合金融服务渐成趋势，真正意义上的证券公司互联网综合金融服务平台未来可能类似于 Lending Club 的二级交易平台，为其所发行的 P2P 产品提供交易渠道，甚至于随着股权众筹的发展，未来证券公司推荐的发行人也可以利用互联网综合理财平台作为其发行平台，从而使得互联网综合理财平台变成为筹资者和投资者创建的证券发行平台和资产交易平台，以最终完善互联网金融链条，构建完整的互联网金融生态系统。

二、 证券行业互联网综合理财平台的
主要业务流程与核心功能模块

(一)证券行业互联网综合理财平台的主要业务流程

为了实现证券行业互联网综合理财平台的四大内容要素与三大功能层次,我们也对平台的主要业务流程进行了设想。

1.首先使用平台的客户在浏览简单介绍页后,进入注册、登录界面,其后与客户签订电子合同,由客户授权平台账户对实体账户,如银行账户、证券账户、保险账户、电子账户等实体账户的管理,以此便进入统一账户管理模块。客户可以在以平台为媒介进行支付、存款、证券交易等投融资活动,设定预算目标,并且平台会基于客户的数据分析对客户进行信用评级,为客户提供预算管理、消费记录、预警与建议等信息推送。

2.客户将账户信息进行关联管理之后,由客户在基本信息页面输入其他资产情况(如房产、车辆等)、理财目标等信息,并进入风险测评。

3.根据客户账户资产和其他资产基本情况,智能化生成资产评估报告和风险测评结果,为客户制定理财方案,向客户推介理财产品。客户可以接受平台给出的既定方案,亦可对方案进行调整,确认理财方案后,在平台上一键下单交易。

4.同时,针对高净值客户群(如100万人民币以上的客户),不仅可以享受到一般投资顾问团队的服务,更是可以得到最高级别水平的服务,比如说全方位的投资方案建议、定期的完整的财务审查报告、7*24小时的线上线下投资顾问服务、节税方案、帮助客户管理期权和固定资产等。

5.在客户持仓过程中,平台会对客户的投资组合进行动态追踪与分析,并且根据市场变动和客户资产变动情况发送建议信息,提醒客户进

行持仓调整,或者基于客户的资产变动、目标变动与行为数据,平台也将为客户推荐调整持仓的方案,推荐适宜客户个人财富管理特点的产品。

6. 平台中设置了社交化理财功能,客户可以在平台上发布自己的信息、分析以及投资组合,其他投资者可以参与讨论。

7. 在投融资交易的子平台上,为筹资者和投资者撮合交易,现阶段,主要是P2P、股权众筹等,提供信息发布、估值、咨询、交易等服务,待专业技术和网络技术成熟后,还将设置二级交易平台和非流动资产交易平台,真正实现资产管理的全覆盖生态圈。

(二)证券行业互联网综合理财平台的核心功能模块

根据前文所述的业务流程,证券行业互联网综合理财平台应当主要包含五个核心业务功能模块,如表12-2所示,即账户管理、智能理财、财务分析、社交机制与投融资交易。

表 12-2　互联网综合理财平台的核心功能模块

业务模块	主要功能
账户管理	存款、在线支付、转账、证券交易、信用评级
智能理财	风险测评、资产分析、理财方案
财务分析	动态追踪、收益/风险分析、持仓调整、产品推荐
社交机制	信息分享、组合分享、"朋友圈"
投融资交易	信息发布、估值、咨询、撮合交易

1. 账户管理

账户管理是指显示客户授权平台管理的所有账户和资产变动信息,并在此基础上形成了存款、在线支付、转账、证券交易、信用评级等功能,可快速地掌握资产的整体信息。

客户注册平台账户后,可以授权平台账户对银行账户、证券账户、保险账户、电子账户等实体账户部分或者全部的管理,根据客户输入信息,各实体账户将与平台账户关联,因此客户只需登录平台账户即可管理和使用已经与之链接的其他账户。

资金管理:客户可以全景式地查询个人资金的数量和分布情况,并在此基础上进行存款、在线支付、证券交易、转账等应用。

账目记录:平台将记录用户的每一笔消费支付、转账、交易等记录,并通过自动检索分类技术,将每笔记录归集到对应科目,账目一目了然,方便客户依据自己的消费习惯管理资金。

预算管理:用户可以在平台上设置自己的预算安排,平台会根据用户过去的支出状况显示在此条件下,每月结余、年度结余的预计值,方便用户控制和调整支出决策。

预警与建议:平台会定期,或根据客户个人设置,向用户推送信用卡还款、账单支付、存款计划、预算超支等预警信息,并且按照用户的目标和消费习惯,向客户推介收益率更高或者费用更低的理财产品。

信用评级:平台将根据客户消费、转账、交易等账户记录,通过预先设定的计算公式,对客户的信用情况进行评价,给予客户一定的信用额度,客户可通过信用额度参与理财及相应的投融资交易。

2. 智能理财

智能理财是指通过计算机算法和模型为客户定制个性化理财方案,并且引入客户参与方案设计。

客户在输入自己的个人信息(年龄、职业、收入等)、资产状况、理财目标等基本信息,以及进行风险测评后,经过模型计算,平台会为客户自动生成智能化投资方案,包括客户的资产风险、风险偏好类型、理财方案的内容(包括但不限于各类型产品投资占比、预期收益率、风险)。

客户可以接受平台推送的智能理财方案;也可以调整方案整体风险系数,或者是各类型理财产品的投资比例;也可以删除、添加产品,或者自行创建投资组合,其后实现一键下单交易。

3. 财务分析

平台将为客户提供个人业绩对比、大盘指数对比、个股动态追踪、投资组合检测与调整建议、市场信息推送、宏观环境分析等各类型投资顾问服务内容。并且根据市场变动和客户资产变动情况发送建议信息，基于大数据分析，向客户推介适宜的理财产品，提醒客户进行持仓调整。

不同级别的客户还将拥有不同权限的投资顾问服务。

4. 社交机制

客户可以在平台上，基于符合法律规定的范围内，发布自己的观点，分享自己的投资心得，建立志同道合的"圈子"。

投资达人们甚至可以建立自己的投资组合，在平台上转卖给愿意购买的其他用户，或者共同讨论修改和优化投资组合。

5. 投融资交易

信用交易。客户可以在平台上申请信用贷款，基于对客户资产和风险的评估，平台为客户提供 P2P 撮合交易，或者由平台向客户提供信用贷款。

股权众筹。客户可以在平台上发布股权众筹产品，依托于平台托管、结算和支付服务，为筹资者和投资者撮合交易。

柜台市场服务。客户可以通过平台购买、转让在证券行业柜台交易市场发行的产品。

二级交易平台和非流动资产交易平台，客户可以交易非标准化产品，如 P2P 借贷债权、民营企业的股份、票据等，平台不仅提供技术上的中介服务，而且还拓展综合性的咨询和服务，包括交易的估值、数据、研究、分析、法律咨询等。

三、 证券行业互联网综合理财平台的业务盈利模式分析

通过前文的研究分析，我们对证券行业互联网综合理财平台的业务

流程、核心功能模块都有了比较清晰的认识。然而,对于任何一种成熟的商业模式而言,可持续、稳定的业务盈利模式的重要性不言而喻,通过对国外主要互联网综合理财平台的研究,我们认为未来证券行业互联网综合理财平台的盈利模式主要有以下几个类型:

(1)通过账户管理功能,收取账户服务费用。如 Wealthfront,该网站要求每个用户开户的最少金额是 5000 美元,低于 1 万美元的投资不收取任何费用,超过这个额度则对账户每年收取 0.25%的服务费。

(2)通过智能理财功能,向客户推荐投资组合,收取服务费用。如 Motif Investing 规定用户在某个投资组合上的总体投资额不能低于 250 美元,但不论用户总体投资额有多少,也不管用户是使用网站提供的投资组合还是自己创建,用户通过该网站每购买或出售一次组合,网站就收取 9.95 美元的费用。而如果只交易其中的一支证券,则每次收取 4.95 美元。此外,该网站还针对客户将账户内的现金转入其他金融账户或者将证券全部转给其他券商(非以证券交易的方式转出)等将收取一定的费用。用户也可以通过该网站去贩卖自己的投资组合模型,Motif Investing 会从中收取一定的提成,越赚钱的 Motif 投资组合模型会有越多的购买者。

(3)不收取任何直接费用,但通过交叉销售、流量导入、销售分成等其他方式获得收入。如 Simple 不直接向客户收取服务费,Simple 的收入来自存款带来的存贷利差与支付带来的收单费,按比例与合作银行进行分成,再如 Mint,除摩根大通、美国银行和美国运通等大型金融机构外,电话公司、有线电视网络都是 Mint 的客户。一旦 Mint 在用户的支出项目中发现类似的条目,Mint 就会定向作出相关推荐,Mint 即可以从相关交易中获得佣金,最后如 Charles Schwab,虽然其不直接向客户收取任何费用,但是该网站通过智能理财功能向客户推送的投资组合都是由其自己担任管理人的基金,再通过基金的管理费用获得相关收入来源。

与国外互联网综合理财平台形成鲜明对比,目前国内主流的互联网综合理财平台,如雪球、米投、挖财等,都还未找到适合自己商业模式盈利之道,还处在"烧钱"的阶段,这与我国投资者的消费习惯及互联网企业通用的商业模式有很大关系,目前国内大部分投资者尚不能接受支付固定年费或按资产付费的模式,而更容易接受服务免费,通过增值服务等其他手段收取额外费用的方式。这也就决定了证券公司在设计互联网理财平台未来的盈利模式时,应当以不收取直接费用为首要原则,再结合自身的业务优势,借鉴国外的先进经验,通过推荐投资组合、交叉销售、流量导入、销售分成等多种渠道获得收入来源。

第十三章　互联网综合理财平台的
法律问题与制度障碍

　　互联网综合理财平台尽管在业务模式的实现上并不存在技术性的问题,但是在当前的金融监管体制以及现行法律制度的框架下,依然需要突破许多制度性的障碍,同时出于金融安全与金融消费者保护的考虑,也需要作出完善的配套制度安排。事实上,境外监管部门对于互联网综合理财平台或者说采用了社交网络和智能投资顾问的网络理财中介并无专门的规章或者指南来进行规范,也都是从信息披露、投资者适当性、反洗钱等方面适用于一般中介的规则来对其进行监管。① 在互联网综合理财平台这一新兴事物出现伊始,一方面出台全面的监管制度既不符合事物发展的渐进性规律,也不利于互联网综合理财平台的充分发展;另一方面互联网综合理财平台所涉及的法律问题也不外乎是市场准入、权义结构、信息披露、投资者保护等资本市场的基础问题。因此,研究互联网综合理财平台的发展和相关制度的建设,需要明确互联网综合理财平台的法律界定,并在此基础上分析其所涉及的主要法律问题以及面临的制度障碍。

---

　　① See IOSCO, Report on the IOSCO Social Media and Automation of Advice Tools Surveys, FR04/2014.

一、　法律地位问题：基于主体资格和业务类型的视角

作为互联网金融时代的新生事物，互联网综合理财平台并无直接的法律规定。然而只有明确互联网综合理财平台的法律地位，才能确定其在金融监管框架中的定位以及在向客户提供理财产品和服务时的权利义务关系，从而才能为未来的发展奠定基础。尽管当前并无法律条文对互联网综合理财平台明确定性，但是基于业务模式进行法律关系分析，能够廓清互联网综合理财平台的法律地位。

互联网综合理财平台是金融机构提供产品和服务的虚拟化场所，并无独立的主体资格，所有的权利义务和责任都由其运营机构承担，但作为新型业务模式需接受金融监管。互联网综合理财平台并不是独立存在的，而是由金融机构或者其他主体设立并运营的。传统实体金融模式下，金融机构向客户提供服务都是依托于物理场所。而互联网综合理财平台则采用了成本更低且更加实时便捷的提供方式，将金融产品和服务的场所从线下转移到线上，将实体场所变成了网络空间的虚拟场所，使客户能够足不出户地借助网络终端接受服务。尽管营业场所发生了质的变化，但是作为金融产品和服务提供者的金融机构并未改变，金融机构在服务合同关系中的主体地位并未被取代。易言之，互联网综合理财平台不是具体独立的法律主体，而是运营机构提供产品和服务的虚拟场所以及与客户的交互通道，或者说是以网络化方式开展金融业务的新型业务模式。因此，归根结底，互联网综合理财平台并不具有独立的法律主体资格，互联网金融理财平台的运行以及在运行过程中所产生的法律关系和权利义务与责任都由运营机构承担。同时，由于互联网综合理财平台所提供的金融产品和服务具有特殊性，属于需经监管部门审批的特殊行业，因此互联网综合理财平台的设立和

运营需要满足金融监管制度的要求,且要接受金融监管部门的持续监管。但是需要说明的是,互联网综合理财平台并不是作为金融市场主体而是作为一种业务模式接受金融监管。

互联网综合理财平台在提供综合性理财服务的过程中,也会因服务内容的差异而造成法律地位的区别。(1)当互联网综合理财平台所提供的金融产品和服务是以平台运营机构的名义直接提供时,平台运营机构与客户之间就此形成直接的合同关系,并直接承担与理财服务相关的法律责任。同时,运营机构应该具有从事该金融业务的资格,例如其提供第三方支付业务的,应当取得第三方支付的业务许可,提供证券经纪和咨询服务的,也应当取得证券经纪和咨询的业务资格。即便是像 Charles Schwab 那样通过大数据分析和计算机算法来提供智能投资顾问服务(Robo-advisor)的,也需要向 SEC 申请注册为咨询商方能上线该类业务。[①](2)当互联网综合理财平台提供的金融产品和服务是由平台运营机构之外的第三方金融机构提供时,互联网综合理财平台实际上扮演着中介角色,理财服务关系存在于作为委托人的其他金融机构与客户之间,由此产生的法律责任由其他金融机构承担,互联网综合理财平台运营机构只是扮演居间人的角色从中撮合合同订立,并不直接提供相关金融产品或服务。例如客户通过"百度财富"购买平安银行的理财产品时,买卖合同实际上是由客户与平安银行直接缔结,百度不是该理财产品的发行方和销售方,因而也无需就该理财产品承担法律责任。(3)当互联网综合理财平台向客户的服务并非金融业务,而只是为客户的投资理财活动提供辅助性服务时,平台只是作为一般信息服务提供商存在,一方面与客户形成一般性的服务合同关系,另一方面并不构成金融营业,因而无需以业务许可为前提。在嘉信理财发展的早期,SEC 向 Charles Schwab 发出的 no-action letter 中认为,为嘉信理财提供

---

① See Tim Bradbury, Robo-advice is coming: What it means, who will buy it and why, Professional Planner, No.69, 2014.

在线服务的 AOL、CompuServer 等信息内容提供者(Information Content Provider,ICP)只是作为网上商业信息的提供者,其根据用户数量而非交易频次来确定费用,并未参与到嘉信所提供的金融服务之中。这些 ICP 收取费用与交易执行之间并无直接关系,因为他们并不与嘉信的客户直接联系,无非是为嘉信与其客户之间提供互联网接口而已,因此 SEC 得出了其不需要注册为证券经纪商的结论。[①] 而 Motif Investing 尽管作为经纪商会受到 FINRA、NASD 和 SEC 的监管,但是其就 motif 这种投资组合的建议而言却因系客户完全自主(self-directed)的互助模式且平台并未直接给出投资建议因此并不违反任何法律。甚至 FINRA 咨询委员会的成员 Walia 也认为 motif 在本质上就是社交网络时代的信息共享,与发推特并无二致。[②] 而 Mint 则在与客户的服务协议条款中明确了其只是为客户提供信息整合服务,并不作为理财规划师、经纪人和税务筹划师为客户提供咨询。[③] 按照这个逻辑,互联网综合理财平台以社交化的方式为客户提供信息交流途径,也并不需要获得专门业务许可。但是从金融监管的角度来看,提供产品和服务的信息以及其他金融机构的系统接口虽然无需作为金融机构获取业务许可,但是为了维护金融市场的稳定与交易安全,互联网综合理财平台作为第三方网络平台的居间行为仍然需要受到行业监管部门的监管。例如《互联网保险业务监管暂行办法》中规定了在互联网保险业务活动中,除保险机构依法设立的自营网络平台之外,第三方网络平台也可以为保险消费者和保险机构提供辅助服务,第三方网络平台也需要在保险监督管理部门备案并且要遵守相应的业务规则。

---

① See Howard M. Friedman, Securities Regulation in Cyberspace, Aspen Publishers, 2003, pp. 10-16.

② See Michael Carney, Motif Investing Rolls Out Social, Do It Yourself Stock Investing, https://pando.com/2013/02/28/motif-investing-rolls-out-social-do-it-yourself-stock-investing/.

③ See https://www.mint.com/terms.

二、 市场准入问题：基于平台
设置与业务许可的视角

互联网综合理财平台将包括银行、证券、基金、保险、众筹、P2P 等金融业务全部或部分地集中在一个平台上为客户提供综合性的理财解决方案，并且能够智能化、社交化地为客户进行理财活动提供辅助服务。由于涉及金融行业这一特殊领域，互联网综合理财平台的设立以及相关业务的提供都需要面临着市场准入的问题。是否需要进行市场准入限制，以及市场准入条件应如何确定，是互联网综合理财平台的运营者与监管者都无法回避的问题。

从互联网综合理财平台的设立来看，互联网综合理财平台是运营机构所开发和维护的将多样化理财服务集合起来向客户提供的网络系统，其本身并不属于法律实体而是类似于一种业务或者是金融机构营业场所的延伸。如果将互联网综合理财平台形象地比喻成一座商场，那么平台上集成的各种金融服务就像是商场中的不同品牌的商品，正如商场为厂家或者经销商提供门店以及物业、宣传等配套服务，互联网综合理财平台为金融机构提供连接客户的通道，并且以智能化、社交化的信息技术手段提供其他增值服务。尽管互联网综合理财平台的运营机构也有可能与其他金融机构一起通过平台向客户提供金融服务，但这属于是金融服务提供者与客户之间的金融服务合同关系，而互联网综合理财平台只是为金融服务合同的缔结与履行提供辅助服务，而并不直接从事金融业务。因此，互联网综合理财平台无需申请金融业务许可。然而这并不意味着互联网综合理财平台就没有市场准入限制。由于互联网综合理财平台为金融业务活动提供辅助，涉及敏感的客户资料和资金转移，关系到金融交易的安全和广大金融消费者的利益，因此有必要对互联网综合理财平台的设立设置一定的门槛，以确保网络服务系统的安全稳健运行，并且还应要求这类平台到金融监管机构备案。例如证监会发布的《证券投资基金销售机构通过第三方电子商务平台开展证券投资基金销售业务指引》要求第三方电子商务平台的经营者应符合相应的条件①,第三方电子商务平台经营者为基金销售机构提供基金销售业务技术支持的,应当符合《证券投资基金销售业务信息管理平台管理规定》和《网上基金销售信息系统技术指引》的要求。《互联网保险业务监管暂行办法》也规定了保险机构通过第三方网络平台开展互联网保险业务的,第三方网络平台也需要满足相应的条件②。概言之,互联网综合理财平台在设立时,一方面运营机构需要符合条件,具备支持平台安全有序运行的人员、技术、资金等基础;另一方面平台自身也要具有稳健支持金融机构开展业务的条件,信息系统的构架和运行达到金融机构网络服务系统的要求。

　　从互联网综合理财平台所涉及的金融业务来看,平台"自营+居间"的业务模式决定了只有部分金融业务是在运营机构业务范围之内。互联网综合理财平台要提供多样化的金融服务,最直接的途径就是申请尽可能多的业务许可,从而丰富自营业务的范围。然而由于金融行业的分业

---

　　①　基金销售机构应当审慎选择第三方电子商务平台开展基金销售业务。第三方电子商务平台的经营者应当具备下列条件:1.为中华人民共和国境内依法设立的企业法人,网站接入地在中华人民共和国境内;2.取得互联网行业主管部门相关的电信业务经营许可证满3年,并获得有关主管部门的业务许可;3.诚信记录良好,最近3年没有受到重大行政处罚或者刑事处罚;4.具有健全的组织机构、业务规则、规章制度,有完善的内部控制和风险管理制度;5.有与电子商务平台经营规模相适应的管理人员、技术人员和客户服务人员;6.有保障平台安全运行的信息系统,与基金销售机构、相关服务提供商相应的技术系统完成了联网测试;7.具有与基金销售业务相适应的安全管理措施和安全防范技术措施,信息安全保障水平符合国家规定的标准;8.符合法律、行政法规规定的其他条件。

　　②　保险机构通过第三方网络平台开展互联网保险业务的,第三方网络平台应具备下列条件:1.具有互联网行业主管部门颁发的许可证或者在互联网行业主管部门完成网站备案,且网站接入地在中华人民共和国境内;2.具有支持在线查询、投保、支付等保险业务全流程的实时处理能力;3.具有安全可靠的互联网运营系统和信息安全管理体系,实现与保险机构应用系统的有效隔离,避免信息安全风险在保险机构内外部传递与蔓延;4.最近两年未受到互联网行业主管部门、工商行政管理部门等政府部门的重大行政处罚,未被中国保监会列入保险行业禁止合作清单;5.中国保监会规定的其他条件。第三方网络平台不符合上述条件的,保险机构不得与其合作开展互联网保险业务。

经营分业监管的格局,互联网综合理财平台的运营机构不可能同时持有横跨不同业别的金融业务许可证,因而只能通过接入其他金融机构的业务系统来实现理财产品和服务的综合化,即要么获取金融机构的授权将互联网综合理财平台作为该金融机构业务系统的一个接口,或者作为独立第三方接入其他金融机构的网上服务系统。然而这两种方式都存在着明显的法律障碍。就前者而言,开展金融业务的许可不能任意授权,必须要经过监管部门审批。① 例如《电子银行业务管理办法》②(以下简称《办法》)规定金融机构在中华人民共和国境内开办电子银行业务,应当依照该办法的有关规定,向银行业监督管理部门申请或报告。《办法》第二十二条则规定了金融机构之间通过互联电子银行平台联合开展的电子银行业务,或者是需要与证券业、保险业相关机构进行直接实时数据交换才能实时的电子银行业务的,适用审批制。但是这一规定并不意味着互联网综合理财平台运营机构可以申请开办电子银行业务,因为开办电子银行业务要求申请者必须是银行业金融机构。并且从《办法》的规定来看,银行业金融机构就电子银行业务的授权也只能针对分支机构,对于能否授权独立第三方开展电子银行业务则未予提及。因此互联网综合理财平台能否获得授权开展电子银行业务存在着不确定性。就后者而言,互联网综合理财平台作为独立第三方接入其他金融机构的网上服务系统也存在着法律门槛。以证券经纪业务的接入为例,证券业协会于 2015 年 3 月 13 日发布的《证券公司网上证券信息系统技术指引》规定:"证券公司不得向第三方运营的客户端提供网上证券服务端与证券交易相关的接口。证券交易指令必须在证券公司自主控制的系统内全程处理。"这一规定基本上杜绝了互联网综合理财平台作为独立第三方接入证券公司的网上证券服务端。尽管这一规定受到了外界的诸多质疑,认为其限制了网上证券业务的发展以及证券行业的创新,但是出于规范市场秩序和保护投

---

① 参见周佑勇:《论行政许可的基本原则》,载《湖北警官学院学报》2003 年第 4 期。

② 银监会令〔2006〕第 5 号。

资者的考虑这样规定也是有必要的。也就是说,就目前而言,只有证券公司设立运营互联网综合理财平台,才能直接通过平台进行证券交易。当然,即便互联网综合理财平台不能直接基于银行授权开展电子银行业务,也能够基于客户的委托使用客户的账号和密码等信息登录银行的电子银行系统,从中获取客户的存款余额等账户信息并且使用客户的银行账户。尽管互联网综合理财平台不能接入证券公司的网上证券服务端,然而客户依然可以通过账号绑定的方式向互联网综合理财平台提供证券账户与资金账户的信息,互联网综合理财平台能够登入证券公司网上证券客户端,再抓取客户端中的数据反映在互联网综合理财平台的客户界面上。易言之,互联网综合理财平台也可以采取迂回的方式不直接开办金融业务或接入其他金融机构的系统,而是获取客户授权,以客户的名义登入其他金融机构的服务平台并操作客户账户,并将各类账户的信息反映在平台的虚拟账户上,从而实现间接地提供理财服务。然而这种方式导致客户的账号密码以及其他私密信息都能被平台获取,平台能够全权操作客户的所有金融账户,从而使客户暴露在风险之中,极易遭受各类损失。从这个层面来看也必须将其纳入监管,以严格的市场准入条件筛选适当的互联网金融理财平台,从而维护市场秩序,避免金融消费者利益受损。因此,互联网综合理财平台在为客户提供理财服务时,无论是其自营的业务还是作为客户与金融机构之间通道的居间业务,都需要获得金融监管部门的审批许可或者到监管部门登记备案。

三、　权利义务结构问题：基于平台账户与 金融账户关系的视角

互联网综合理财平台的运行模式是客户登录平台入口,选择各类金融机构业务以及平台提供的增值服务以完成理财活动。这一过程涉及三方面的主体,即客户、互联网综合理财平台运营机构以及其他金融机构。

客户作为金融服务的接受者,通过互联网综合理财平台获取理财信息、接受理财服务、发出交易指令。互联网综合理财平台运营机构设立和维护平台运行,既作为中介连接客户与其他金融机构,也向客户提供与理财相关的辅助性增值服务,若运营机构本身也有金融业务资格,还可以直接向客户提供金融服务。其他金融机构则是将自身网络系统嵌入在互联网综合理财平台系统之中,或者向互联网综合理财平台提供系统接口实现直接访问,从而实现客户能直接通过互联网综合理财平台接受其产品和服务。可以说互联网综合理财平台运行的过程,实际上就是这三大主体互动的过程,而账户则是将三者连接起来的关键。

账户是识别持有人身份、记载持有人的金融资产和其他信息并开展金融交易的依据。互联网综合理财平台的运行涉及多个账户。首先客户在各金融机构会开设多个彼此独立的金融账户,这也是客户接受金融机构服务,办理相关金融业务从而完成理财活动的前提。例如客户持有银行账户,才能利用该账户接受相关银行的服务,在该银行存款、购买银行理财产品、获取消费信贷等都要有存款账户、理财产品账户以及信用卡账户。同样客户进行证券交易,也需要在证券公司开立证券账户和资金账户。其次由于客户需要登入互联网综合理财平台,因此需要获取互联网综合理财平台的账户,即平台账户。平台账户的功能是识别客户,使客户能够进入互联网综合理财平台接受平台集成的综合性理财服务。为了便利客户投资理财,减少重复输入账号密码并频繁更换交易系统的烦琐,互联网综合理财平台将平台账户与金融账户进行关联,使得客户只需要通过平台账户即可管理所有金融账户,即将各自独立的金融账户集成到平台账户之下,实现分散账户的统一管理。由于平台账户自身并非金融账户,不具有金融交易的功能,因此只是一个虚拟账户,具体的信息与资产的变动最终还是体现为金融账户的变动。也就是说,客户只是通过操作平台账户来实现对其所持有的所有金融账户进行集中化管理。

互联网综合理财平台的这种账户结构下的运作,可以反映出客户、平台以及金融机构之间的法律关系。平台账户是互联网综合理财平台提供，由客户持有。金融账户由具体承办金融业务的金融机构提供，同样由客户持有。客户以自己的名义接受金融服务，以自主的意思表示作出理财决策，金融服务合同关系发生在客户与金融机构之间。互联网综合理财平台既不以自己的名义为客户提供金融账户和金融服务，也不以自己的名义代客户管理金融账户，除了是信息服务的提供者之外，只是客户与金融机构之间合同订立与履行的居间人。客户确认注册平台账户，就视为接受互联网综合理财平台为其理财活动提供辅助服务之承诺。客户在互联网综合理财平台申请平台账户，并授权互联网综合理财平台将平台账户与其持有的金融账户相关联。由此客户在平台账户层面的操作可以形成对平台运营机构的委托，平台基于该委托将平台账户层面的操作落实到具体的金融账户，代表客户将交易指令传递给金融机构，从而完成理财活动。易言之，互联网综合理财平台通过平台账户收集客户的授权委托，再以客户的名义将委托指令下达至具体承办业务的金融机构，从而将客户通过多个金融账户面向多个金融机构的"一对多"格局简化为客户通过平台账户直接面向互联网综合理财平台的"一对一"格局。因此，在提供金融服务的环节，客户与金融机构之间是金融服务合同的合同主体，在履行合同过程中客户作为委托人通过平台账户下达指令，互联网综合理财平台作为代理人以客户的名义在后台将平台账户指令传递至具体的金融账户，从而撮合完成该笔交易或者该项服务。概言之，互联网综合理财平台在客户与金融机构之间扮演着居间人的角色，提供居间服务并收取相应的费用，并在居间服务的范围内承担相应的法律责任。

　　当然，客户通过平台账户所能实现的功能并不仅限于间接管理金融账户。根据互联网综合理财平台功能的不同，有些平台还能为客户提供智能化的风险测评服务、理财顾问和规划服务、理财技能教育以及社交媒体服务等辅助性增值服务。这些服务并不涉及对金融账户的管理，而是单纯存在于平台与客户两大主体之间。客户注册平台账户，即视为同意接受互联网综合理财平台提供的这类服务,由此客户与互联网综合理财平台之间形成服务合同关系。在这个层面上,互联网综合理财平台不再是客户与金融机构之间的桥梁或者中介,而是成为独立的服务提供者和合同主体,并承担相应的权利义务。

四、 防火墙问题:基于风险隔离与独立性的视角

为了防范利益冲突并避免风险传导,我国金融市场实行分业经营,同一机构不得同时经营跨业别的金融业务,例如银行目前不能直接从事证券业务。[①] 甚至在同一金融机构内,不同业务部门之间也需要设立"防火墙"来控制或者隔离不同业务部门之间的信息流动以确保独立性,从而防止利益冲突或内幕交易的发生。[②] 概言之,我国当前的金融市场法律制度对金融机构业务的独立性以及同一机构不同业务部门之间的独立性依然有着比较严格的限制。然而互联网综合理财平台这种模式,将分散的不同业别金融机构的业务集中在同一网络平台提供,是否与我国分业经营的体制相冲突?将客户所有的金融账户绑定在平台账户之下,是否会造成账户的混同?客户通过互联网综合理财平台的平台账户管理其金融账户,是否会产生代理问题和道德风险?这些都是互联网综合理财平台需要解决的基本的合规问题。

尽管互联网综合理财平台将跨业别的金融业务集成到了一个网络平台之上,但是从法律地位来看,互联网综合理财平台并非金融服务的提供者或者说是金融业务的经营者。互联网综合理财平台运营机构只是设立和维护开放式的网络平台,为客户与金融机构之间提供连接通道。尽管

---

① 参见周旭、白程赫:《探讨中国金融业经营制度——基于分业经营与混业经营的比较》,载《中国集体经济》2013 年第 7 期。

② 参见台冰:《论我国证券业信息隔离监管制度的缺失与完善》,载《深交所》2007 年第 5 期。

在平台运营机构是金融机构时,平台运营机构也能直接为客户提供金融服务,但更多的金融服务都是由其他金融机构直接向客户提供,合同主体也是客户和金融机构,而非互联网综合理财平台。概而言之,互联网综合理财平台上的金融服务,实际上是由与平台有合作关系的金融机构直接提供并独立负责的。尽管通过互联网综合理财平台能够获取跨业别、综合性的金融服务,但是金融业务的开展以及金融服务法律关系都是彼此独立的,是银行、保险、证券等不同业别的金融机构各自与客户之间独立存在的。并且这些金融机构也都是基于金融业务许可开展业务,不可能超出其基本的业务范围从事非法金融活动。因此,既不存在互联网综合理财平台独自开展跨业经营的问题,也不存在与互联网综合理财平台合作的某一金融机构跨业经营的问题。当然,随着混业经营的呼声日隆,加上境外成熟市场的成功实践,在我国逐渐由分业经营走向混业经营也是大势所趋,[①]并且在事实上也开始通过银证合作、银保合作等方式开辟了分业经营与混业经营相结合的道路。[②] 当前证监会逐渐放开政策,支持证券公司、基金管理公司和期货公司等公司交叉持牌,并且正在研究银行在风险隔离的基础上申请证券牌照,也就是说在将来有可能银行也能够开展证券业务。[③] 随着混业经营的进一步推进,同一金融机构经营多种金融业务也将成为可能,类似于 Charles Schwab 的全能金融机构也将产生。因此,互联网综合理财平台上的各类金融服务之间是彼此独立且相互隔离的,并不存在混业经营。

以平台对接客户并用平台账户关联所有金融账户,使得客户对零散金融账户的能够实现全景式、集约化的管理,从而使得理财活动一目了然且方便快捷。然而正如硬币的正反两面,互联网综合理财平台的这种功

---

① 参见郑明高:《金融混业经营的机遇与挑战》,载《中国流通经济》2011 年第 9 期。

② 参见王兆星:《结构性改革:金融分业混业的中间路线》,载《中国金融》2013 年第 20 期。

③ 参见网易财经:《证监会拟向银行发证券牌照》,http://money.163.com/15/0316/04/AKQ4QGJD00253B0H.html。

能也是一柄双刃剑,造成了金融账户虚化以及账户之间界限的模糊,容易导致客户对金融账户失去直接的控制。加上客户对互联网综合理财平台的授权,使得平台能够获取客户金融账户的账号和密码并且能够代表客户下达指令,使得平台能够同时对客户的多个金融账户进行控制,这就导致代理成本高企,利益冲突加剧,客户容易暴露在极大的道德风险之中。假设缺乏有效监管,互联网综合理财平台出于自身利益最大化的考量,在没有客户明确指令的情况下可能会存在擅自对客户金融账户进行频繁操作以获取佣金的背德行为,或者在投资建议中将自身利益置于客户利益之上。例如平台为了增加券商经纪佣金分成,在后台自行对客户的证券账户进行频繁操作。在嘉信理财推出智能投资咨询服务(Schwab Intelligent Portfolios)后,也遭受了外界的质疑,认为这种基于计算机系统自动作出的投资建议可能会大量地推荐 Charles Schwab 自己管理的 ETF 基金。① 此外,由于客户所有金融账户全部关联在平台账户之下,互联网综合理财平台也可能会擅自调整客户金融资产在不同金融账户之间的分配,将客户银行账户的现金转移到资金账户从而进行大量的证券交易,或者擅自将客户活期存款购买货币市场基金、理财产品或者投入于高风险的 P2P 贷款。甚至还有可能出现互联网综合理财平台挪用客户资金或者证券等金融资产的行为,即互联网综合理财平台利用客户的概括授权转移客户金融资产供自己使用,并采用技术手段使金融账户的变动不反映在平台账户上,即名义资产不变而实际资产被平台所挪用,整个过程可以在客户毫不知情的情况下发生。例如将银行账户的资金转移到平台的关联账户用于投资获利,客户在平台账户上查询余额时并不会发现变化,但实际上银行账户的余额减少了。因此,这种账户的高度混同使得客户金融账户之间界限的模糊化,在为客户提供理财便利的同时,也为互联网综合理财平台的失范行为带来了便利。

---

① See Ian Salisbury, What Every Investor Should Know About Schwab's "Free" New Advice Service, http://time.com/money/3737555/schwab-intelligent-portfolio-free-advice/.

为了避免高度混同下的代理问题与道德风险,就需要建立适当的风险隔离机制以保证账户之间的独立性,在平台账户与金融账户之间,以及各金融账户之间建立有效的防火墙,完善对账户变动的客户真实指令的验证与甄别,避免虚假指令以及平台账户延迟变动等问题,使得平台账户的功能真正回归到对各金融账户的统一管理上,保证各金融账户之间的独立性,从而防止互联网综合理财平台通过后台的隐蔽操作损害客户利益。同时,互联网综合理财平台应当恪守其中介职能,将业务信息与客户资金流动严格分割,避免直接经手客户资金。例如《互联网保险业务监管暂行办法》要求投保人交付的保险费应直接转账支付至保险机构的保费收入专用账户,第三方网络平台不得代收保费并进行转支付。由此避免出现挪用保费或者其他情况的出现。

五、 透明度问题：基于信息披露与适当性的视角

阳光是最好的杀虫剂,灯光是最好的警察。金融机构向金融消费者提供理财产品和服务时,需要确保双向的透明度,即一方面金融机构需要向客户充分披露金融产品和服务的基本信息,使客户了解相关产品和服务并在了解真实情况的前提下理性作出投资决策,防止信息不对称造成的客户利益受损;另一方面则是金融机构需要了解客户的投资水平和风险承受能力,即所谓"了解你的客户"(know your customers),从而为客户提供与其能力相适当的金融产品和服务。① 在互联网综合理财平台的业务模式下,尽管金融机构与客户之间存在着直接的法律关系,然而在具体的产品和服务的销售过程中,互联网综合理财平台作为居间人存在于金融机构与客户的联系链条之间。易言之,金融机构的产品和服务都是通过互联网综合理财平台向客户展示,客户也都是通过互联网综合理财平

① See Ronald J. Colombo, Merit Regulation Via The Suitability Rules, Journal of International Business and Law, Vol.12, 2013, pp.1-16.

台下达指令进行理财活动。尽管互联网综合理财平台在技术上使得客户的投资理财活动更加便利,但是也在事实上增加了金融机构与客户之间的交流环节。为了保证金融活动的透明度和保护金融消费者权益,互联网综合理财平台也必须符合信息披露和投资者适当性的相关法律要求。

金融机构通过互联网综合理财平台向客户提供金融产品和服务,实际上是将产品和服务的销售从实体物理网点转移到虚拟网点。然而这种销售场所和过程的虚拟化并不意味着可以忽略信息披露义务以及投资者适当性要求,而是应该以合理的方式保证这些法定义务的履行。例如《商业银行理财产品销售管理办法》明确了商业银行销售理财产品应当做到信息充分披露,同时应当遵循风险匹配原则,禁止误导客户购买与其风险承受能力不相符的理财产品。在商业银行理财产品的宣传销售文本中,应当全面、客观反映理财产品的重要特性和与产品有关的重要事实,语言表述应当真实、准确和清晰,①并且要充分、明确地揭示风险,还要在理财产品销售文件中载明投资范围、投资资产种类及比例、收费项目和标准等信息。同时《商业银行理财产品销售管理办法》要求商业银行在客户首次购买理财产品前在网点应对客户风险承受能力进行评估,并且根据理财产品的风险评级和客户的风险承受能力设置销售门槛。《商业银行理财产品销售管理办法》第四十条明确了商业银行通过网上银行销售理财产品时,也应当按照规定对客户进行风险承受能力评估,并且在销售过程中应有醒目的风险提示,风险确认不得低于网点标准,销售过程应当保留完整记录。《互联网保险业务监管暂行办法》也对保险机构和相关

---

① 理财产品宣传销售文本应当全面、客观反映理财产品的重要特性和与产品有关的重要事实,语言表述应当真实、准确和清晰,不得有下列情形:1.虚假记载、误导性陈述或者重大遗漏;2.违规承诺收益或者承担损失;3.夸大或者片面宣传理财产品,违规使用安全、保证、承诺、保险、避险、有保障、高收益、无风险等与产品风险收益特性不匹配的表述;4.登载单位或者个人的推荐性文字;5.在未提供客观证据的情况下,使用"业绩优良""名列前茅""位居前列""最有价值""首支""最大""最好""最强""唯一"等夸大过往业绩的表述;6.其他易使客户忽视风险的情形。

网络平台的信息披露进行了规定,要求在开展互联网保险业务的相关网络平台的显著位置以清晰易懂的语言列明保险产品及服务等信息。网络平台上发布的相关信息,应由保险公司统一制作和授权发布,并确保信息内容合法、真实、准确、完整。同时第三方网络平台应在醒目位置披露合作保险机构信息及第三方网络平台备案信息,并提示保险业务由保险机构提供。此外,当出现因对投资者适当性要求较高的不宜通过网络平台销售的金融产品或服务时,互联网综合理财平台则不能向客户提供上述产品或服务。例如《电子银行业务管理办法》规定金融机构利用电子银行平台销售有关银行产品或服务时,应认真分析选择适应电子银行销售的产品,不得利用电子银行销售需要对客户进行当面评估后才能销售的,或者需要客户当面确认才能销售的银行产品。《商业银行理财产品销售管理办法》也规定了商业银行销售风险评级为四级(含)以上理财产品时,除非与客户书面约定,否则应当在商业银行网点进行。

在互联网综合理财平台运营的过程中,也需要满足法律规定的提供金融产品和服务时的信息披露和投资者适当性要求。首先,互联网综合理财平台作为第三方,虽然不直接提供金融产品和服务,但是在居间撮合时亦有义务向客户及时、完整、真实、准确地提供相关信息。这些信息既应包括金融机构对互联网综合理财平台的授权信息,揭示互联网综合理财平台与相关金融机构的合作关系,明确权利义务承担以及责任划分,使客户充分了解互联网综合理财平台的法律地位和责任范围。其次,互联网综合理财平台要按照不低于金融机构销售产品和服务所应承担的信息披露义务要求,在平台页面上对相关产品和服务所应披露的事项予以披露,使客户能够通过互联网综合理财平台便捷、直观、及时地获取相关信息。最后,互联网综合理财平台在居间撮合金融机构与客户之间缔结合同时,也应当协助相应的金融机构对客户进行风险评估。同时互联网综合理财平台在提供综合性理财服务信息时,也应独立地对客户进行评估,从而推荐与其能力相适应的金融产品和服务。对于那些对投资者风险承受能力要求较高而必须现场办理的金融产品和服务,互联网综合理财平台只能限于提供信息,不能在网上直接完成交易。

六、 监管体制问题:基于管辖权与监管协同的视角

由于我国目前实行的是分业监管体制,在 2018 年金融监管体制改革之前,"一行三会"作为我国金融监管部门各司其职,对银行、证券、保险、信托、支付等金融业务进行监督管理。即便是当前的"一行两会",即中国人民银行、银保监会、证监会分别行使金融监管职权的格局下,分业监管体制仍然并未发生变化。然而互联网综合理财平台在某种意义上打破了传统金融市场分业经营模式下的条块分割,而是将不同金融业别的金融业务集中到一个网络平台,这就会给金融监管带来极大的挑战。

最直接的问题就是互联网综合理财平台的监管主体如何确定。即在当前我国的监管体制下,到底是央行,还是银保监会或者证监会负责对互联网综合理财平台的监管。尽管互联网综合理财平台在某种意义上并不构成金融服务的直接提供者,但是即便是作为居间人或者说只是提供金融服务销售渠道,也应该接受金融监管。然而互联网综合理财平台同时为客户提供跨业别的金融服务,其在具体业务和功能上的具有多样性,因此无法将其片面地划归某一监管部门行使监管职权,而是应该根据金融活动的功能作为判断监管主体的依据和标准,将互联网综合理财平台中属于相应监管部门监管范围的业务分别划归相应的监管部门进行监管。比较有代表性的例证就是美国的嘉信理财同时接受多个监管部门的监管,银行业务受美联储(Federal Reserve)和货币监理署(OCC)的监管,同时联邦存款保险公司(FDIC)以及消费者金融保护局(CFPB)也在各自职权范围内行使监管权力。嘉信理财的证券期货业务则受到证券交易委员会(SEC)和商品期货交易委员会(CFTC)的共同监管。除此之外,嘉信理财还受到一些自律监管组织的监管,例如美国金融业监管局(FINRA)、

市政证券规则制定委员会（MSRB）、纽约证券交易所（NYSE）、芝加哥期权交易所（CBOE）、美国期货协会（NFA）等。也就是说，嘉信理财并不是作为一个监管部门的监管对象，而是根据其不同的业务和活动受到相应的部门监管。事实上，伴随着金融混业经营的进一步深化，各金融机构在其具体业务及功能上的分野日益模糊，各监管部门单纯依据对特定行业的金融机构的监管职能划分来实施监管已不能满足现实的监管需求，监管部门亟需突破金融机构的局限，转而以各金融活动的功能作为判断该金融活动是否属于其监管范围的标准，即从机构监管（Institutional Regulation）转型为功能监管（Functional Regulation）。① 所谓功能监管指按照金融功能来划分金融监管领域，即对相同的金融服务制定相同的监管标准，而不管经营这类金融业务的具体机构是什么。功能监管的基本理由在于金融体系的基本功能比实现这些基本功能的制度结构更加稳定，也就是说，虽然金融机构的业务范围不断变化且相互交叉，但具体业务所要实现的基本金融服务仍然是清晰的。② 申言之，功能监管更能在纷繁复杂且形式多样的金融活动中准确把握各监管部门的监管内容，是在混业经营背景下实现有效金融监管的必由之路。就互联网综合理财平台而言，其所涉及的多种业务并不是单一监管部门可独立实施监管，而是广泛地分散在各监管部门的监管范围之中。因此，对于互联网综合理财平台的监管，需要采用"功能监管"的思路，由各监管部门根据平台所涉及的业务来确定监管模式。

然而，当多个监管部门同时对互联网综合理财平台进行监管，就会形成"九龙治水"的局面，这种多头监管容易造成监管冲突和监管真空从而为监管套利创造温床。③ 一方面监管部门之间容易就特定综合性业务或

----

① 参见罗培新：《美国金融监管的法律与政策之反思——兼及对我国金融监管之启示》，载《中国法学》2009 年第 3 期。

② 参见陈柳钦：《金融危机背景下美国金融监管构架改革剖析》，载《湖北经济学院学报》2009 年第 5 期。

③ See Victor Fleischer, Regulatory Arbitrage, Texas Law Review, Vol.89, 2011, p.227.

者创新业务主张监管权,当这类业务不具有传统金融业别的显著特征而难以按照既有监管分工划归某一监管部门,例如集合投资计划和资产管理业务,或者该类业务覆盖了银证保等多个领域,例如个人理财规划建议等,都会引发多个监管部门将其纳入监管范围,从而引起监管权的冲突和监管重叠。另一方面由于法律规定缺位导致的约束不足和监管职权不明确,监管部门也有可能会对部分业务怠于行使监管权,从而造成监管真空。[①] 解决监管冲突和监管真空,既要加强各监管部门之间的沟通与协调,建立监管联席会议制度和信息共享机制,又要通过制度建设明确各监管部门的监管职责划分。就前者而言,尽管当前我国已经建立了金融监管联席会议机制和经常联系机制,但是由于强制效力和参与主体等因素的局限,依然存在着诸多不足与缺陷。[②] 因此需要将监管协调以法律或者行政法规的形式予以制度化,使监管协调按照规定的强度和方式得以实现。2015 年中国人民银行、工信部、公安部、财政部、工商总局、法制办、银监会、证监会、保监会和网信办等十部委共同发布的《关于促进互联网金融健康发展的指导意见》明确了互联网金融的监管责任:互联网支付业务由人民银行负责监管,网络借贷业务、互联网信托业务和互联网消费金融业务由银监会负责监管,股权众筹融资和互联网基金销售业务由证监会负责监管,互联网保险业务由保监会负责监管。此外,《关于促进互联网金融健康发展的指导意见》还明确了任何组织和个人开设网站从事互联网金融业务的,除应按规定履行相关金融监管程序外,还应依法向电信主管部门履行网站备案手续,否则不得开展互联网金融业务。工业和信息化部负责对互联网金融业务涉及的电信业务进行监管,国家互联网信息办公室负责对金融信息服务、互联网信息内容等业务进行监管。

---

① 参见李泽广、王刚:《金融创新与金融监管的结构性错配问题研究——理论逻辑与经验证据》,载《上海财经大学学报》(哲学社会科学版)2014 年第 4 期。

② 参见翟彦杰:《论中国场外金融衍生品市场监管法律框架的构建》,载郭峰主编:《全球金融危机下的中国证券市场法治》,知识产权出版社 2009 年版,第 161 页。

这在一定程度上解决了互联网综合理财平台具体业务的监管主体问题。尽管 2018 年国务院机构改革对于各部门的设置及其事权进行了调整，然而由于互联网综合理财平台业务具有多样性，且互联网金融创新总是走在监管前面，当新型业务模式出现时容易形成监管缺位。因此，可以探索建立主监管制度来明确对互联网综合理财平台实行兜底监管的监管主体。通常而言，互联网综合理财平台所提供的金融服务都是有重点的，作为金融机构的平台运营机构会在平台上重点推荐自身业务，因此可以将互联网综合理财平台运营机构的监管主体确定为主监管者，由其对难以确认监管主体的业务和行为进行兜底监管。例如券商设立的互联网综合理财平台，就由证监会承担兜底监管责任。即便互联网综合理财平台运营主体非金融机构的，也可以在互联网综合理财平台设立之时选定主监管者，由其对监管真空承担兜底监管责任以消除监管真空。概言之，对互联网综合理财平台的综合性业务进行有效的监管，需要各监管部门之间的配合，实现监管权的合理划分与相互协调。

第十四章　我国证券行业发展互联网综合理财平台的制度方案

　　随着金融与互联网的深度交融,互联网综合理财平台作为高度集成跨业别多样态金融服务的新型互联网金融模式,将为传统金融服务行业带来全新的机遇与挑战。我国证券行业顺应互联网金融的时代浪潮,建立和发展互联网综合理财平台,是证券行业创新业务的具体实践,能够在纵深两个面向显著提升券商的服务内容和质量,同时也是证券行业适应未来金融市场格局发展大趋势的必然要求。然而正如前文所提到的互联网综合理财平台本身就面临着市场准入、账户统一、透明度、风险隔离以及监管协同等多方面的现实问题,《关于促进互联网金融健康发展的指导意见》也明确了发展互联网金融需要完善行业管理、资金存管、信息披露、风险提示和合格投资者制度、消费者权益保护、网络与信息安全、反洗钱和防范金融犯罪、行业自律、监管协调与数据统计监测等管理制度。证券行业要建立和发展互联网综合理财平台,必须要在制度层面充分地回应和解决上述问题,以相关配套制度的完善来为互联网综合理财平台的发展提供良好的制度基础。

一、　确定合理的互联网综合理财平台制度构建路径

　　互联网综合理财平台这一新生事物打破了传统金融服务行业的固有

模式,对现有金融监管体制和制度提出了全新的挑战。如何在保障金融安全和保护金融消费者权益与维护金融服务行业的发展之间寻求平衡,是制定互联网综合理财平台监管制度的核心考量。但是互联网综合理财平台法律制度的构建又面临着两大现实的悖论:一方面是现有金融立法的行业区分与互联网综合理财平台的综合金融服务体系的矛盾,即互联网综合理财平台将包括银行、证券、保险等各类业务综合在一个平台,涉及多种金融业务,对其实施有效监管非单一部门或制定专门法律所能实现。另一方面是互联网金融的全新模式与金融功能本质之间并无实质性差异,互联网金融在本质上并未脱离金融的基本功能,尽管交易的渠道和模式发生了改变,但并未改变资金融通方式和涉及的基础关系。[①] 超越现有的金融行业立法的格局而专门针对互联网综合理财平台进行立法并不符合我国金融法制的基础格局,且现行立法也并非无法对互联网综合理财平台所从事的具体业务实现有效监管。因此,在当前阶段比较合理的选择应当是在现有法律框架内由规制具体金融服务行业的法律法规对互联网综合理财平台所开展的具体业务进行功能监管。在事实上,当前各国对于互联网综合理财平台的监管也都是基于已有的法律法规框架,都强调互联网金融平台必须严格遵守已有的各类法律法规,包括金融消费者权益保护、信息保密法、消费信贷、第三方支付等方面。[②] 就处在互联网金融发展前沿阵地的美国市场而言,即便 Mint、Wealthfront、Motif Investing 和 Charles Schwab 等不同类型的互联网综合理财平台渐有星火燎原之势,但监管立法仍然保持着冷静状态,针对各平台所涉及的具体业务和功能,凭借其既有的成熟的金融行业法律实现了有效的规制。对于Mint 这类整合统一账户的互联网综合理财平台(financial aggregator),因

---

① 参见张晓朴:《互联网金融监管的原则:探索新金融监管范式》,载《金融监管研究》2014年第 2 期。

② 参见张晓朴:《互联网金融监管的原则:探索新金融监管范式》,载《金融监管研究》2014年第 2 期。

其支付功能而接受《统一货币服务法》(*Uniform Money Service Act*)和各州货币转移服务法等第三方支付法律制度，①同时由于其将客户的各类金融账户和信息集合起来而涉及客户账户信息安全而需要受到《公平信用报告法》(*Fair Credit Reporting Act*)、《金融服务现代化法》(*Gramm-Leach-Bliley Act*)、《电子资金转账法》(*Electronic Fund Transfer Act*)以及《银行保密法》(*Bank Secrecy Act*)等法律的规制。②而 Wealthfront 和 Motif Investing 这类具有智能化和社交化属性的智能投资顾问(robo-advisor)则因为其主要业务是提供投资咨询而需要根据《证券交易法》(*Securities Exchange Act*)和《投资顾问法》(*Investing Advisers Act*)向 SEC 申请注册为咨询商。而作为集成了 aggregator 和 robo-advisor 以及传统证券经纪、银行、保险等业务于一体的全能型互联网综合理财平台，则需要更加全面地遵守涵盖证券、保险、银行等在内的几乎所有的金融法律法规。

我国证券行业建立互联网综合理财平台的相关配套制度也应当借鉴境外以既有法律框架为基础的模式，按照互联网综合理财平台的业务模式和具体功能来进行监管和规制。一方面发挥《证券法》《商业银行法》《保险法》《证券投资基金法》《证券投资基金销售管理办法》《商业银行理财产品销售管理办法》《保险销售从业人员监管办法》等法律法规的基础性作用。另一方面要充分依托我国现有互联网基础设施建设的法规和规章，例如《电子签名法》《电子银行业务管理办法》《非金融机构支付服务管理办法》《网上银行业务管理暂行办法》《网上证券委托管理暂行办法》《证券账户非现场开户实施暂行办法》《互联网保险业务监管规定》《证券投资基金销售机构通过第三方电子商务平台开展证券投资基金销售业务指引》等规定，③对借助互联网形式所进行的金融服务进行规制。

---

① 参见任高芳：《美国第三方支付监管体系对我国的启示》，载《金融发展评论》2012 年第 10 期。
② See OCC, Bank-Provided Account Aggregation Services, OCC BULLETIN, 2001-12.
③ 参见吴晓求：《中国资本市场研究报告（2014）——互联网金融：理论与现实》，北京大学出版社 2014 年版，第 258 页。

此外,立法机关、监管部门和行业自律组织还要根据互联网综合理财平台的发展状况以及具体业务模式的发展,有针对性地根据维护金融消费者权益和促进金融服务行业发展的原则制定相应的具体规则,进一步规范互联网综合理财平台的运行。

二、 建立互联网综合理财平台市场准入制度

互联网综合理财平台的运行涉及金融营业以及客户的金融资产,为了维护金融市场秩序和保证金融交易安全,必须建立严格的市场准入制度以避免良莠不齐的互联网综合理财平台充斥市场的情况。由于互联网综合理财平台目前尚属于新生事物,因此市场准入制度可以通过证券业协会等行业协会的自律规则先行先试,待相关制度成熟后以部门规章或行政法规等正式法律制度予以确认。

平台设立条件是互联网综合理财平台的市场准入制度首先需要解决的问题。从前文分析的互联网综合理财平台运营模式来看,互联网综合理财平台的设立条件需要从以下几个方面予以规范:(1)适格的设立主体,即明确哪些主体有资格作为互联网综合理财平台运营机构设立和维护平台的运行。由于互联网综合理财平台并不直接提供金融服务,所以原则上来说并不能将平台的设立主体局限为金融机构。然而要保证互联网综合理财平台的正常运行,必须要求设立互联网综合理财平台的主体必须具备支持平台运行的基本能力。这种能力主要表现在两个方面:一方面是在业务上具有协调在平台上嵌入的综合性金融业务并提供辅助服务的能力,具体包括对相关金融业务的熟悉程度、配备有丰富经验的金融从业人员、与金融机构的协调与沟通等;另一方面则是在技术上具有支持平台安全稳健运行的能力,具体而言主要是平台网络构架搭建、信息技术支持等方面的能力。因此有必要将互联网综合理财平台的主体限定在具备上述两方面能力的主体范围之内。

从当前市场已有实践来看,主要是金融机构和互联网企业在进行设立互联网综合理财平台的尝试,这两类主体分别具有业务上和技术上的优势,而且在弥补不足上有着极大的便利。例如券商在金融业务上具有显著的先天优势,其通过外包或者利用自有技术部门也能够弥补技术上的短板。而互联网企业也可以通过设立金融业务部门来强化在金融业务方面的能力。所以可以将互联网综合理财平台的设立主体放宽至金融机构和互联网企业。此外,并非所有的金融机构和互联网企业都能够作为互联网综合理财平台的设立主体,而是还需要经过金融监管部门或者行业协会的审查和许可,以确保设立主体在人员配备、组织机构、内部控制、合规条件等方面符合开展金融辅助业务的基本要求。(2)平台运行能力,即互联网综合理财平台运营机构为支持平台的有序运行所构建的系统后台具有足够的网络连接和信息处理能力,能够实时高速地在客户与金融机构之间传递交易指令和账户变动信息。互联网综合理财平台是以网络模式为客户理财活动提供辅助,相关的信息交互和金融交易都是通过网络得以完成,因而设立互联网综合理财平台需要具备打通客户端、系统后台以及金融机构端,实现信息即时交换并维护平台稳定运行的能力。这种能力既需要互联网综合理财平台在硬件上有强大的系统服务器设备和网络设施,又需要平台在软件上具有用户友好的操作界面或者客户端以及强大的技术运维能力。(3)平台安全性,即设立互联网综合理财平台建立有效的安全管理措施和安全防范技术体系,具有安全可靠的信息安全管理保障能力,能够消除信息安全风险的产生和传递。互联网综合理财平台上的所有金融服务和金融交易都是线上完成,客户的所有金融账户密码都与平台账户关联,涉及客户资产安全和重要隐私信息,因此信息安全和技术风险防控成为平台运行所需要解决的重要问题,这其中包括了客户身份认证、密码管理、信息防火墙等。设立互联网综合理财平台,必须是建立在确保客户账户和资产安全的前提之上,因此平台的安全性也理性成为平台设立的基本条件之一。

互联网综合理财平台向客户提供金融服务业务和相关增值服务，构成了互联网综合理财平台的内容。通过平台完成的金融业务涉及金融营业，尽管互联网综合理财平台并非金融服务的直接提供者，但是其作为居间人在撮合金融服务合同订立的过程也会涉及金融市场秩序，因而有必要将其纳入监管范围，在互联网综合理财平台对接某一类具体金融业务，或者对接其他金融机构的系统后台时，应当对其课以向互联网综合理财平台主监管部门以及相应金融机构和金融业务监管部门申请备案，以便监管部门对其进行有效监管。而互联网综合理财平台依托互联网技术所提供的增值服务，需要考量其是否构成金融营业行为。如其提供社交平台供客户分享和交流理财信息的，则属于一般信息提供范畴，需要按照一般网络信息运营商根据《互联网信息服务管理办法》向公安部门和工信部办理 ICP 备案。然而因其也涉及金融信息，为了便于监管部门实施监管，也可以要求其向主监管部门申请备案。然而，当互联网综合理财平台所提供的增值服务构成金融营业行为，例如利用大数据和计算机算法为客户提供理财咨询服务的，则构成了投资咨询业务，按照《证券法》的规定则应该申请投资咨询业务许可。概言之，互联网综合理财平台开展居间撮合金融服务的业务以及不构成金融营业的增值业务时，并无必要申请业务许可而是办理相关备案手续即可，而当互联网综合理财平台开展构成金融营业的业务时，需要获取相关业务许可。

三、 健全互联网综合理财平台业务运行规则

证券行业建立互联网综合理财平台，需要遵循平衡金融安全与金融效率的逻辑构建平台业务运行规则，既要充分通过金融创新突破传统金融模式的局限，使资金和信息在互联网综合理财平台能够实现有效配置，

又要严守风险防控的底线,切实保障金融活动的有序进行并维护客户利益。为了实现上述目标,证券行业在建立互联网综合理财平台时要健全以下几个方面的业务运行规则。

首先,证券行业建立互联网综合理财平台需要健全信息披露规则。由于互联网综合理财平台作为居间人接受金融机构和客户的双重委托撮合金融交易开展理财服务,由此而造成的主体的多元性、产品和服务的多样性、权利义务结构的复杂性容易导致缺乏专业的金融和法律知识的客户无法掌握利用互联网综合理财平台进行理财活动的真实情况,客户的知情权难以得到保障。为此,证券行业在建立互联网综合理财平台时,需要健全相关的信息披露规则,将互联网综合理财平台所涉及的产品和服务以及三方主体之间的权利义务配置进行充分的披露,并且应该充分揭示风险。具体而言,互联网综合理财平台应当及时、全面、充分地完成以下几个方面的信息披露:(1)产品信息披露。互联网综合理财平台上集成的基金、集合投资计划、银行理财产品等供客户选择的产品类型多样且数量繁多,为了使客户充分了解这些产品的真实情况,需要向客户充分披露相关信息。根据基金、银行理财产品等的销售规则,作为发行人的金融机构本身即应承担相应的信息披露义务,而互联网综合理财平台应该将金融机构披露的信息在醒目的位置、以容易获取和理解的方式予以显示。易言之,互联网综合理财平台要遵循产品与信息披露同步的原则,即在相关产品上线时应当同时向客户充分披露该产品的发行机构、产品类型、风险状况、预期收益、资金用途等相关信息。(2)服务模式信息披露。互联网综合理财平台不仅提供常规的金融服务,而且还能通过大数据技术、社交网络和计算机算法实现智能化、社交化的金融服务。以智能理财顾问为例,计算机通过数据挖掘来分析客户的风险承受能力和偏好,然后根据计算机算法为客户提供智能化的投资理财方案,甚至自动为客户完成投资理财交易。这种服务模式将整个过程封闭在计算机之中,实际上成为了一个"黑箱",

使客户无法知晓该建议是基于何种理由。因此,互联网综合理财平台应当向客户充分揭示智能化、社交化服务的基本原理和算法模型,以及依据计算机自动计算的特点,使客户充分了解该服务的真实情况。(3)权利义务配置信息披露。由于互联网综合理财平台上可能涉及多家金融机构的产品和服务,而客户又是通过平台账户直接在互联网综合理财平台上完成理财活动,这就会造成客户对投资理财活动过程中权利义务的配置产生误解。因而有可能出现客户出于对互联网综合理财平台的信任而选择某金融机构发行的理财产品而遭遇欺诈,或者当纠纷产生时客户将平台告上法院要求承担法律责任。为了消除客户的误认,使其明确互联网综合理财平台的居间人地位,互联网综合理财平台应当向客户充分提示平台在理财活动中的真实法律地位以及责任承担范围。

其次,证券行业建立互联网综合理财平台需要健全风险隔离规则。由于互联网综合理财平台将各类金融服务整合在一个网络平台上,且用平台账户关联若干个金融账户,在事实上打通了金融业别限制,并实现了资金账户与金融账户的整合。尽管混业经营是未来金融市场发展的必然趋势,但在当前如果不在互联网综合理财平台内部建立相应的隔离机制,将各类业务与账户之间通过防火墙进行有效区隔,极易造成业务的混同以及账户之间关系的混乱,最终会因为利益冲突而酝酿巨大的风险。因此,证券行业在建立互联网综合理财平台时,应当受到风险隔离规则的限制。具体而言,风险隔离规则应当包括以下内容:(1)业务隔离,即互联网综合理财平台应当在有可能存在利益冲突的业务之间设置防火墙,隔断信息传递与共享并禁止不当激励,从而确保相关业务是按照公平原则完成,避免内幕交易或者底线竞争而导致客户利益受损。例如互联网综合理财平台应当限制客户资金信息和金融资产账户持仓信息在不同金融机构间的共享,并且应当将互联网综合理财平台与运营机构之间的业务、财务、人员和利益相隔离。例如嘉信理财在 Schwab Intelligent Portfolios

业务中涉及诸多关联机构①,为了防范利益冲突,在该智能投资咨询算法设计中 SWIA 就要求 CSIA 以现代投资组合理论为基础并以客户风险承受范围之内的最大收益为追求,并且制定了明确的标准(written objective criteria)要求该程序自动推荐证券、ETFs 或投资组合时不得考虑关联机构利益。② (2)禁止概括授权,即在客户将金融账户与平台账户关联后,金融账户的变动应当基于逐笔授权,互联网综合理财平台不得要求客户进行概括性授权。根据前文的分析,客户在平台账户上的操作可以视作对互联网综合理财平台的授权,平台基于该授权操作金融账户从而完成金融交易。若存在概括授权,则意味着平台能够无需获取客户的确认即可自主操作客户的所有关联的金融账户,这就导致客户及其金融资产暴露在巨大的风险之中。禁止概括授权,金融账户的每笔变动都需要客户通过平台账户独立授权,从而可以避免平台擅自操作客户金融账户的情况发生。

四、 完善互联网综合理财平台金融消费者保护制度

金融消费者保护是金融市场永恒的主题,证券行业建立和发展互联网综合理财平台也必须要将投资者保护或者说金融消费者保护作为基本要求。互联网综合理财平台涉及的多样化的理财产品和服务对于客户的风险承受能力要求各异,同时网络化的理财模式相比于传统柜台服务存在更多的技术风险,因此在完善互联网综合理财平台相关配套制度时,需

---

① Schwab Wealth Investment Advisory, Inc. (SWIA) 是嘉信集团(Charles Schwab Corporation, CSCorp)旗下的投资咨询商,是 Schwab Intelligent Portfolios 项目的运营主体,对这一项目进行管理。Charles Schwab Investment Advisory, Inc. (CSIA)根据项目客户的选择为客户提供投资组合管理服务。Charles Schwab & Co., Inc. (Schwab) 则是为客户提供交易执行和相关服务的经纪商。CSIA 和 Schwab 都隶属于 SWIA。上述机构都能在智能投资咨询服务中获取利润,而同样归属于 CSCorp 的 Charles Schwab Bank 又作为银行能够在客户资金流通上获取利润。

② See Schwab Wealth Investment Advisory, Inc., Schwab Intelligent Portfolios Disclosure Brochure, Feb. 20, 2015.

要建立专门的金融消费者保护规则以确保互联网综合理财平台运行过程中金融消费者的合法权益得到妥善保护。

首先,互联网综合理财平台应当承担投资者适当性核查义务。不同的金融产品具有不同的风险水平,因此对于投资者的投资能力和风险承受水平有着不同程度的要求。为了避免投资者选择与其能力不适应的金融产品,各国金融法律都规定了相应的投资者适当性要求,即设置一定的门槛以确保投资者能力的适格,并要求金融商品销售者在销售之前应当履行投资者适当性审查义务。[①] 因此,通过互联网综合理财平台销售金融商品的机构在与客户缔约之前,应当作为投资者适当性审查义务主体对投资者适当性进行审查。然而与此同时,尽管互联网综合理财平台并不是金融商品销售者,但其作为销售行为的辅助者和居间撮合方,也应当对投资者适当性承担相应的核查义务。对互联网综合理财平台课以投资者适当性核查义务,一方面是由于其在金融商品销售环节中的推动者角色,另一方面更是基于互联网综合理财平台所具有的信息优势。客户在互联网综合理财平台的账户关联着众多金融账户,平台因此掌握着海量的客户金融交易信息和资产状况,在对客户的交易历史、金融资产余额、交易偏好等进行全面整体分析上具有近水楼台的独特优势。并且互联网综合理财平台作为金融产品销售的通道,也能够在销售环节相对独立地完成投资者适当性评估。因此,在金融机构承担投资者适当性的主要责任的基础之上,要求互联网综合理财平台核查投资者适当性,能够更好地落实投资者适当性要求,以有利于保护投资者的利益。

其次,互联网综合理财平台应当建立有效的投资者教育制度。互联网综合理财平台是金融产品和服务的枢纽,是客户开展网上理财活动的场所,对接了大量具有旺盛理财需求的客户,而且是金融机构与客户之间的桥梁,因而最适合开展投资者教育。通过投资者教育能够提高客户的

---

① See Stephen B.Cohen,The Suitability Rule and Economic Theory,The Yale Law Journal,Vol. 80,1971,pp.1604-1635.

金融素养,从而金融消费者和投资者充分理解金融产品和相关概念,有效识别金融风险和机会,理性作出投资理财决策,熟知救济途径以及采取有效行动以维护其利益,从而有效地强化投资者保护。[①] 投资者教育是一项系统工程,需要监管部门、行业协会和金融机构的共同努力,[②] 而互联网综合理财平台作为在金融市场为投资理财活动提供辅助服务的主体,也应该将投资者教育作为确保其服务质量的重要配套内容。因此,证券行业建立互联网综合理财平台,应当要求互联网综合理财平台承担向其客户提供投资者教育相关的信息服务的义务,以提升客户的金融素养。具体而言可以采取包括但不限于设置专门栏目提供文本学习资料,或采取视频、音频以及互动游戏、投资者社区等创新方式。

最后,互联网综合理财平台应当建立完备的客户数据保护制度。互联网综合理财平台运行模式的核心就是数据,其通过平台账户关联客户的金融账户,能够获取包括客户的个人信息、交易记录、账户余额、资产结构等海量数据,并可以根据这些数据进一步挖掘和分析出客户的个人风险偏好、潜在投资意向等有价值的信息。在数据为王的大数据时代,这些客户数据具有巨大的价值,也会成为金融机构、商业企业甚至不法分子的重点目标。由于互联网综合理财平台都是通过互联网和服务器完成数据的处理、传输和储存,建立完备的数据保护制度以确保客户数据安全,不被窃取、泄露或者灭失则尤为重要。因此,证券行业建立和发展互联网综合理财平台,需要完善相关法律制度,要求互联网综合理财平台在设立与运行中应当一方面加强平台基础设施建设,建立稳固的安全防御系统和防火墙,平台系统和服务器等软硬件均须通过监管部门检查方能投入使用,并且应接受监管部门的定期检查,以确保平台系统本身的安全性,避免因网络攻击而造成数据泄露,同时可以采用特殊的网络通讯协议以确

---

① 参见肖钢:《保护中小投资者就是保护资本市场》,载《人民日报》2013 年 10 月 16 日。

② See OECD,Improving Financial Literacy:Analysis of Issues and Policy,Nov.2005.

保客户数据的封闭运行。① 另一方面应要求互联网综合理财平台建立数据备份系统，以确保数据安全。当然，客户数据保护制度不仅要防范互联网综合理财平台被动泄露客户数据，更要防范平台主动泄露客户数据。因此应当规定互联网综合理财平台对客户数据的保密义务，禁止其向包括金融机构在内的其他任意第三方共享、出售客户数据，以保护客户的金融隐私权。例如 Wealthfront 就制定了完备的客户隐私保护政策，就客户数据的搜集、使用以及分享都规定了严格的限制条件，并且还可以应客户请求删除个人信息。②

随着互联网与金融市场的融合日益深入，互联网金融模式蓬勃发展，传统金融行业正面临着新的变革。互联网综合理财平台的出现，既反映着我国居民投资理财需求日益旺盛背景下"一站式""多元化"理财服务的市场趋势，又体现着嵌入大数据和云计算等互联网技术的"社交化""智能化"金融服务创新模式的发展方向。境内外的金融机构和互联网企业争相尝试建立互联网综合理财平台，利用网络平台和技术为客户提供一揽子金融服务，取得了良好的市场效果。

我国证券行业本身在提供财富管理方面具有显著的先天优势，在互联网综合理财平台日益发展的当前，主动地融入这一时代浪潮，积极开展业务创新并建立互联网综合理财平台，从建立统一账户体系、提供多元化理财服务和构建投融资平台三个层次打造集综合性、便捷性、互动性和智能性于一体的互联网金融服务体系。对于互联网综合理财平台这一新生事物，境内外的立法都尚付阙如。在以美国为代表的金融市场主要是依托既有银行、证券行业的相关法律对互联网综合理财平台的活动进行监管，并不因其互联网形态而单独制定规则。在我国证券行业建立互联网

---

① See Emmanuel A. Abbe, Amir Khandani, Andrew W. Lo, Privacy-Preserving Methods for Sharing Financial Risk Exposures, Nov.2011, http://papers.ssrn.com/sol3/papers.cfm? abstract_id = 1962090.

② See Wealthfront Terms of Use, https://www.wealthfront.com/legal/terms.

综合理财平台的过程中,需要明确并妥善处理好平台运行中所涉及的多方主体之间的法律关系,并完善平台的运行规范和相关监管制度。相关制度既包括法律法规、部门规章和行业协会的自律规则等他律制度,也需要平台运营机构自身建立完备的规章制度以自我约束,具体而言,一方面要建立明确的市场准入制度,以保证互联网综合理财平台的金融服务能力及其安全运行;另一方面要健全互联网综合理财平台的业务运行规则,以确保平台在提供综合性理财服务时的透明度和独立性;再一方面要完善金融消费者保护制度,以保障客户在通过互联网综合理财平台开展理财活动时合法权益能够得到有效保护。

　　总之,互联网综合理财平台作为一种新兴的互联网金融模式,是证券行业进一步开展业务创新的可行方向。充分并精准地把握互联网综合理财平台的业务实践模式和相关法律问题,同时有针对性地建立完备的制度保障体系,能够为证券业建立互联网综合理财平台提供有益的准备,从而有助于证券业在新时期的金融服务市场的竞争中占领新的制高点。同时,十部委《关于促进互联网金融健康发展的指导意见》为证券行业建立互联网综合理财平台创造了良好的政策环境,也为互联网综合理财平台相关监管规则提供了原则性框架。在互联网金融得到政府和业界的高度重视的有利背景下,证券行业建立互联网综合理财平台并积极开展业务实践,监管部门、自律组织以及证券公司共同努力建立和完善互联网综合理财平台的运行规则和监管制度,能够有力地推动互联网综合理财平台这一新型互联网金融模式的发展。

第 四 编

PART FOUR

证保合作中的业务
创新与制度保障

第十五章　证保合作的历史回顾与现实选择

一、　证保合作的发展历程与现状

自改革开放以来,我国金融业先后经历过混业、分业的历程,近年来又出现了混业经营的趋势。1980 年 7 月国务院出台《关于推定经济联合的暂行规定》,要求银行要支持横向经济联合。银行纷纷以全资或者参股方式建立证券公司或信托公司来经营证券业务。但由于银行自身缺乏应有的自律和风险约束机制以及缺乏有效的监管,混业经营加速了风险的积聚,大量银行信贷资金通过国债回购、同业拆解市场进入证券市场,导致了金融秩序的混乱和大量的经济泡沫。国务院于 1993 年 12 月 25 日作出《金融体制改革的决定》,对金融业进行了整顿并提出了分业经营的措施。1995 年《商业银行法》正式从法律上确立了国有银行的分业经营制度,与其后颁布的《证券法》和《保险法》共同构筑了中国金融分业经营的法律基础。

自我国分业经营的金融体制确立以来,对于证券公司与保险公司进行业务合作创新的探讨即已开始,相应的实践探索也取得了一定的进展。2002 年国泰君安证券上海分公司获得了兼业代理资格,成为首家获准在下属证券营业部销售保险产品的证券公司。2002 年 6 月,银河证券取得了保险兼业代理资格,开始在上海、北京、深圳三地展开试点工作,正式代销太平洋安泰人寿的"小福星"的少儿两全保险和"999 还本两全保险"。

同样是在 2002 年,当时的联合证券与中国人寿签署合作协议,与中国人寿在代办保险业务、代理保险业务、客户资源共享、合作开发保险产品、资产管理业务等方面开展合作。2005 年 4 月,当时的北京证券与瑞泰人寿保险公司签署了合作协议,各网点开始销售瑞泰人寿保险产品。2006 年年初,银河证券和中国人保、国泰君安上海分公司和美国友邦保险上海分公司签订了证保合作协议,证保合作进入一个全新的发展阶段。而平安保险依托集团优势,与平安证券实现交叉销售,抢占市场。随着 2012 年证监会出台《证券公司代销金融产品暂行规定》,允许证券公司代销保险产品,证券公司与保险公司在兼业代理方面的合作进一步深化。光大证券与光大永明人寿、中信证券与信诚人寿等母公司与子公司之间或属于同一金融集团的兄弟公司之间已经普遍推开证券公司代理销售保险产品的业务,兴业证券与中国人寿福州分公司之间,以及一些地方性证券公司与保险公司之间也纷纷开始跨业合作代理销售保险产品。这些合作都在证券公司进一步提升服务能力、满足投资者多样化需求、优化收入结构和增加收入来源方面具有重要意义。2014 年 8 月,招商证券与泰康人寿超越了代理销售的单一化合作模式,正式启动全方位合作,开启了证保合作全面深入的新阶段。据招商证券有关负责人介绍,传统上,证券公司提供给客户的金融产品,都是在强调风险与收益;而保险产品的功能和本质,则是强调风险转移和保障服务。如果能够把保险公司的拳头保障产品,作为一项服务提供给证券公司的客户,恰好可以帮助客户在风险与保障之间取得平衡,这将极大地完善券商财富管理业务链条。[①] 另外,证券公司的庞大的客户群体,对保险公司而言,也是一片业务拓展的蓝海。券商与保险公司的合作,还表现在投资领域上。保险公司投资运作的最大特点,就是资产负债匹配管理,这要求保险公司根据不同周期的负债资产,制定不同的投资策略,构建不同时期的组合。证券公司可以从宏观经济

[①] 参见李东亮:《招商证券联手泰康人寿开启跨界合作新模式》,载《证券时报》2014 年 7 月 31 日。

研究、投资策略研究等多方面予以支持,为保险公司的短期、中期投资安排提供专业化服务。此外,在资产委托管理业务、融资业务等领域,双方亦有很多合作空间。①

随着保险资金运用范围的拓宽,保险资产管理行业这个市场上最大的买方,正逐渐走向开放。有证券公司已经开始积极对接保险资管,拓展卖方业务空间,由此开展证保合作。在 2015 年,上海证券正在推进面向保险机构的研究服务和基金评价业务,为保险公司提供研究服务,除了依托宏观债券、策略、TMT、医药、公用事业等方向的研究基础,上海证券还将专家资源库开放给保险资管机构,进行有针对性的专项研究合作。② 上海证券的尝试,在事实上将证保合作的主要领域从传统经纪业务拓展到了更宽广的领域。

在 2016 年,平安证券获得业内首张"保单开户"创新资格牌照,被视为证保合作大幕的再一轮开启。平安证券试点的"保单开户"业务目前的主要范围和模式是平安寿险的保单与平安证券合作,在具体的操作中,并非直接将寿险客户资料拷贝到证券公司或寿险客户直接转化为证券客户,而是寿险公司先将符合条件的客户筛选出来之后,由平安证券发送邀请码到寿险公司,在取得寿险客户授权前提下进行证券账户的开户。后续也是严格按照监管要求,寿险客户也要进行证券投资风险测评等证券开户必备流程。③ 保单开户,在实质上是借助了保险公司海量客户资源,由保险公司向保险客户推荐证券公司开立证券账户,从而实现精准营销,减少证券公司的营销费用投入。并且由于保险公司筛选的客户相对比较优质,相比于一般的拟开户的证券客户而言,可以在平安证券专门设计的

---

① 参见屈红燕:《券商创新提速,与保险跨界合作引人注目》,中国证券网,http://news.cnstock.com/news/sns_qy/201408/3125306.htm,最后访问日期:2016 年 6 月 24 日。

② 参见潘玉蓉:《券商对接保险资管,合作拓展卖方业务》,载《证券时报》2015 年 12 月 8 日,第 A05 版。

③ 参见桂衍民、张欣然:《证保合作大幕开启,平安证券首获"保单开户"试点》,载《证券时报》2016 年 3 月 9 日,第 A05 版。

平台上更为便捷地完成开户过程,也提高了用户体验。

2016 年 3 月 31 日,由太平人寿保险有限公司与华泰证券(上海)资产管理有限公司合作发行的"太平人寿保单质押贷款债权支持 1 号专项计划"正式成立,将太平人寿的保险资产进行证券化处理,这意味着内地保单质押贷款资产证券化开始"破冰"。

从以上证券公司与保险公司合作的发展脉络来看,我国证保合作的实践存在着以下几个方面的特征与趋势:(1)在合作广度上,我国证保合作逐渐从业务代理走向业务融合。早期的证保合作主要表现为证券公司代理销售保险产品,停留在以兼业代理为主体内容的初级模式。这种松散而单一的合作只是建立在双方渠道和客户的资源共享的基础之上,并未涉及深层次的证券业和保险业的业务融合。而随着证保合作实践的逐步推进,证券公司与保险公司的合作范围已经开始拓展到投资咨询、资产管理等全方位的业务融合,双方开始利用各自业务基础和独特优势扩展合作领域,开展更为全面的业务合作和业务融合。(2)在合作深度上,我国证保合作已开始从互为客户走向协同创新。从证保合作实践的发展趋势看,证券公司与保险公司的合作已经逐渐走出单纯以自身业务优势为对方业务发展提供服务的浅层次合作,正在完成从"服务者"向"合作者"身份的转变,即不再是在现有业务领域的范围内为对方提供通道或其他资源,而是双方基于自身优势和共同利益,协同开展业务创新,共同发掘新类型的业务合作模式,例如保单开户和资产证券化等,将浅层次的业务合作推向更深层次的业务融合与创新。(3)在合作频度上,我国证保合作已从零星试水走向集中探索。对证保合作的呼吁和实践早已有之,但由于分业障碍的现实存在以及监管强度的不断调整,证券公司与保险公司进行合作的频率处在不断变动的过程中。随着金融行业创新需求的不断增加,保险行业实力的不断增强,以及混业经营趋势逐渐深化,证保合作开始日益频繁和活跃,对于证保合作模式的探索和实践已经开始进入新的阶段。

二、 新形势下证保合作的发展机遇

随着宏观经济的周期性调整,经济高速增长的时代已经过去,转为更加注重质量的发展模式。2015 年 6 月股灾以来,证券市场经历了持续的低迷,证券公司业绩受到很大影响,过度依赖传统业务显然已经不再适应新常态新形势下的发展需求。而保险业在近年取得了长足的发展,保险资金在资本市场上的异军突起和活跃表现宣告了保险业已经从传统的风险防范和转移转向了资产管理。2015 年中国保险业资产总额已经超过了 12 万亿元,投资总额已经接近 9 万亿元。然而保险公司进入资本市场实现保险资产投资收益的渠道有限且方式单一,亟需与证券公司进行合作以实现突破。随着跨业合作、金融创新和混业经营渐成潮流,证券公司和保险公司能够在需求匹配的基础上形成优势互补,从而为证券公司在证保合作的框架下开展业务创新提供了新的机遇。

(一)合作背景:跨业合作、金融创新与混业经营的三大潮流

我国金融机构分业经营的体制由来已久,但是随着金融市场日新月异的发展变迁,不同业别的金融机构之间开展业务合作,通过精妙复杂的金融创新突破既有监管制度的限制以实现业务拓展的案例层出不穷,加上境外金融市场混业经营的实践不断体现出效率上的优势,我国金融市场已经呈现出跨业合作、金融创新和混业经营三大潮流,为证保合作奠定了有利的时代背景和良好基础。

1. 跨业合作。尽管自 1995 年《商业银行法》和之后的《证券法》正式确定了我国金融分业经营制度,通过严格的业务隔离来整顿混乱的金融市场秩序,规避和控制金融风险,但是短短数年之后,由于市场内生需求,各金融机构之间通过业务合作的方式相互渗透,银证合作、银保合作、证

269

保合作等跨业合作蔚为风潮。跨业合作的兴起,是传统分业经营格局下适应金融市场竞争需要和金融消费者对于多元化金融服务需求增长的必然选择,也在客观上促进了金融市场资源配置的优化和金融机构业务效率的提高。证券公司在这一背景下也积极地与银行和保险公司进行了大量的跨业合作。以银证合作为例,证券公司与银行已经在互为客户型合作和共同客户型合作方面开展了大量的尝试,银行与证券公司发挥各自优势,通过现有业务交叉或金融创新而形成合作关系,共同为客户提供金融服务,例如同业拆解、国债回购、证券质押信贷、第三方存管、理财产品和资产证券化等。而就证保合作来看,证券公司与保险公司的合作主要集中在代理业务合作、资产管理合作以及资本运作合作。

2. 金融创新。市场深化背景下,金融市场得到了长足的发展,具体表现为金融机构的日益增多,业务范围不断扩大,金融交易更加频繁,金融创新成为常态。金融创新一方面是由于金融市场发展过程中自发完成的金融商品设计和金融交易模式的变革,另一方面则是出于规避金融监管而进行的交易结构的调整。正是由于不断的金融创新,金融市场的业态和产品才得以不断的发展和更新,而金融市场繁荣发展的进程,也恰恰需要依靠层出不穷的金融创新才能得以推动。证券行业、保险行业的金融创新特征显著,为了吸引更多的资金并丰富基础业务,证券行业开发储蓄替代型证券,例如货币市场基金等金融创新产品。为了拓展更大的客户群体,证券公司也在通过推行保单开户等方式将保险公司客户转化为证券公司的客户。而保险公司也在发展多元化经营和开发新型险种等方面进行了多种尝试,例如开发投资连接险等险种,将传统意义上用于风险管理型的保险产品扩展到具有投资功能的金融产品,再如保险公司也积极开展保险资产证券化的尝试,开发出保单质押贷款以及保单证券化等新型业务模式,还有就是保险公司积极介入资产管理领域,依托其庞大的客户群体和优质客户资源发行保险公司集合资产管理计划,进一步拓展了其业务范围。

3.混业经营。混业经营是指银行业、保险业、证券业和信托业等金融业各子行业之间在企业的组织机构及经营内容方面相互融合、相互交叉，进行混合经营的一种经营体制。在金融自由化改革和金融创新的驱动下，混业经营在经济全球化、金融一体化中已成为一种趋势。德国是长期实行混业经营模式的典型，而英国在经过了长期的分业经营阶段后，在20世纪80年代末的"金融大爆炸"改革中走向了混业经营模式，美国、日本等也都采取了相应的模式实行混业经营。成熟金融市场国家纷纷选择混业模式意味着混业经营是中国金融业未来的发展方向。随着我国金融业改革的深化和逐步开放，以及加入WTO后外资混业模式金融机构在效率与风险管理等方面带来的冲击，我国金融业呈现多元化、综合化的发展态势。虽然分业模式是我国目前的制度选择，但随着政策上对混业经营的放宽，我国银、证、保等金融机构间的合作交流已开始稳步运行，并出现几种符合自身特点，带有混业特征的经营模式。就证券公司与保险公司而言，尽管当前还严格遵循着分业经营、分业监管的底线，但是具有股权关联的证券公司与保险公司已经开始业务融合，例如平安证券与平安保险都在平安集团的控制下事实上形成了金融集团，在实质上已经具备了混业经营的条件。而保险公司与证券公司之间相互持股，以及实际控制人的重叠，也为未来证券公司与保险公司之间的组织机构整合以及业务融合提供了前提和准备。这种混业经营的趋势也成为新时期证保合作的重要支撑。

（二）业务发展的现实瓶颈与创新需求

1.证券公司业务发展面临的现实问题

尽管我国证券行业在近年来取得了长足的发展与进步，但是存在的问题依然比较突出，业务发展的现实瓶颈比较显著，过度依赖传统业务，创新能力与创新水平明显不足，制约了我国证券行业的持续发展和实力提升。

271

（1）经纪业务占比过高且增长乏力。从证券公司经营数据来分析，经纪业务等传统业务依然是证券公司利润的主要来源。与国际知名投行相比，国内券商业务模式单一、传统业务占比的特点格外明显。2015年证券市场行情较好时125家证券公司全年实现营业收入5751.55亿元，代理买卖证券业务净收入2690.96亿元，经纪业务收入几乎占了全年营收的47%。这些传统业务最大的特点就是"靠天吃饭"，随着经纪佣金市场竞争的不断加剧，证券行业的收入增长乏力。随着证券营业网点的增加，佣金价格战愈演愈烈，佣金费率快速下降，加之近几年证券市场低迷，交易量减少，证券公司经纪业务收入迅速减少。2016年上半年126家证券公司实现营业收入1570.79亿元，代理买卖证券业务净收入559.76亿元，仅占比35.6%。[①] 2018年131家证券公司实现营业收入2662.87亿元，代理买卖证券业务净收入623.42亿元，仅占23.4%。然而，证券投资者客户群体开发已趋近饱和，经纪业务竞争进一步加剧，佣金费率价格持续降低，客户来源不足制约了经纪业务的持续发展。因此，证券公司既需要加大经纪客户的开发力度，通过各种渠道拓展经纪客户来源，又需要开拓创新业务，以新型创新业务优化证券公司营业收入结构，降低对于经纪业务收入的依赖。

（2）资金实力弱。在金融市场上，银行业金融机构占据着绝对的主导地位，资产规模远超证券公司和保险公司。截至2015年年底，我国银行业金融机构共有法人机构4262家，资产总额199.3万亿元，负债总额184.1万亿元。保险公司的资产规模也超过了12万亿元。而就证券行业而言，据统计，截至2015年12月31日，125家证券公司总资产为6.42万亿元，净资产为1.45万亿元，净资本为1.25万亿元，客户交易结算资金余额（含信用交易资金）2.06万亿元，托管证券市值33.63万亿元，受托管理资金本金总额11.88万亿元。这一数据相比于银行业金融机构而

---

① 参见中国证券业协会网站，http://www.sac.net.cn/hysj/zqgsjysj/201608/t20160809_128649.html。

言规模明显不相称,表明在当前我国证券公司的资产水平和管理资金的规模与证券行业应有的发展程度不相匹配。证券公司资金实力弱直接导致了证券行业在整个金融体系中地位不高,证券行业服务实体经济、改善居民收入结构方面的功能难以得到有效发挥,并且制约了证券公司营业收入规模以及利润水平的提高。因此,要实现证券行业的进一步发展,亟须提高证券公司的资金实力,这既要求证券公司进一步充实资本,又要求证券公司扩大资产规模。但是受当前证券公司传统业务增长乏力的现实背景制约,加上银行业金融机构强者恒强的地位优势,证券公司也难以在短期内有效改善自身资金状况,而一条可行的途径就是联合保险行业开展证保合作,整合证券保险的优势,同时大力开展业务创新以开拓新的业务蓝海。

(3)创新能力不足,创新业务发展乏力。2012年下半年以来,证监会出台了一系列促进业务创新的监管改革措施,证券业创新进入加速发展阶段。2012年8月,证监会发布《关于推进证券公司改革开放、创新发展的思路与措施》,从提高证券公司理财类产品创新能力、放宽业务范围和投资方式限制、扩大证券公司代销金融产品范围等方面出台多项措施支持证券行业创新。然而与监管部门积极创新形成鲜明对照的是证券公司创新活动极少,究其原因在于证券行业的严格监管,对证券公司合规要求高、风险控制严;同时证券行业的高度敏感性导致社会关注度高,对证券公司创新发展中出现的问题容忍度低;资本市场与货币市场等相互分割制约证券公司创新空间;目前大多数证券公司收益率相对较高以及人员薪酬待遇较好,"小富即安"的思维局限导致了券商对创新重视程度不够。因此,大多数证券公司创新意识淡薄,因循守旧,有限的创新活动主要集中在产品创新上,证券公司参与度不高。到目前为止,大多数券商只是依赖传统业务,对于创新业务的开发和拓展力度不足,仅有部分券商参与了集合理财产品的运作,对于资产证券化产品运作的参与程度不够。另外,证券公司的创新业务虽有所发展,但对于利润的贡献仍然较小,一些具有较大发展潜力的创新业务尚处于起步阶段,对于证券公司的盈利贡献有待逐步释放。未来两年各类已经或即将推出的创新业务将为证券公司贡献更多增量收入,进一步降低证券公司传统业务收入占比。对于证券公司来说,创新业务前景是可期的,也是一些有创新能力,并能把握市场机遇的证券公司后来居上的发展契机。创新业务将成为行业分化的催化剂,也将进一步加剧证券公司间的强弱对比。因此,证券公司应当积极突破传统业务瓶颈,积极开拓创新业务以适应自身发展需求和未来竞争格局。

2. 保险公司业务发展的局限与突破口

保险是现代金融市场的重要业别,也是风险管理的基本手段。建设现代保险服务业,发挥保险的社会"稳定器"和经济"助推器"的作用,是保险公司的重要使命。随着国务院《关于加快发展现代保险服务业的若干意见》的发布,保险行业实现了快速发展,服务能力不断提升。根据保监会发布的 2015 年保险业经营统计数据,保费收入突破了 2.4 万亿元,保险公司资产总额超过 12 万亿元。然而尽管保险行业正处在蓬勃发展的时期,但不可否认的是保费收入增幅下降,保险公司业务创新不足增长乏力等现象日益凸显,保险公司的业务发展也面临着不可忽视的瓶颈和局限。

(1)保险产品设计与销售的创新不足。保险企业竞争的核心领域就是保险产品的竞争。随着保险业的不断发展,保险业提供的保险产品数量也由最初的几十种发展到现在的千余种,从传统意义上的风险管理为主导的人寿保险和财产保险拓展到具有投资功能的分红险、投连险、万能险等保险品种。然而保险新产品数量的快速增长却遮掩不了保险产品创新不足的窘境,保险产品创新主要存在以下问题:一是吸纳型创新多,原创型创新少。二是产品创新缺乏个性和针对性,产品的差异化程度很低,不能满足多样化的保险需求。三是营销模式制约保险产品创新。很多保险产品的开发并没有立足产品技术含量和风险管理能力,仅仅是依靠财务政策推动和销售激励拉动。四是保险产品供需存在着一定的错位现象，产品开发与市场需求脱节。事实上，随着保险行业的不断发展和进步，保险产品的设计和发行需要更多地实现专业化、精细化。例如专门应对大型灾害的巨灾保险、应对农业生产风险的农业保险等，都是未来建设现代保险服务业必须完成的产品创新。而专门针对证券公司相关法律责任的券商责任保险等也是可行的创新设计。

除了保险产品设计的创新之外，还有保险产品销售的创新也需要进行改变。传统意义上的保险销售重点在于依靠保险经纪人销售队伍的人海战术、电话销售以及网上销售，人员素质的参差不齐、用户体验的不良反应以及销售成本的高企造成了保险公司产品销售的增长乏力，从而也亟须改变传统销售模式。在这个层面上，与证券公司合作，利用证券公司的高净值客户群体以及销售渠道，乃至利用证券公司的综合化互联网理财平台来进行保险产品的销售，不失为一个有力的突破口。

（2）保险资产运营效率不高。保险资金的有效运用和保险资产的高效运营是保险公司保证偿付能力并实现资产收益的前提和基础，也是保险公司业务发展的重点内容。随着保险业的不断成熟，我国保险公司的保险资产运营基本实现了从分散管理到集中管理、从内设管理到委托专业化机构运作、从单一渠道的运用到多渠道多工具的运用、从境内市场到境外市场的转变。但是在这一过程中，保险资金运用既面临着行业自身管理能力不足及资产负债不匹配的制约，又面对宏观经济调整和金融市场激烈竞争的挑战。一方面，保险资产运营过度依赖保险公司自设的保险资产管理公司，专业实力不足以及体制性的原因导致资产运营效率不高。尽管保险资产管理公司运作取得很多成功经验，但在运作模式、公司治理、发展能力等方面也存在一些问题。一是股权过于集中，决定了资产管理公司具有较强的内部色彩，仍被视为过去资产管理部门的简单翻版。二是经营独立性不强，普遍存在委托人、股东和董事角色重叠的问题，均不同程度出现委托人过度干预现象，经营决策和管理独立性不强，尚不能作为真正的市场主体参与竞争,削弱了资产管理公司的市场公信力和运作透明度。三是发展后劲不足。由于委托人与受托人之间不能按市场原则处理交易关系,存在管理效率过低,支付不到位、不及时问题,造成资产管理公司在激励机制、基础建设、人才引进等方面投入不足,竞争力和发展力不高。另一方面,保险资产运用中保险资金运用方式存在着较大的局限,投资途径不足,保险资产没有得到有效盘活,收益率不高。保险资金的运用过度集中于固定收益类投资,尤其是银行存款,对于权益类的投资不足,导致了保险资金运用收益率不高,尤其是在 2008 年保险资金运用收益率仅为 1.91%。以上问题实际上反映出了保险公司在保险资产管理和运用方面,并未采取有效的创新手段实现保险资产的高效运用,资产证券化这类能够盘活资产、增加流动性的衍生工具并未得到有效运用,保险资金介入资本市场的程度不足、活跃度不够。因此,借助证券公司的专业投研能力、专业金融服务介入资本市场,提高保险资产运营效率,是保险公司进一步提高保险资产运营效率的可行选择。

3. 证保合作带来的优势互补与协同创新效应

由于证券公司业务瓶颈的客观存在以及保险公司发展的现实局限,不论是证券公司还是保险公司,都亟须寻求一个突破口来改变制度障碍和业务短板带来的掣肘。而证券公司与保险公司在各自领域内都具有其自身优势,彼此能够形成有效互补,进而形成合力共同实现协同创新发展,这就给证保合作提供了有利的契机和基础。具体而言,证券公司与保险公司可在以下几个方面进行优势互补和协同创新:

(1)客户共享。证券公司与保险公司分属不同的金融业态,也面向着不同的客户群体,分别掌握着相当数量的客户资源和信息数据。尽管由于相应客户风险偏好存在差异,证券公司的客户都是从事证券交易的投资者,且多为风险偏好型投资者,而保险公司的客户都有显著的风险规避需求,多为风险厌恶型投资者,但是证券公司与保险公司之间的客户转换并非没有可能。事实上,由于居民可支配收入增长以及财富存量的增加,多元化的投资途径已经成为居民的现实需要,居民资产配置也逐渐呈现出复合型、多样化的特征。证券投资者也有购买保险产品的需求,而保险公司的客户也存在着大量的证券投资的需求。保险行业和证券行业经过长期的发展,已经积累了大量的活跃客户,通过客户资源的共享,能够极大地拓展证券公司和保险公司的客户覆盖面,降低新客户开发成本,并且实现营业收入的增长。

(2)渠道共享。证券公司的主要渠道是营业部,该渠道成本较高且覆盖范围不足。尽管证券公司也会通过银证合作利用银行网点多的优势开发客户,但是成本也较高。而保险公司有着大量的保险销售团队,并且能够通过电话营销和网络营销等渠道开发客户。渠道建设本身是需要成本的,而渠道的运营也依赖长期的投入与维护,如果证券公司能够与保险公司共享销售渠道开发客户,则可以在很大程度上降低渠道费用,节省运营成本。一方面,证券公司能够借助保险公司的销售团队和销售渠道开发客户,增加经纪和投资咨询等业务的覆盖面。另一方面,证券公司也能够通过交易终端、互联网综合理财平台直接接入保险产品实现代理销售,推动保险公司的销售,在增加保险公司保费收入的同时也能实现代销保险产品的佣金收入。此外,证券公司拥有无可比拟的介入资本市场的渠道,包括交易席位、直投等,这将为保险公司优化保险资产运营提供便利的途径。

(3)产品研发。证券公司与保险公司能够发挥各自优势在产品研发上加强合作,以实现金融产品类型和模式的创新发展。一方面,保险公司能够针对证券公司和证券行业的需求设计出符合其风险管理需求的保险产品,例如对于证券公司可能承担相应责任的券商责任保险,以及在证券公司承销债券时提供作为增信手段的债券保险等,从而丰富保险公司的产品种类。另一方面,证券公司也能够发挥其在投资渠道、行业研究方面的绝对优势,配合保险公司开发和运营投资类保险产品,实现证券与保险的连接。

(4)资金运用。相比于整个证券行业约6万亿元的总资产,保险行业的总资产达到了12万亿元,是证券行业的2倍。易言之,保险公司相比于证券公司而言,掌握着数额更大的资金资源。但是由于保险公司资金运用能力和渠道的欠缺,大量资金并未得到有效的利用,导致了保险资金运用收益率长期处于低位。而证券公司具有更强的投资研究能力和资本运作实力,能够为保险公司提供投资咨询服务,甚至可以实现保险资金委托证券公司进行专业化运营,从而提高保险资金运营的收益率。而保险资金委托给证券公司运营,也能够在一定程度上解决证券公司运营资产规模的局限问题。

(5)规模经济。银行业在整个金融体系中的绝对主体地位,在很大程度上构成了保险公司与证券公司发展的障碍和限制。当保险公司与证券公司进行合作,在客户共享、渠道共享、产品研发和资金运用等方面形成联动之后,能够产生规模经济的效应,有效地实现资源整合与竞争力提升。具体而言这种规模经济既体现为资金规模的扩大,又体现为产品规模的扩张,还体现为业务规模的拓展。证保合作实现的规模经济,有利于证券公司和保险公司开展业务上的协同创新,能够有效地提升证券行业和保险行业在面对规模巨大的银行业时的竞争力,从而改变保险行业、证券行业的相对弱势地位,进一步优化我国金融市场结构。

(6)优势互补。传统上,证券公司提供给客户的金融产品,都是在强调风险与收益;而保险产品的功能和本质,则是强调风险转移和保障服务。如果能够把保险公司的拳头保障产品,作为一项服务提供给证券公司的客户,恰好可以帮助客户在风险与保障之间取得平衡,这将极大地完善券商财富管理业务链条。另外,证券公司庞大的客户群体,对保险公司而言,也是一片业务拓展的蓝海。券商与保险公司的合作,还表现在投资领域上。保险公司投资运作的最大特点,就是资产负债匹配管理,这要求保险公司根据不同周期的负债资产,制定不同的投资策略,构建不同时期的组合。证券公司可以从宏观经济研究、投资策略研究等多方面予以支持,为保险公司的短期、中期投资安排提供专业化服务。此外,在资产委托管理业务、融资业务等领域,双方亦有很多合作空间。

第十六章　证保合作业务模式的理论层次

有学者曾将银证合作由浅及深分为了三个层次,分别为:(1)互为客户型合作,即双方分工明确地在各自业务领域内与对方进行合作;(2)共同客户型合作,即跨越分业经营的界限,将各自业务进行融合,主要表现为金融产品和金融业务的创新;(3)组织型合作,即股权高度融合,主要表现为金融集团或金融控股公司。① 对证保合作业务模式的分类也可以参照这三个层次进行区分,按照合作深入程度或者说证券公司与保险公司的融合程度,将证保合作的业务模式分为基础层次的业务合作、深化层次的业务融合以及终极层次的机构整合。以上三个层次反映了证保合作从分业经营模式下的金融产品和服务的融合到混业经营模式下的组织机构的整合,体现着证保合作的不同深度和阶段。

一、 基础层次：业务合作

所谓业务合作,是指证券公司与保险公司满足对方需求在各自业务范围相互提供服务。在业务合作的模式下,证券公司与保险公司互为客户,彼此之间是一种金融服务合同关系。作为一种基础层次的证保合作,证券公司与保险公司之间的业务合作具有如下特征:(1)合作双方在主

---

① 参见何诚颖、陶鹏春:《银证合作开展经纪业务模式研究》,载《证券市场导报》2004 年第 6 期。

```
┌─────────────────────────────────────────────┐
│           证 保 合 作 三 层 次                  │
└─────────────────────────────────────────────┘
```

基础层次：业务合作	深化层次：业务融合	终极层次：机构整合
√代理销售 √委托投资与资产管理 √保险资产托管 √发行证券补充资本 √租用交易席位	√券商责任保险 √保险增信 √保险资产证券化 √保险风险证券化	√契约式整合 √股权式整合

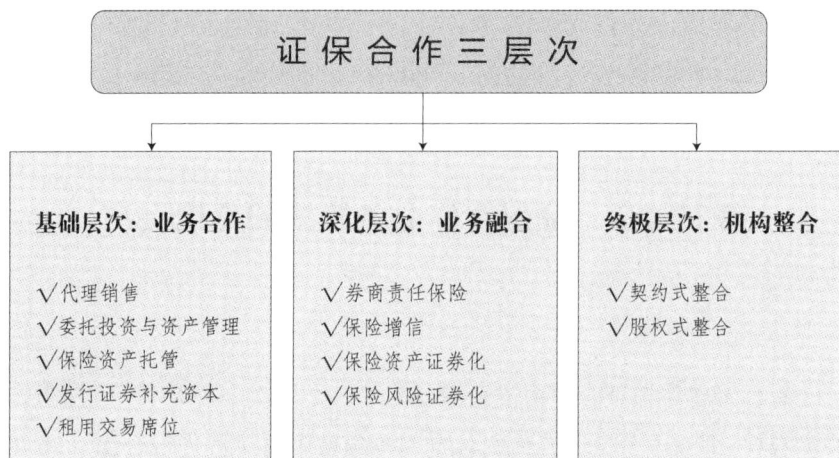

图 16-1　证保合作的三层次

体地位上彼此独立,地位平等,只是将对方视为普通客户提供服务,合作关系比较松散;(2)合作双方只是在既有业务类型的基础上为对方提供相应金融服务,并无专门结合合作方的行业特点而设计特殊的产品和业务,创新程度和合作深度不高;(3)合作的特殊性与专属性不强,合作模式并不仅仅局限于证保合作,合作对象具有可替代性。作为最基础的合作模式,证券公司与保险公司已在业务合作方面进行了充分的实践,是当前比较通行和成熟的合作模式,具体包括以下几种类型:

(一)代理销售

证券公司和保险公司可以利用其已经建立的渠道或平台,代理销售合作方的产品。当前证券公司代理销售保险产品已经比较普遍,而保险公司代理销售证券公司产品的实践略显不足。就前者而言,证券公司代理保险业务主要有两种方式:一种是专业代理,即证券公司成立专业的保险代理子公司或保险经纪子公司,专门从事保险产品的销售,例如湘财证券成立的湘财保险代理公司、天风证券成立的正隆保险经纪公司等;另一种是兼业代理,即证券公司在保险公司的协助下取得保险兼业代理资格,代理销售保险产品。随着证监会发布《证券公司代销金融产品管理规定》,券商代销保险产品的闸门正式放开,长江证券、东吴证券、国元证券、国海证券、光大证券、广州证券、国泰君安证券、东莞证券、广发证券等券商都获得了保险兼业代理业务资格,从而在经营证券公司自身传统业务的同时也能够开展保险产品代理销售的业务。如果说专业代理实际上只是证券公司持有保险代理公司或保险经纪公司的股权,实际业务主体是独立法人因而不属于真正意义上的业务合作,那么兼业代理则完全是由证券公司来代理销售保险产品。

(二)委托投资与资产管理

保险公司持有大量的保险资金,从公布的 2015 年保险资金运用情况来看:银行存款 24349.67 亿元,占比 21.78%;债券 38446.42 亿元,占比 34.39%;股票和证券投资基金 16968.99 亿元,占比 15.18%;其他投资 32030.41 亿元,占比 28.65%。①

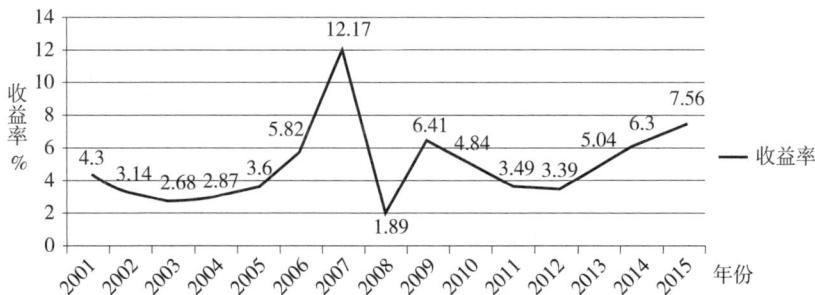

图 16-2 保险资金运用平均收益率

注:数据来源:wind。

这组数据显示出我国保险行业的保险资金运用过度集中在收益率较低的固定收益类品种,投资渠道有限,投资收益率过低,保险资金运用水

---

① 参见中国保险业监督管理委员会网站,http://www.circ.gov.cn/web/site0/tab5257/info4014824.htm。

平和程度不高。就保险资金运用而言,保险公司一方面进行自主投资,另一方面委托保险资产管理公司投资,目前17家保险资产管理公司受托管理着保险行业80%以上的资产,大部分保险公司也都设立了独立的资产管理部门或资产管理中心,专职负责投资管理与运作。然而保险公司自身主要业务和精力集中在了保险客户的开发和保费收入的增长上,对于保险资金运用并不擅长,也缺乏足够的信息与渠道。而保险资产管理公司也多为保险公司全资子公司或控股子公司,在资金运用上也多受到保险公司制约,缺乏足够的自主权。而证券公司作为资本市场专业的中介机构,在专业能力上具有非常强的信息获取、行业研究、投资分析以及资产管理的能力,同时也在股票、债券和金融衍生品投资方面有着畅通的渠道,证券公司有能力接受保险公司委托,利用保险资金进行投资,对保险资产进行有效管理。而保险公司也能够借助证券公司的渠道和专业能力,积极介入资本市场,从而提高保险资金运用的收益率。事实上,近来保险资金运用开始尝试市场化运作模式,除委托保险资产管理公司外,保险资金还可以委托符合条件的券商和基金等业外机构运作保险资金。2012年发布的《保险资金委托投资管理暂行办法》明确了保险公司可以将保险资金委托给包括证券公司在内的符合条件的投资管理人开展定向资产管理、专项资产管理或者特定客户资产管理等投资业务。例如幸福人寿在2015年4月13日和4月14日向信达证券新增委托投资额度18亿元和3亿元,专门用于申购新股。幸福人寿称,新增委托投资款的目的是,"为使权益配置比例逐步达到行业平均水平",截至4月16日,幸福人寿委托信达证券投资额度共计37亿元。① 除了直接将保险资金委托给证券公司管理,保险公司还可以直接与证券公司合作,分享证券公司业务中的收益,而证券公司也可以实现提前退出,锁定收益。例如保险公司可以受让证券公司融资业务的债权收益权,这一业务合作模式的典型代

---

① 参见曾炎鑫:《保险资管产品频发,险资多渠道积极入市》,载《证券时报》2015年5月13日,第A4版。

表如太平人寿分别通过"太平资产—保证盈四号资产管理产品"和"太平资产—保证盈一号资产管理产品"投资光大证券和国泰君安持有的融资业务债权收益权和商业银行存款,中华联合财险和泰康人寿也与东兴证券等证券公司开始了类似的业务合作。

(三)保险资产托管

根据《保险资金运用管理暂行办法》和《关于规范保险资产托管业务的通知》,保险公司应当建立和完善保险资产托管机制,选择符合规定条件的专业机构将保险资金运用形成的各项投资资产全部实行第三方托管和监督,切实提高投资运作的透明度,防范资金运用操作风险。该通知实际上要求了全部保险资产应当实行第三方托管和监督,以确保保险资产的安全性。该通知的发布也使保险公司形成了保险资产托管的现实需求。根据该通知的要求,有资格从事保险资产托管业务的托管机构包括了符合条件的商业银行等专业机构。尽管其中并未专门列举证券公司作为托管机构的情形,但从托管机构的职责来看,证券公司作为专业机构并非不能参与其中。尤其是随着保险公司介入资本市场的程度加深,其持有的股票资产会日益增多,对于股票类资产的托管需求也会增加。《保险公司股票资产托管指引》(试行)也明确了保险公司需要委托商业银行或其他专业金融机构保管股票资产、负责清算交割、资产估值、投资监督等事务的行为。由此,保险公司与证券公司能够在保险资产托管方面完成需求匹配,形成保险资产托管的业务合作。并且事实上,证券公司也有动力在资产托管业务方面有所创新和突破,监管部门也正在酝酿放行券商资产托管业务。根据证监会的《证券公司资产托管业务试行规定》(征求意见稿),证券公司也有望能够接受客户委托,为客户依法持有或者依法管理的资产提供保管、清算交割、估值核算、投资监督、合规监控、出具托管报告等服务的经营活动。上述资产包括但不限于有限责任公司股权、股份有限公司股票、合伙企业财产份额、债券及其他债权、证券投资基金及其他信托财产、资产支持证券、金融衍生品、贵金属以及中国证监会认可的其他投资品种。按照这个思路,证券公司也将能够符合保险监管部门对保险资产托管机构的要求,托管保险公司资金运用过程中形成的部分类型的资产。在这个层面上,证券公司与保险公司进行证保合作,由保险公司委托证券公司托管其符合条件的保险资产,由证券公司为其提供保管、清算交割、股指核算、合规监控等托管服务,也能成为证保合作业务的一大内容。

(四)发行证券补充资本

充足的资本是保险公司保证偿付能力、扩大经营规模的重要保障,也是保险公司提升竞争力的重要手段。通过交易所市场和银行间市场发行证券,是保险公司利用资本市场募集资金补充资本的有效途径,具体而言包括保险公司发行新股、增发股份、发行债券等方式。证券公司可以利用其承销保荐的业务资格和业务能力,为保险公司发行证券补充资本提供助力,从而形成证保合作的可行业务合作模式。具体而言,证券公司可以为保险公司发行证券补充资本提供以下几个层面的服务:首先,证券公司能够为保险公司公开发行股份并上市提供服务。目前我国保险公司数量为125家,而在沪深A股上市的险企只有中国人寿、中国平安、新华保险、中国太保4家,上市险企比例较低。而在未上市的险企中积极谋求上市的保险公司比例较大,保险公司的上市需求能够与作为新股发行上市的承销保荐中介机构的证券公司形成匹配,由证券公司为保险公司提供承销保荐服务,推动保险公司通过发行新股募集资金补充资本。其次,对于已经上市的保险公司而言,由证券公司为其提供服务增发股份,也能够有效地补充上市险企的资本。此外,除了发行股票这类权益性证券能够补充保险公司资本之外,还可以发行固定收益类证券,例如公司债、金融债、次级债、资本补充债等。保险公司发行债券既可以在交易所市场发行,也可以在银行间市场发行。尽管目前交易所债券市场规模限制,保险公司多在银行间市场发行债券补充资本,但已有商业银行在交易所市场发行债券的实践,保险公司也可以尝试这一路径。而随着证券公司取得银行间市场主承销资格,证券公司的承销业务范围也将逐步从非金融企业债务融资工具逐步扩展到更加多元化的债券类型。这也将为证券公司与保险公司在未来债券发行与承销方面开展更深层次和更广范围的业务合作提供空间。

(五)租用交易席位

直接进行股票投资,是保险公司运用保险资金的重要方式。然而根据《保险机构投资者股票投资管理暂行办法》第三十七条之规定,保险资产管理公司和直接从事股票投资的保险公司应当通过独立席位进行股票交易。独立席位的获取主要有两种方式,一种是向上海证券交易所或深圳证券交易所申请专用交易席位,另一种则是向证券公司租用专用交易席位。然而在 2011 年,上交所和深交所基于保险公司和保险资产管理公司不是交易所会员,其直接持有交易所交易单元入场参加证券集中交易与《证券法》中"进入证券交易所参与集中交易的,必须是证券交易所的会员"之规定不符,因此对于保险公司持有的交易单元进行清理和退出,并要求保险机构投资者直接进行证券集中交易须作为交易所会员的特殊机构客户租用会员的交易席位。① 这在事实上就要求了保险公司直接进行股票的集中交易需要借助交易所会员的交易席位作为通道。证券公司作为交易所会员,往往持有多个交易席位,从而可以出租给保险公司供后者进行股票集中交易。随着保险公司介入资本市场、提高保险资金运用收益率的需求不断增加,保险公司租用交易席位的现实需求也更加迫切,因而保险公司与证券公司可以在租用交易席位上进行更加深入的合作,这既便利了保险公司进行直接股票投资,也能够增加证券公司出租交易

---

① 参见《关于保险机构证券投资交易有关问题的通知》,上证会字〔2011〕24 号。

席位所带来的营业收入。

二、 深化层次：业务融合

所谓业务融合,是指保险公司和证券公司利用各自优势,将证券行业和保险行业的业务进行调整和融合,有针对性地开发出适合对方的业务,从而实现合作共赢的模式。相比于业务合作而言,证券公司与保险公司的业务融合是更深层次的合作,具体表现为以下几个方面的特征:(1)合作对象具有专属性。证券公司与保险公司的业务融合,要么是证券公司专门针对保险公司设计开发新型业务,要么是保险公司专门针对证券公司提供专属服务,或者是证券公司与保险公司共同开发新型业务,这种业务模式局限于证券公司与保险公司二者之间,建立在合作相对方具有证券行业或保险行业业务资格和能力的基础之上,这与一般意义上的作为单一机构普通客户的业务合作模式不同,合作对象是专属的,不具有可替代性。(2)合作业务具有互补性。业务融合模式的前提和基础是证券公司或保险公司能够利用自身业务资源和优势,对接合作相对方的需求,从而实现优势互补和合作共赢。与基础层次的业务合作的单向服务不同,业务融合更多的是一种双向的合作,更加强调业务的互补。(3)合作程度具有深度性。证券公司与保险公司的业务融合,意味着双方在业务模式上对双方需求和彼此优势的全盘考虑,是双方基础业务的充分整合与创新,进而形成了超越传统业务的创新型业务模式,在合作程度上突破了一般意义上的互为客户,而是一种深度的融合。证券公司与保险公司的业务融合主要有以下几种模式:

（一）券商责任保险

随着资本市场规模的扩大,以及在证券法完善过程中证券公司等中介机构的责任进一步明确和严格,证券公司面临的责任风险也进一步增大。在证券公司开展各类业务时因券商的过错而需要向客户承担的民事赔偿责任以及需要承担的罚款等行政责任等,都可能会造成证券公司因为短期巨额支出而陷入经营困难。例如在光大"乌龙指"事件中,光大证券因为内幕交易陷入民事索赔的困局,也被法院判令向部分投资者承担民事赔偿责任。而在万福生科欺诈上市事件中,平安证券也在监管部门的协调下对投资者进行了先行赔付,支出 3 亿元成立了投资者利益补偿专项基金。以上案例体现出在证券法制不断完善的背景下中介机构所面临的责任越来越重大,相关责任风险也日益凸显。券商责任保险,能够给证券公司提供风险转移的途径,从而有利于维持券商的平稳经营,同时也有利于保护投资者的利益。所谓券商责任保险,是指以券商作为保险对象的险种,即在保险期限内因券商在其经营过程中造成投资者利益损害或者被行政机关课以行政处罚而需要承担相应经济责任的,由保险人来承担赔偿责任。当前我国只设计了券商面临破产或关闭的情况下,由投资者保护基金对债权人予以偿付的制度。[1] 但是该制度主要目的是为了维护证券市场的整体平稳运行和保障投资者利益,主要应用场景是证券公司面临破产清算等极端情况下的风险处置,而对于证券公司自身的安全运营和风险转移并未充分考虑。在这种情况下,证券公司与保险公司进行合作,由保险公司对接证券公司的现实需求设计和推出"券商责任保险"产品,能够在很大程度上减轻保险公司的经济责任风险和压力。在具体的保险责任上,一是承担券商因经营管理不善导致倒闭和破产造成客户利益损失,代券商负责清偿所欠券商客户的债务,二是承担券商因过失行为导致客户利益损失而应负的赔偿责任。[2] 这将能够对当前具有明显政策性的证券投资者保护基金的保障方式形成有效的补充,建立商业化的券商责任风险转移的途径。通过券商责任保险这一合作模式,证

---

[1]　参见《证券投资者保护基金管理办法》第十九条。

[2]　参见蒋思聪、蒋永辉:《关于建立我国券商保险制度的构想》,载《中国保险》2013 年第7 期。

券公司能够有效地转移风险,保险公司也能因此拓展业务范围增加营业收入,从而实现合作共赢。

(二)保险增信

承销保荐是证券公司重要的业务类型,在为证券发行人提供发行证券的承销保荐服务时,证券公司能够与保险公司进行业务融合,通过保险为发行人增进信用等级,从而有利于发行人更为顺利地发行证券。以债券发行为例,当前我国债券市场上的信用增级手段主要是银行或其他第三方担保、超额抵押、信用违约互换等[1],而在美国运用比较广泛的债券保险则相对缺失[2]。所谓债券保险,是指由保险公司或专门从事债券保险的公司为债券发行人或承销商提供信用担保,保证被保险人按期偿付本金及利息,若到期日被保险人无法偿还,保险人有责任向权利人即债券投资者代为支付的保险品种。[3] 通过债券保险,发行人以及其所发行的债券的信用等级能够得到有效提升,从而在债券发行利率、降低发行成本以及促进债券销售等方面能够取得更好的效果。证券公司在作为债券承销商时与保险公司进行合作,为其所承销的债券提供保险,既是为其债券承销提供有力支持,也是为保险公司开拓业务提供有利条件,双方能够在债券发行领域实现业务融合,从而形成业务上的协同创新。随着资产证券化的蓬勃发展以及债券市场的迅速增长,在未来资产支持证券以及信用债券的发行规模将会越来越大,对于多样化的信用增级手段的需求也会越来越多,而国务院发布的《关于进一步促进资本市场健康发展的若干意见》(新"国九条")中关于"探索发展债券信用保险"以及"完善债券增信机制"的表述也在政策上支持着债券保险作为增信手段的应用。从

---

① 参见吴敏:《我国企业债券信用增进研究》,湖南大学 2013 年博士学位论文。

② 参见陈卫灵:《我国企业债券信用增级的现状与对策研究》,载《特区经济》2010 年第 1 期。

③ 参见郑时雨:《债券保险行业研究》,载《吉林金融研究》2015 年第 10 期。

这个层面上来看,证券公司与保险公司在保险增信方面的合作前景可期,对于双方都是难得的机遇。

(三)保险资产证券化

保险公司在运营过程中运用着巨量的保险资金,并由此形成了数额巨大的保险资产。上述保险资产往往缺乏流动性,但是具有稳定的现金流,具有进行证券化的有利基础条件。为了有效提高保险资产的运营效率,保险公司具有较强的保险资产证券化需求。所谓保险资产证券化,是指把保险公司的缺乏流动性但具有预期未来稳定现金流的资产聚集起来,形成一个资产池,通过结构性重组,将其转为可以在资本市场上出售和流通的证券。对于保险公司而言,尽管近年来保费收入持续增长,但是依然存在着资本金紧张、偿付能力不足的情况,对于资产流动性的需求越来越高。尽管保险公司可以通过发行股票或债券的方式补充资本,但这种方式具有明显天花板效应而存在局限性。而通过保险资产证券化,保险公司能够将自身持有的保单质押贷款、寿险保单等保险资产打包后进行证券化处理并销售,能够拓展融资渠道,降低融资成本,提高资产负债管理水平,从而达到融资和改善财务状况等效果。因此,尝试对保险资产进行证券化处理,是未来保险公司补充资金和扩大规模的必由之路。由于保险资产证券化本身是一个复杂的过程,在基础资产选择、证券化产品设计、信用增级、保荐承销等方面有极高的专业性要求,亦需要多方主体的共同参与,因此这就给证券公司作为中介机构介入保险公司保险资产证券化的业务提供了良好的机遇。证券公司能够依托其投行业务,协助发行人即保险公司对保险资产进行包装,并拆分成可交易的证券化产品进行销售。证券公司与保险公司可在保险资产证券化方面形成业务融合,共同完成保险资产化证券的发行与交易全过程。例如 2016 年 3 月 31 日正式成立的我国首个保险资产 ABS 项目,即是由太平人寿与华泰证券资产管理公司合作发行的"太平人寿保单质押贷款债权支持 1 号专项计划",该项目将太平人寿的保单质押贷款债权进行证券化处理,在上海证券交易所挂牌,面向商业银行、公募基金和资产管理公司等合格投资者发行,有效地盘活了保险公司的资产。事实上,随着我国的保险业和证券业的快速发展,保险资产证券化代表了两者进行跨业金融合作的一个方向,以保险资产证券化为着力点强化证保合作,能够提高我国保险业整体竞争水平以应对国际化给我国保险业带来的冲击,同时也能进一步繁荣和发展我国资本市场资产证券化业务的规模和水平,形成证券公司新的创新业务增长点。

(四)保险风险证券化

风险是保险公司经营的对象,保险的本质在于将被保险人的保险风险转移给保险人即保险公司来承担。然而当保险风险过大时,保险公司将面临偿付危机,容易造成保险公司偿付能力不足而产生破产危机。这就需要保险公司通过适当的风险转移手段将自身从最终风险承受者的身份中解脱出来。通常而言,保险公司都是通过再保险完成上述风险转移。但是由于再保险费率不断增长以及再保险市场容量有限,保险公司开始尝试通过保险风险证券化将保险风险转移到资本市场。所谓保险风险证券化,是指以未来保险或再保险期间所产生的现金流为基础,将可以被证券化的保险风险通常情况主要是将巨灾风险设计成在资本市场上可以出售和流通的证券,这样使得保险市场的风险能够分隔和标准化,它取代了保险公司将保险风险转嫁给再保险公司的传统做法,而是将承保风险转移给资金、参与方更为广泛的资本市场,从而改善了保险公司风险资产的质量,缓解了巨灾风险的偿付压力,提高了保险业的安全性。保险风险证券化产品是将证券出售给资本市场上的投资者,以筹集来的资金保障保险风险,与其他证券的不同之处在于此类证券的回报取决于保险风险的发生与否及发生时的损失程度。保险风险证券化产品主要包括巨灾保险期货、巨灾保险期权、巨灾债券、巨灾互换等。当前我国保险风险证券化业务尚未正式起步,但随着政策层面对于未来巨灾风险可能给社会稳定和保险行业带来冲击日益重视,监管层已经在酝酿和推动巨灾保险,这就需要完善相应的再保险机制和保险风险证券化来转移和分解巨灾风险。易言之,可以预见的是保险风险证券化也将成为保险公司的重点工作。在这个过程中,证券公司也可以积极介入,以类似于保险资产证券化的方式与保险公司进行合作,利用证券化业务的专业优势,为保险公司在保险风险证券化方面提供相应服务。事实上,保险风险证券化的核心在于创设适合的金融衍生产品,以及向合格投资者顺利地销售上述产品。而证券公司能够充分利用其在资本市场的各类优势,在产品设计、产品定价、发行承销等方面与保险公司合作完成保险风险证券化的过程。

三、　终极层次：机构整合

如果说业务合作和业务融合只是保险公司和证券公司作为两个独立金融机构所进行的松散合作,那么机构整合则是保险公司和证券公司作为一个独立实体协同开展证券业务和保险业务的终极合作。所谓机构整合,是指证券公司与保险公司在组织机构、经营决策、人员配置和业务活动等方面进行深度融合,以协同一致的行为打通证券业和保险业的行业界限,最终实现统一化混业经营的合作模式。相比于基础层次的业务合作和深化层次的业务融合,作为终极层次的机构整合具有以下几个方面的特征:(1)组织机构的高度同一性。即当证保合作进入到机构整合的层次后,证券公司与保险公司不再是作为相互独立的主体进行合作,而是成为同一机构在内部完成业务的协作,或者是尽管在法律上是两个独立法人,但能够作为关联方形成同一意思,从而成为实质上高度同一的机构。(2)业务活动的高度协同性。即保险公司和证券公司在完成机构整合后,能够基于同一意思,或者在统一协调下,协同一致开展业务活动,证券业务与保险业务之间的界限不再泾渭分明,证保合作不再只是基于共同利益,而是在统一调度下完成的内部配合。证券公司与保险公司的机构整合,是金融市场混业经营趋势下的发展方向,也是金融市场资源优化配置、提升金融行业整体竞争力的必然要求。随着混业经营的逐步放开,未来证券公司与保险公司之间将突破简单的业务合作和业务融合,通过契约式或股权式的机构整合来实现真正意义上的证保合作,实现机构和业务的协同创新。

(一)契约式整合

所谓契约式整合,是指证券公司与保险公司之间尽管并不存在股权关联,但是通过一揽子合同约定双方之间行为的协同一致,实现证券公司与保险公司之间业务合作、业务融合、人员交流、利润分配的常态化、制度化,从而在实质上形成整合。在当前分业经营、分业监管的体制下,证券公司与保险公司之间存在着相对严格和明确的业务界线,彼此之间的机构整合不具有现实条件,因此以一种不拘泥于形式只注重实效的变通方式来实现证券公司与保险公司的机构整合是当前可以尝试的路径。契约式整合并不会导致证券公司和保险公司的独立法人地位的调整,也不会产生股权关系的变动。具体而言,证券公司与保险公司的契约式整合根据不同程度可以表现为两种形式:(1)全面合作框架协议。即证券公司与保险公司之间通过签订全面合作框架协议,对双方的合作模式、合作内容、合作期限、利润分配等进行全面的约定,通过相应的合同义务来约束双方行为,从而实现双方优势的整合。这种整合模式是建立在平等共赢的基础之上,双方之间并不产生组织上的依附和控制关系,只是就相关业务活动的开展进行常态化的合作。(2)协议控制。即证券公司与保险公司之间为了突破分业经营的制度限制,尽管不能直接完成机构整合,但是却通过双方之间的协议约定一方对另一方的控制权,从而实现在业务、人员、财务等方面的整合。这种协议控制保留了证券公司和保险公司的独立主体地位,能够在外观上符合分业经营要求的前提下最大程度地实现双方作为一个统一体高度协同一致地开展相关业务创新。与前面主要着眼于具体业务的全面合作框架协议相比，双方的协议在内容上更加注重证保合作中的权力配置和利润分配。

（二）股权式整合

所谓股权式整合，是指证券公司与保险公司之间通过股权关系的关联形成协同一致的机构整合模式。与契约式整合不同的是，股权式整合是证券公司与保险公司之间因股权关系的存在而形成共同利益，并基于股权关系带来的控制与影响而产生合作基础。在混业经营的趋势下，证保合作将有更广泛的合作空间和更多样的合作形式，其中证券公司与保险公司也将能够通过更多的方式进行股权式的整合，以更有利于开展证保合作。具体而言，证券公司与保险公司的股权式整合表现为以下几种形式：（1）共同归属于同一母公司。即保险公司与证券公司受同一母公司控制，能够在共同的母公司的协调和控制下进行全方位的合作，这也是通常所称的金融控股公司模式。由于有共同股东的支持和推动，此种模式下证券公司与保险公司的合作能够排除诸多障碍，也能够更加顺畅且更有动力进行资源整合和优势互补。这一模式的典型范例就是在平安集团的整体构架下，平安保险与平安证券之间进行的兼业代理和保单开户等方面的尝试。（2）互为母子公司。即证券公司通过发起设立保险公司或者收购保险公司股份的方式成为保险公司的股东，或者保险公司取得证券公司的股份，从而在证券公司与保险公司之间形成股权上的关联，一方对另一方形成股权控制，在此基础上推动双方的合作并开展业务上的协同创新活动。例如国元证券参与设立国元农村人寿保险公司，尽管国元证券是通过全资子公司国元股权投资有限公司完成的发起设立行为，但是由此建立的股权关系能够为证券和保险板块进行有效互动与合作奠定良好基础。（3）共同设立子公司。尽管当前法律制度禁止混业经营，但是证券公司与保险公司共同设立公司，以其作为证保合作的平台并非不可行。保险公司与证券公司共同设立资产管理公司、PE 直投公司等，将各方优势充分运用到与传统证券业务、保险业务具有差异性的创新业务之中，从而实现将证保合作落实到具体的机构实体之上。（4）公司合并。即证券公司与保险公司通过合并，将业务、人员、资金等实现完全的融合，形成一个全能型的金融机构。当然这种合并在目前我国现有金融体制下并不可行，但是当混业经营正式放开之后，证券公司与保险公司合并将成为可能，由此也将开启最为全面和彻底的证保合作。

第十七章　证保合作业务的可行实践与创新前瞻

　　加强证保合作是券商和保险公司应对混业经营的战略选择。证保合作的核心是互相利用对方资源,拓展彼此的业务空间,实现优势互补,寻找新的利润增长点。从 20 世纪 80 年代开始,全球金融业经历了一场巨大的变革。在金融全球化、金融自由化及金融创新的浪潮下,金融机构在经营规模、利益和市场份额等方面的竞争愈演愈烈,金融分业经营的界限日益模糊,金融业务相互交叉、相互渗透,全球金融业正朝着多样化、综合化方向不断迈进。20 世纪 90 年代后,美、英、日等发达国家逐渐废除了对金融业分业经营的严格限制,允许金融机构对银行、证券、保险和信托等金融业务实行混业经营。尽管我国目前仍实行分业经营、分业管理体制,但混业经营是大势所趋。《国务院关于保险业改革发展的若干意见》第六条提出:"稳步推进保险公司综合经营试点,探索保险业与银行业、证券业更广领域和更深层次的合作,提供多元化和综合性的金融保险服务。"2012 年《金融业发展和改革"十二五"规划》指出,"引导具备条件的金融机构在明确综合经营战略、有效防范风险的前提下,积极稳妥开展综合经营试点,提高综合金融服务能力与水平"。

一、　现行制度框架内证保合作的可行业务模式

　　为适应金融全球化发展和金融创新的需要,顺应金融业混业经营的

趋势和进一步深化我国金融业改革的要求,我国现有制度对金融业分业经营的政策开始作出适当调整,保险业和证券业之间出现了互相渗透、共同发展的趋势。

(一)代理销售

上文提到,兼业代理销售是指证券公司在保险公司的协助下取得保险兼业代理资格,代理销售保险产品。国外有许多券商在与保险公司合作进行兼业代理销售。嘉信(Charles Schwab)是总部位于美国旧金山的券商,以其所提供的综合性金融服务著称。嘉信的客户可以通过其平台投资于多种投资产品(investment products),这其中就包括了人寿保险、残疾保险、长期护理保险等保险产品。嘉信与小型商业保险代理公司(Small Business Insurance Agency, Inc.,"SBIA")合作,嘉信提供通道和平台,保险代理公司作为保险代理人向嘉信理财的客户提供保险产品咨询、推介和销售等服务。而在嘉信平台上的具体的保险产品则来源于不同的保险公司所发行的保险产品。[①] 由此,嘉信与保险公司形成了代理销售保险产品的合作关系。富达(Fidelity)也向客户提供各类保险产品,但是与嘉信的保险产品全部由第三方保险公司提供不同,富达的保险由其关联企业 Fidelity Investments Life Insurance Company (FILI) 和 Empire Fidelity Investments Life Insurance Company 提供,同时为了丰富保险产品的品种和客户的选择,富达也与第三方保险公司合作为其提供保险产品销售通道,但是保险代理人均是富达自有的人员。这种代理销售充分利用了证券公司营业部的渠道以及综合理财平台的优势,实现了券商营业部从"交易通道"向"综合服务"的转型,同时也提高了券商和保险公司的盈利水平,实现了合作共赢。

当前我国证券公司代销保险产品主要存在的问题有:一是代销品种

[①] 参见网址:http://www. schwab. com/public/schwab/investing/accounts _ products/investment/insurance。

较为单一,虽然证券公司代销品种已初步实现多元化,但仍以代销证券公司资产管理计划和证券投资基金为主,保险产品占比很小。截至2014年3月31日,证券公司资产管理计划和证券投资基金的代销余额2347.33亿元、2085.26亿元,分别占比47.22%、41.95%,信托产品、商业银行理财产品的代销余额分别占8.89%、0.53%,而保险产品占比甚至不足万分之一。二是投资者适当性管理和信息披露工作有待加强。实践中,部分证券公司或营销人员为完成销售任务,采取夸大宣传、虚假宣传等方式过度营销,向客户作出投资不受损失或保证最低收益的承诺,故意误导客户购买中高风险的产品等。三是"飞单"风险频发。"飞单"产品大多是由第三方机构自行设计,且资金没有独立监管,履约保障远远不及商业银行等金融机构发行的产品。一旦产品到期无法兑付本息,客户往往将矛头转向营销人员所属的证券公司,严重损害投资者合法权益和证券公司自身信誉。

如何促进和规范证券公司代销保险产品业务,一是证券公司加强与保险公司产品合作,为其"金融超市"增添更多新的可选产品。二是证券公司审慎选择产品管理人及保险产品,从源头上控制代销风险。建立统一的合格保险产品登记公示平台,根据产品的批准、备案、销售情况及时更新平台信息,并向所有金融监管部门、金融机构和投资者公开。三是强化证券公司内部控制,加大合规管理和问责力度,有效防范"飞单"风险。证券公司应对代销金融产品业务实行集中统一管理,明确分支机构相关职责,采取定期核对、现场核查、风险评估等方式,有效控制擅自代销金融产品的风险,并加强对违规销售行动的追责。四是证券公司充分披露信息,强化风险揭示,切实落实适当性管理要求。五是加强投资者风险教育,引导投资者正确选择与自身风险承受能力相匹配的金融产品,明确代销金融产品各方的权利义务,健全矛盾纠纷解决机制。

(二)委托投资与资产管理

保险投资是保险公司将保险资金加以运用,以产生最大经济效益的经营活动,是保险公司收益的重要来源,也是保险企业经营成败的关键因素之一。摩根·斯坦利曾经预言:投资是保险行业的核心业务,没有投资就没有保险业。[①] 保险机构根据投资管理能力和风险管理能力,可以自行投资或者委托给符合条件的保险资金投资管理人进行投资。

随着保险投资渠道的不断拓宽,保险投资的风险越来越大,对保险资金运用的专业性要求越来越高,内设投资部门的模式已经不能满足保险公司的需求,委托投资管理成为保险公司资金运用的一种主要模式。在美国,有 2/3 的保险公司将全部或者部分资产委托给外部的投资管理公司,2006—2009 年复合增长率达 10.8%。截至 2009 年年末外包资产规模约 1.23 万亿美元,约占全部保险资金的 27%。委托投资是保险公司根据相关法律法规将用于投资的资金委托外部投资机构进行投资运作的行为。保险机构开展保险资金委托投资的情况下,保险机构为委托人,保险资金投资管理人为受托人,托管机构为托管人。《保险资金委托投资管理暂行办法》规定,保险公司可以将保险资金委托给包括证券公司在内的符合条件的投资管理人开展定向资产管理、专项资产管理或者特定客户资产管理等投资业务。

随着 2012 年《保险资产配置管理暂行办法》《保险资金委托投资管理暂行办法》《关于保险资金投资有关金融产品的通知》等保险投资新政密集出台以来,保险资金投资渠道大幅扩宽,可投资金融产品的范围不断扩大。设施债权投资计划、不动产投资计划、项目资产支持计划、非上市股权投资、银行理财产品、集合资金信托计划、券商专项资产管理计划、股指期货、金融衍生品等金融产品均纳入其投资范围,大幅增加险资的投资

---

① 转引自李小敏:《关于拓展我国保险资金运用范围的探讨》,载《金融与经济》1999 年第 6 期。

运作空间。

保险公司之所以将资金委托投资,一方面资金交由专业的证券公司进行管理可以更有效地分散风险和保证收益,另一方面也可以使保险企业能够将人力、物力、财力和精力投入到保险业务的开拓和发展上。但是,保险公司作为委托方,与受托方证券公司在经营目标上不可避免存在不一致性。证券公司注重资金的收益性,而保险公司更注重资金的安全性和公司资产负债的匹配性,以满足保险公司偿付能力的需要。由于双方目标上的不一致,证券公司可能为了追求自身的利益而损害保险公司的利益。委托投资由于引入了第三方关系人,因此其面临的风险不只包括投资本身在资本市场上要面临的风险,还要承担证券公司等第三方投资公司的操作风险,包括交易作弊及非法挪用资金等风险。关于保险委托投资的风险控制,可以采取事前控制、事中控制和事后控制的方法。

事前在选择受托方的时候,应该以确保保险资金的安全性为首要目标,选择信用良好的证券公司,进行尽职调查,尽可能获取更多的信息,包括但不限于资产规模、股东信息、业务对象、证券公司的信用、管理人员的从业经历等,综合权衡选择最适合的受托方。保险机构开展委托投资,应当与投资管理人签订委托投资管理协议,载明当事人权利义务、关键人员变动、利益冲突处理、风险防范、信息披露、异常情况处置、资产退出安排以及责任追究等事项。

事中保险机构应当根据保险资金风险收益特征,审慎制定委托投资指引,合理确定投资范围、投资目标、投资期限和投资限制等要素,定期或者不定期审核委托投资指引,并作出适当调整,并且加强对受托方的监督。根据《保险资金运用风险控制指引(试行)》的规定,保险公司可以选择向受托管理的保险资产管理公司派驻监督人员,代表委托人监督保险资产管理公司履行资产委托管理协议的执行情况。

事后控制则表现在绩效考核方面。保险公司可以通过包括制定绩效计划、实施与管理绩效、绩效评估、绩效诊断与反馈、运用评估结果在内的系统管理对受托方进行绩效管理,不仅涉及资产管理公司的个人绩效,还包括对其组织绩效的计划、考核、分析与改进。绩效管理有利于降低信息不对称程度,减少机会主义。大体可以采取关键绩效指标考核(key performance indicator)、目标管理法(management by objective)、平衡积分卡(the balance score-card)、360 度反馈(360°feedback)等方式。

(三)发行证券补充资本

根据《公司法》《保险法》的规定,保险公司可以聘请证券公司作为承销商发行证券补充资本,具体方式有:一是发行新股并上市,目前已有 4 家保险公司上市;二是增发股份,《保险公司资本补充管理办法(征求意见稿)》中就有规定,保险公司公开发行普通股、发行优先股,应当根据证券监管部门和中国保监会的有关规定申请发行;三是发行债券,保险公司发行次级定期债务和次级可转换债券可以委托证券公司募集。

证券公司受托发行证券存在的问题有:一是保险公司可发行的证券类型受监管部门的限制,根据《保险公司资本补充管理办法(征求意见稿)》的规定来看,保险公司可以通过普通股、优先股、资本公积、留存收益、债务性资本工具、应急资本、保单责任证券化产品、非传统再保险以及符合办法规定的其他资本工具来补充资本,其他创新金融产品不能成为证券公司与保险公司合作的方式。二是保险公司本身也具有发行部分证券的资格,例如中国人民银行和中国保险监督管理委员会 2015 年第 3 号公告(保险公司发行资本补充债券有关事宜)就规定保险公司可以发行资本补充债券在银行间市场进行交易,保险公司也可以通过私募的方式增发股份。三是保险公司通过发行证券补充资本的需求不高。保险公司具有雄厚的资金实力,其面临的主要问题是资产保值增值和风险规避而不是补充资本。

保险公司充足的资本,是开展业务的强力保证,也是风险规避的坚实基础。证券公司和保险公司在发行证券补充资本业务仍然存在广阔的合作空间,具体而言:一是证券公司应提高保险公司IPO的业务能力,保险公司上市无论是对其增加资本还是构建产业集团扩大影响,都是必不可少的,证券公司作为承销商规范履行保荐和辅导职责是合作能够顺利开展的必要保证。二是完善针对保险公司发行股票、债券的业务流程,虽然保险公司在一定条件下可以自行增发股份,发行债券,但会受制于监管规定对发行方式、投资者资格、信息披露等的严格限制,通过证券公司募集资金具有业务规范、规模更大、投资者资质优良和顺应金融合作的趋势等优势,证券公司和保险公司在发行证券方面的合作将进一步加强。

(四)租用交易席位

2011年12月30日,原保监会下发77号文,即《关于保险机构投资证券交易问题的通知》,明确保险机构参与证券投资,可以通过租用券商交易单位和参与特殊机构客户模式试点两种方式。前者是指保险机构与证券公司签订交易单元租用协议,通过自有交易系统直接向交易所发送交易指令,参与交易所市场证券买卖,并由托管银行负责与中国证券登记结算有限责任公司进行证券与资金结算的行为;后者是指保险机构与证券公司签订证券交易委托代理协议,作为证券公司特殊机构客户开立证券账户,通过证券公司的交易系统发送交易指令,参与交易所市场证券买卖,由证券公司负责与登记公司进行证券与资金结算,托管银行与证券公司进行二次结算行为。

保险公司租用交易席位目前存在以下障碍:一是证券公司与保险公司签订租用交易席位的协议比较少,保险资金具有其特殊性,改变交易模式可能导致资金使用效率下降,交易成本提高。二是保险资金的仓位信息和投资动向等信息可能容易被一些市场机构洞悉,这对保险机构的投资以及市场都可能造成风险。三是保险公司租用交易席位对证券公司提出更高的要求,如经营业务全面、研究团队规范、投资银行实力较强和建立相关业务利益冲突防范机制等。

为规范保险公司租用交易席位业务,证券公司应做到以下几点:一是证券公司大力加强其服务质量和研究力量,在租用通道模式下,保险机构支付券商交易佣金,交易直通交易所,优势在于交易信息保密,并且托管行参与清算,能保证资金安全。二是加强研究报告管理,严格遵守证券监管机构的证券报告静默期制度,健全证券研究报告质量保障机制,完善信息隔离墙制度,确保相关业务独立运作,防范证券公司与保险公司发生利益冲突。三是根据保监会的要求,按时提交财务报告,包括研究和投行业务情况以及保险公司客户交易单元情况,还应当报告核心内控制度、客户权益保护制度等情况,在发生重大特殊事项时,同时应向保监会报告。

(五)保险资产证券化

广义的保险证券化,实际上包含两方面的内容:其一是指保险资产证券化,它同其他形式的资产证券化并没有太大的区别,它指的是把保险公司的缺乏流动性、但具有预期未来稳定现金流的资产汇集起来,形成一个资产池,通过结构性重组,将其转变为可以在金融市场上出售和流通的证券,据以融资的过程。其实质是将保险公司的现金流转换为可以交易的金融证券。其二指的是保险风险证券化,它是保险市场上风险的再分割和出售过程。保险市场上的风险交易很早就存在,再保险就是一种风险出售的交易行为。保险风险证券化利用资产证券化的技术,通过构造和在资本市场发行保险支持证券,使得保险市场上的风险得以被分割和标准化,从而将承保风险转移至资本市场[1]。

保险资产证券化经过多年的研究,在国内其实已经起步。在保监会被并入银监会之前,2012 年中国保监会出台政策,允许保险资金投资保险资产管理公司发行的资产支持计划,为保险机构开展资产证券化业务开拓了空间。2013 年 4 月保险资产管理公司开展资产支持计划试点业

---

[1] 参见李勇权:《论保险证券化在我国的引入与发展》,载《保险研究》2003 年第 5 期。

务启动。保监会印发了《资产支持计划业务管理暂行办法》,内容包括明确交易结构、突出保险特色、规范操作行为、强化风险管理等。保险资产证券化的参与者分为直接参与方和中介方。直接参与方是指发起人、投资者特殊目的载体(SPV)和信托机构,信用评级机构、投资银行、监管机构及其他中介机构构成保险资产证券化的中介方。保险资产证券化的基本运作程序是:通过发起人对基础资产的现金流重组来确定实施证券化的特定对象,同时转让给 SPV 的现金流组合是以发起人签署合约形式转让,SPV 在现金流打包的基础上,设计保险资产证券可上市交易,信用评级公司、信托机构和其他中介机构的进入,待证券化产品销售,SPV 按照合同要求支付相关费用给发起人。如图 17-1 所示:

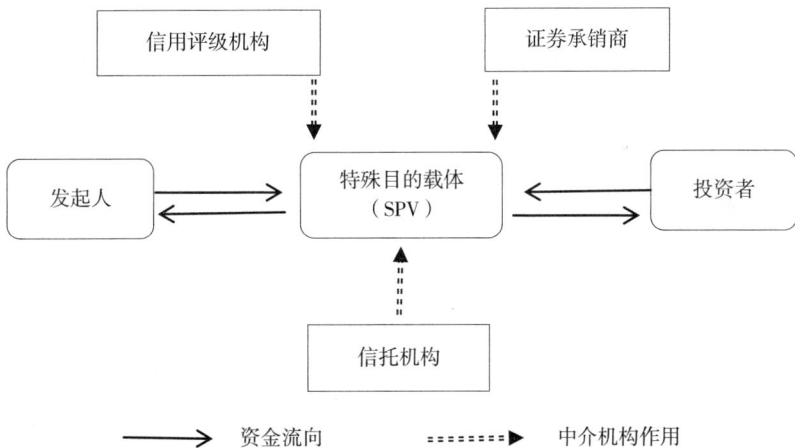

图 17-1 保险资产证券化结构图

2016 年 3 月 28 日太平人寿与华泰证券(上海)资产管理有限公司合作发行的"太平人寿保单质押贷款债权支持 1 号专项计划",拿到了上海证券交易所无异议函,产品于 31 日正式成立。这意味着首只以保险资产为基础资产的 ABS 面世。

保险资产证券化面临的主要挑战,一是保险机构能力不足。保险资产管理机构与战略客户的合作深度普遍不够,难以延伸拓展资产支持计划业务。激励机制过分向从事项目拓展的前台人员倾斜,负责产品设计、风险管控、持续管理的中后台人员的专业能力相对不足,产品创新能力缺乏。二是行业发展条件有待提升。目前保险资产管理产品主要依据部门规章和规范性文件,缺乏上位法支持,制约了保险资产管理公司的产品创新空间。同时,与银行业及证券业相比,保险资产管理起步较晚,公共基础设施欠账,保险资产管理产品发行、登记、交易等平台缺位,亟须建立相应的市场基础设施。三是保险资金负债成本逐年走高。近年来,保险与券商、基金、信托、银行理财等金融机构和产品的竞争加剧,推高了保险产品的负债成本和投资收益率的要求,制约了资产支持计划的业务发展空间。四是保险机构的受托人法律主体地位尚未得到明确支持,基于信托关系实现资产独立和破产隔离的法律基础不够牢固。

我国保险资产证券化尚处于初步发展阶段,发展证券公司保险资产证券化业务有巨大空间。一是推动研究制定统一的资产证券化法等基本法规,明确特殊目的载体(SPV)的法律主体地位,解决资产独立、破产隔离等关键法律问题,修订完善评级、会计、税法、抵押变更登记等配套法律法规。二是建立具有项目开发、法律、会计、审计、资产评估、信用评级、风险管理等方面从业经验的专业团队,搭建合理的组织架构,建立相互制衡的运作机制,设计专业化运作流程,加强业务创新,有效提升投资管理能力和风险管理水平。三是完善资本市场,丰富资本市场的产品种类,大力发展审计、会计、律师事务所等中介组织,加快发展投资银行,加快保险业与证券业的金融合作,进行产品创新,建立合理的保险投资组织结构。

(六)证保全面战略合作协议

正如英国学者梅因所言,"所有进步社会的运动,……是一个'从身份到契约'的运动。"[①]市场实质上是一个契约网络。证券公司与保险公

---

① [英]梅因:《古代法》,景沈一译,商务印书馆1996年版,第97页。

司的契约式整合不是市场上简单的契约关系,不是康芒斯所说的"买卖的交易",而是"管理的交易"。它们彼此之间进行契约式整合,具有业务活动的高度协同性和组织机构的融合性,建立起一种全面的互利合作关系或者通过协议产生的组织控制关系。作为契约的签订者,他们是作为一定承诺的经过相当程度整合的组织体。

证券公司与保险公司之间签订全面战略合作协议,通过协议对双方的合作模式、合作内容、合作期限、利润分配等进行全面的约定,包括简单的商业协议(如代销协议)到紧密的长期联盟在内的各种结合方式,实现双方优势的融合。证券公司与保险公司可以在经纪业务、证券投资咨询业务、资产管理业务、投资银行业务、信用业务等方面开展全面的业务合作,将彼此视为战略合作伙伴,通过产品协作发挥在互补领域里的协同优势,打造企业融合的升级版。

(七)金融控股公司模式

境外投资银行的经营模式主要有两种:一是美国、日本等国家,实行金融控股公司模式;二是德国、瑞士、法国等欧洲国家,采用的是全能银行制度;但各自又有差别。通过立法对混业经营予以规范。为规范混业经营,各国通过立法出台了相应的规则,如美国《金融服务现代法》、日本《金融控股公司法》、德国《银行法》等。

金融控股公司是指在同一控制权下,通过控股的方式将银行、保险、证券和信托等子行业纳入混业经营的范围,主要特点是"集团混业、经营分业",在同一集团下经营不同的金融业务,但不同子公司间相互独立,各自经营,通过"防火墙"的形式防止经营风险在不同子公司之间的传播。① 美国《金融服务现代法》从法律上规定银行(法人)不允许从事投资银行业务,而应以控股公司形式(Bank Holding Company,BHC),在同一

---

① 参见吴欣荣等:《混业经营模式下证券业务的发展》,载《中国金融》2009 年第 22 期。

机构框架内通过相互独立的子公司来从事其他金融业务。美国联邦法律规定银行本身或有直接投资关系的子公司不得经营证券业务,但银行控股子公司另设立的子公司,则可在限定的范围内经营证券业务。

按照金融控股公司中母公司从事的金融业务可以划分为银行控股公司模式、证券控股公司模式、保险控股公司模式以及信托控股公司模式,其中大部分都采用银行控股公司模式,证券业务、保险业务或其他非银行金融业务都是由子公司经营,在银行与下属子公司之间建立有"防火墙",有助于抑制风险在不同业务之间的传染。比如美国花旗集团。

在国内也有很多集团在向金融控股集团模式方向发展,通过兼并、控股或者参股的方式扩大经营规模和经营业务范围。比如以实业起家的光大集团和以保险起家的平安集团,目前均已拥有金融全牌照业务资格。

近几年来,我国的银行、证券、保险三业之间的合作频频,但是又限于制度层面尚未放行直接交叉持牌,除中信集团、平安集团、光大集团等老牌金融控股集团外,大型商业银行、证券公司通过子公司控股、参股的方式来部署自己的混业经营版图。根据公开数据,持有证券牌照的银行有九家[1],华泰证券、国信证券、方正证券和国元证券也都曾持有非上市银行股权。[2]

从国际潮流看,金融业的混业经营模式是毋庸置疑的。中国加入WTO后,中国金融市场开放程度日益提高,中国金融行业面临的全球竞争日益激烈。因此,我国有学者认为,金融业的分离型模式仅仅是中国目前暂时的过渡型模式,最终目标仍然是综合型的全能银行制模式。[3] 在长期目标和短期目标之间有一个过渡期,在过渡期内,中国金融业应当是在适当分工下的混业经营与适当分工下的混业监管相对应的发展模式。

---

① 参见和讯网,http://bank.hexun.com/2016-02-22/182358146.html。
② 参见和讯网,http://finance.huanqiu.com/roll/2016-07/9199358.html。
③ 参见金德环主编:《投资银行学》(第二版),格致出版社2015年版,第56页。

我们在过渡期内完成向这一模式的转变。

　　我国财政部于 2009 年 9 月 1 日公布了《金融控股公司财务管理若干规定》,这是在国家尚无明确立法条件下首个专门针对金融控股公司进行规范的文件。从形式上看,它是从财务管理的角度对金融控股公司的资本、投资、经营、资产管理、风险控制、利润分配和信息披露等作了详细规定。实际上,它对金融控股集团的运行机制、股权架构以及业务经营等多方面提出了明确要求,对金融控股集团的公司治理和公司管理都将产生重大影响。2019 年 7 月 26 日,中国人民银行就《金融控股公司监督管理试行办法（征求意见稿）》公开征求意见,就金融控股公司的市场准入许可、股东资质监管、资金来源与资金运用监管、股权结构管理、风险"防火墙"制度等进行了制度设计,这意味着长期处于监管真空的金融控股公司开始被纳入监管视野。

二、　未来证保合作创新业务模式前瞻

　　随着金融产品不断推陈出新,金融机构投资需求越来越多,现有简单的证券与保险的业务合作已无法满足企业一揽子全方位的金融服务和居民多样化的金融服务的需要。证保合作的深化发展需要良好的法律和政策环境。但是,我国金融分业的政策和法律环境不能适应金融业发展的需要,有待进一步改革、完善。金融分业合作的政策和法律环境的不完善表现在两个方面,一方面,对金融分业合作的政策限制较多,制约了金融分业合作的开展;另一方面,对金融机构分业合作的风险监管制度建设滞后,不利于金融机构分业合作的规范发展。① 以下基于制度变革和监管转型,对未来证保合作创新业务模式进行前瞻分析。

---

　　① 参见李波、郑金国:《论分业监管条件下金融机构合作问题》,载《南方论丛》2003 年 7 月。

（一）券商责任保险

券商责任保险，又称券商保险、证券投资者保护制度，是指通过筹集资金，建立专门的、非营利性的券商保险机构和保险基金，以防止或减轻由于券商经营不善、相互兼并、破产倒闭等所导致的对投资者利益的损害及相应的市场风险，进而维护金融市场的稳定，保障证券市场乃至整个国民经济的正常运行和健康发展。

美国是券商保险制度的始祖。20 世纪 60 年代末期，美国证券业遭到经营危机、财务困难以及市场萎缩的打击，许多券商无法处理大笔订单，造成数百家证券经纪商被迫合并或停业，或因无法对客户履行义务而破产，致使大批投资者不能及时买卖本应属于自己名下的股票而遭受较大损失，不少投资者因而纷纷撤离证券市场。为了重建投资者对证券市场的信心，美国国会在 1970 年通过了针对投资者赔偿的联邦立法——《证券投资者保护法》（*Securities Investor Protection Act of 1970*）。该法规定设立证券投资者保护公司（The Securities Investor Protection Corporation，简称为 SIPC），该公司管理一笔资金，为符合一定条件的券商的客户提供保险保护，使这些客户在其券商失去偿付能力时能得到赔偿。1969 年，日本建立证券寄托补偿基金，对因券商破产带来对客户委托的资金、有价证券等的损失进行赔偿，以保护投资者利益及维护证券业的信誉。1986 年，英国根据《金融服务法》设立投资者赔偿计划（ICS），为符合规定条件的投资商行的客户提供赔偿。除美、英、日外，加拿大、澳大利亚、新加坡等国家和我国的香港地区也建立了券商保险制度，并产生了良好效果。

1. 保险机构的设置。由于券商保险与商业保险存在很多差别，因此，应设立专门的机构负责券商保险，而不是把它交给商业保险公司。券商保险机构的设置一般有三种情况：第一，直接属于证券交易所或直接由证券交易所进行管理，如新加坡。第二，直接隶属于国家证券监管机构，如我国的香港。第三，相对独立于证券交易所和证券监管机构，如美国。根据我国的实际情况,券商保险机构可隶属于证监会,这样一方面可以避免证券市场的多头管理,另一方面有利于维护证监会的权威。

2.保险机构的职能。保险机构的职能有单一制和复合制。单一制保险机构只提供风险承保和补偿。大多数国家的保险机构具有复合职能,主要是聚集并营运保险基金、券商监管、损失补偿并对问题券商进行补救、接管、特别融资等。我国券商保险机构采取复合制为宜。

3.投保对象。限于经证监会批准,并加入中国证券业协会从事经纪业务的券商。我国券商的境外机构让其就地投保。

4.投保方式。投保方式一般有三种:强制投保、自愿投保、强制与自愿相结合投保。由于我国目前证券市场尚不成熟,券商风险管理意识不高,对实行券商保险制度的认识程度也不高。所以,在设立该制度的早期有必要采取强制性的投保方式,以防未参加保险制度的券商一旦发生财务危机,仍有可能发生证券市场动荡。并且,强制投保还有助于快速聚集保险基金。

5.保险范围。限于投保券商因经营管理不善而破产倒闭或因违法被责令关闭时,券商的经纪业务给投资者造成的经济损失。券商的自营业务、委托理财业务等暂不给予保险。时机成熟后,可扩大保险范围。

6.保费征收与费率设置。保费征收方式分事先征收和事后分摊两种。我国保费征收采取事先征收为宜,这样有助于积累保险基金。我国费率采取两步走比较适合国情:起初,按照券商营业额的大小或者毛利润的多少收取一定比例的保险费;条件成熟时,实行风险等级差别费率制,按照券商的风险等级,适用相应的费率。差别费率旨在体现公平、抑制券商的道德风险与逆向选择。

7.保险限额与赔付方式。在券商佣金逐步走向市场化的情况下,有些投资者会委托佣金低但风险很大的券商,如果没有投资者保险额的确定,就极易造成大规模的保险金赔偿,加大保险机构的压力。因此,我国应实行投资者保险限额制。保险限额确定以后,超过限额的资金和证券不予补偿或按较低比例补偿;限额内的证券和资金也实行比例补偿制,使风险损失与投资者利益挂钩,促使投资者提高对券商风险的关切度。但限额内的补偿比例相对要高,否则起不到保护投资者的作用。

(二)保险资产托管

保险公司持有大量的保险资金,银保监会发布的 2018 年保险统计数据报告显示,截至 2018 年年底,保险资金运用余额为 164088.38 亿元,其中银行存款 24363.50 亿元,占比 14.85%;债券 56382.97 亿元,占比 34.36%;股票和证券投资基金 19219.87 亿元,占比 11.71%;其他投资 64122.04 亿元,占比 39.08%。

根据《保险资金运用管理暂行办法》《关于规范保险资产托管业务的通知》和《保险资金运用内部控制指引(GICIF)》,建立和完善保险资产托管机制,选择符合规定条件的商业银行等托管机构,将保险资金运用形成的各项投资资产全部实行第三方托管和监督。托管机构应当严格按照保险机构或专业投资管理机构的有效指令办理资金收支,并确保托管保险资产的收支活动通过托管资金账户进行。从现行法律和证券公司托管业务实践经验来看,证券公司具备成为保险资金托管机构的基础。

如果证券公司成为保险公司托管机构,应当至少履行下列职责:1. 安全保管托管的保险资产;2. 根据托管合同约定,代理或协助保险机构开立托管资金账户和证券账户;3. 根据保险机构或专业投资管理机构的有效指令,及时办理资金划转和清算交割;4. 对托管保险资产进行估值和会计核算;5. 根据托管合同约定,向保险机构提供托管资产报告、有关数据、报表和信息;6. 完整保存保险资产托管业务活动的记录、账册、报表和其他相关资料;7. 对托管的保险资产投资信息和相关资料负有保密义务,不得擅自将上述信息和资料泄露给其他商业机构或个人;8. 按照法律法规及保险资金运用相关规定,监督托管保险资产的投资运作,向中国保监会提交监督报告和有关数据、报表,并配合中国保监会对保险机构投资运作进行监督检查等。

涉及资金账户资料和资产权属证明等移交的信息及文件交接,法律规范或合同约定应当明确委托人、受托人和托管人三方的日常沟通方式、指令流转方式以及对接信息系统等,使各方具备履行职责的条件。

(三)保险增信

信用增进作为资本市场发展中的一种创新制度安排,是信用风险分散分担的重要实现手段。增信可以分为两大类:内部增信和外部增信。外部增信是由第三方对证券的表现进行保证的行为,通常是用来补充其他形式的增信。外部增信手段包括企业担保、保险增信、信用证、现金抵押账户等。保险增信是一种重要的外部增信。

以债券保险为例,债券保险是由专业的保险公司(债券保险公司)为债券发行人或承销商提供信用担保,保证被保险人(债券发行人或承销商)按期偿还本金和利息;如果到期日被保险人无法偿还,保险人(债券保险公司)就有责任代为向权利人(债券投资人)进行支付。债券保险的投保人为债券发行人或承销商,权利人为债券投资人,保险标的为债券的信用风险。近年来,随着金融市场的飞速发展和不断推陈出新,债券保险的保险标的趋向于结构化,例如资产支持债券和债务抵押债券。

投保人在债券发行时购买债券保险,由于有债券保险公司对其信用进行担保,其信用等级自然升级至与债券保险公司相同的等级,这就是信用增信的过程。

由于金融监管的需要,债券保险公司应当受到信用评级公司的审核。信用评级公司要求债券保险公司按照业务量提取一定比例的资本准备金,债券的等级越低,资本准备金率越高。当债券保险公司资本准备金不足时,它就会进入信用评价公司的观察名单,甚至进行降级处理。

同时,债券保险公司必须通过将部分重大债券保险业务再保险来保证其偿还能力,再保险的比例至少为其业务的 10%—20%。因此,债券保险公司通常有一个强有力的靠山,也就是他们的母公司,他们通过母公司再保险来达到债券保险业务准备金的要求。

在美国,债券保险是为数很少的几家专业机构提供的,他们只对债券进行保险,被称为单一险种保险人,这些保险公司的信用评级长期保持在 AAA/Aaa 级,因而对债券提供了非常强大的增信作用。与企业担保不同的是,债券保险只能向投资级(BBB/Bbb)以上的债券进行保险。[1]

(四)保险风险证券化

保险风险证券化是将保险业的风险(保险风险、再保险风险)通过有价证券的买卖转移到资本市场,实现卖者转移风险,买者获得风险溢价,是针对风险的交易。保险风险证券化在国外已经出现近 20 年,但由于法律规定的限制和业务设计复杂等原因在国内还没有过尝试。保险风险证券化的工具主要包括巨灾债券、巨灾互换、保险期权、指数期权、应急资本、基本风险交易行业损失担保及寿险债券等。其中巨灾债券(Catastrophe bonds)是目前针对巨灾风险如何化解所采取的主要解决方案,也是国外保险风险证券化运用较为成熟的方式。1995 年,投资银行和一些保险经纪公司、大的再保险公司推出了一种场外交易的保险衍生产品,以高收益的债券把巨灾再保险债券化。当实际巨灾损失超过特定的比例或保险限额时,债券持有人将会丧失或被推迟支付利息,严重时可能本金也不能偿还,保险人和再保险人可以利用这部分资金弥补损失。当然,若未发生预定范围和程度的灾害损失,债券持有人可以获得高于其他债券的利息回报。由于标准化,上市交易的巨灾债券交易成本低于传统再保险,因而得到较快发展。早在 1999 年 6 月世界各国通过保险证券

---

① 参见杨桦、周军主编:《变革与突破——中国资本市场发展研究》,中国财经出版社 2014 年版,第 282—283 页。

化工具共吸纳超过 27 亿美元的资金用于巨灾保障。[①]

　　以巨灾债券为例,巨灾债券的发行首先是由想要发行债券的保险公司注册成立一个独立运作的 SPV,由 SPV 专门负责该项业务,并由其在证券市场上发行巨灾债券。投保人与保险公司签订保险合同,并向保险公司支付保费,保险公司与 SPV 签订再保险合同,并向 SPV 支付再保险费。SPV 在发行巨灾债券后对保险公司进行再保险保障,并且将筹集来的部分资金和保险公司交的再保险费中的部分存到信托账户中。除此之外的部分进行短期投资,由于这些资金的安全性比收益性更重要,因此,主要投资方向是风险较低的资产,比如国债,以达到该账户的资金保值增值的目的。具体流程如下:

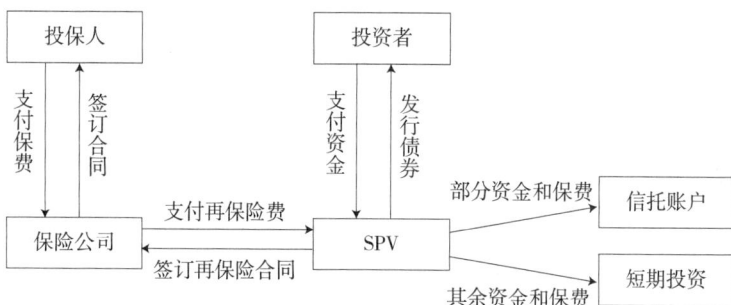

图 17-2　巨灾债券业务流程

　　现阶段我国推行保险风险证券化还存在一些困难和障碍:一是缺乏健全完善的法律体系。我国政府目前对保险风险证券化才开始重视,政策支持力度不高,发行证券的过程中会涉及诸多层面法律问题,业务规范、税收制度以及会计制度的完善尚需要一段时间。二是资本市场发展不完善,保险风险证券化难以实现。国内保险公司承保能力不足导致其

[①]　参见廖泽群:《我国证保关系现状与发展趋势分析》,载《证券市场导报》2003 年 3 月号。

主动将巨灾风险拒之门外,SPV 是保险风险证券化得以运作的核心,但目前我国尚不具备设立 SPV 所需的基础性条件,保险风险证券化产品的主要投资力量又恰恰是机构投资者,而我国资本市场中机构投资者较少。三是保险业各项准备不足。在保险风险证券化产品设计和定价中,巨灾风险模拟模型是其最基础、必不可少的风险模拟模型,由于我国尚未建立起适合我国国情的巨灾风险模型,保险人难以评估损失金额及损失发生的频率,无法分析保险市场巨灾风险的状况,也无法计算相应的保费,使得保险风险证券化丧失了存在的基础。

我国发展保险风险证券化可以从以下几方面着手:一是培养专业人才。保险风险证券化涉及领域众多,这就需要大量的专业型、复合型人才。除了保险费率厘定外,证券化建立过程中还需要会计、法律等诸多层面人才参与。建立中介机构、培养专业人才已经成为发现保险风险证券化的必然趋势。二是构建具有一定规模、完善的市场供需体系。从我国现实情况出发,先培育一批有实力的机构投资者和可以发行资产支持证券的中介机构,再逐渐通过加大对保险风险规避、资金运作等知识的普及,扩大投资者的整体规模。三是为确保保险风险证券化运作的有序性和有效性,建立和完善规范的法律和制度环境,这也是证券化交易结构的严谨性和市场主体明确彼此间权利义务关系的基本要求。

(五)协议控制

公司之间通过合同或协议的方式表现出一种"控制—受控"关系,在立法上首见于德国。德国《股份法》将企业控制合同定义为:一股份公司或股份两合公司将公司的领导权置于另一企业之下(支配合同)或负有将其全部盈利支付给另一企业的义务的合同(盈利支配合同)。[1]

证券公司与保险公司的控制协议是指一家证券公司或保险公司置于

---

[1] 参见赵志钢:《公司集团基本法律问题研究》,北京大学出版社 2006 年版,第 59—60 页。

另一家保险公司或证券公司领导之下的协议。通过这类协议，将公司整合的法律基础具体化，使控制公司获得管理权，受控公司则服从于外部的管理。协议控制在表面上恪守公司独立人格的前提下，通过合同这种合法的形式，使企业的人格和财产实质上不再独立。因此，证券公司与保险公司之间的协议控制必须具备严格的生效条件。①控制协议只有在得到公司股东大会同意后才能生效，而且需要股东大会以特别决议的方式批准。②协议应当采用书面形式。③除非当事公司的股东会表示放弃并经过公证，协议双方公司的董事会应当各自提出或者共同提出详细的书面报告，从法律和经济上对企业协议的订立、协议的具体内容、股东权益的维护等内容进行说明。④控制协议应当由律师事务所和会计师事务所等中介机构进行审查。⑤控制协议应以规定的方式向公司所在地的证券、保险等监管机构报备，方产生法律效力。

（六）全能银行模式

全能银行模式，又称为金融百货公司制，是指银行可以从事任何金融业务和其他业务，这种模式在欧洲大陆较为流行。这些国家的商业银行可依法从事包括接受存款和发放贷款、交易各种金融工具和外汇、承销债券和股票经纪业务、投资管理和保险在内的广泛的一系列的金融服务。客户只要到银行来，所有的金融业务都可以在此办理。全能银行可以经营证券、保险等其他金融业务，但其仅仅是作为银行的一个子业务部门而存在。证券业务和保险业务就像一家大型百货公司内部两个不同部门，同属一家公司，只有一个董事会，这种模式能产生规模经济效应。当然，全能银行的一个最大弱点在于它容易形成垄断以及造成利益冲突。德国全能银行模式之所以能够长期顺利地发展，主要归功于德国联邦银行是一个极其权威、高效运转的金融监管机构，能够协调混业经营过程中可能出现的矛盾。同理，如果我国将现有的"一行两会"监管整合为统一的大金融监管，统一由中国人民银行进行监管，那么推行全能银行模式就不是不可能的。

第十八章　证券公司开展证保合作的制度障碍

一、　境外证保合作的制度经验

在 20 世纪 30 年代的经济危机爆发之前,许多西方国家包括证券、保险在内的金融业都实行混业经营。1929 年经济危机以后,很多专家认为,商业银行的过度投机和市场操作行为是产生这次危机的最重要因素之一。商业银行从事证券业务,把存款人的短期资金投资于股票交易,导致了过多短期资金被用作长期资金,在股市出现崩溃时引起了金融链条的中断,引发了金融危机。为了防范大危机的再次发生,美国通过了《格拉斯—斯蒂格尔法》(*Glass Steagall Act*),美国禁止商业银行从事保险和经营公司证券,投资银行必须与商业银行分离。正如美国学者查理斯·R.吉斯特所说,"《法案》使商业银行与它们一度盈利丰厚的附属公司挥泪而别……由此产生了一个独立自主的新产业,美国投资银行界就这样由政府缔造出来了。"[①]随后英国、日本等许多国家也纷纷仿效,分业经营和分业监管模式得以确立。

毫无疑问,分业经营在当时产生了一些积极作用。如它在银行业与证券业、保险业之间构筑了一道坚固的"防火墙",有效降低了整个金融体系的风险;它在一定程度上促进了金融业内的专业分工,使不同专业能

---

① 转引自阎敏主编:《投资银行学》(第三版),科学出版社 2015 年版,第 7 页。

够充分利用自身有限的金融资源为客户提供更好的服务;同时,由分业经营管理带来的分业监管,也明确了监管职责,提高了监管效能。

但是随着经济、金融的不断发展,分业经营模式在长期的运作过程中也不断暴露出其固有的缺陷和弊端,它严重束缚了商业银行的发展,使商业银行的竞争力明显下降。随着金融证券化、电子化、信息化和全球化的发展,20世纪七八十年代,实行分业经营的国家又开始出现混业经营的新动向,向着金融百货公司的方向前进。

美国《金融服务现代化法案》标志着从严格的分业经营向混业经营的转向,其核心内容是促进银行、证券公司和保险公司之间的联合经营,该法案允许一些合格的银行控股公司以及国民银行的子公司从事证券业务和保险业务,允许银行、证券公司和保险公司以金融控股公司的方式相互渗透,实现联合经营。[1]《金融服务现代化法案》生效之后,证保合作就在以金融控股公司为主要形态的美式混业经营的模式下展开,证券公司与保险公司作为金融控股公司的子公司,在股权关联的基础上进行业务联合。也就是说,尽管在美国单一金融机构并不能直接同时经营保险业务和证券业务,但是从属于同一金融控股公司的证券公司与保险公司之间能够进行充分的业务合作,即便是并无股权关联的证券公司与保险公司,亦可通过协议对合作事项进行约定。易言之,美国《金融服务现代化法案》确认了证保合作的合法性,为证券公司与保险公司的业务融合提供了制度空间。

德国的证保合作则是在全能银行的单一机构下完成,即证保合作不再只是证券公司与保险公司之间的跨机构合作,而是在机构整合的基础上一个金融机构内部不同业务板块之间的合作。德国金融体系的特征是全能银行(Universal Bank,又称为综合银行)在国民经济中占据主导地位。全能银行不受金融业务分工的限制,不仅能够全面经营商业银行、投

---

[1]　参见陈柳钦:《美国和德国金融制度变迁分析及其思考》,载《经济研究参考》2005年第75期。

资银行、保险等各种金融业务,为企业提供中长期贷款、有价证券的发行交易、资产管理、财产保险等全面的金融服务。[①] 随着德国全能银行对证券、银行、保险业务的全面覆盖,分业经营时代的《德国银行法》(KWG)、《保险监管法》(VAG)和《德国证券交易法》(WpHG)所确立的联邦银行监管局、联邦证券监管局、联邦保险监管局也被行使统一监管职能的联邦金融监管局所取代,后者根据《联邦金融监管局法》对金融行业进行统一监管。因此,德国的证保合作已经完成了机构整合阶段,证券业务与保险业务同属于一个金融机构实体,证保合作具备先天的合作基础,并且能够实现有效的业务融合。可以说,德国的混业经营模式使得证券业务与保险业务能够整合入一个金融机构,为证保合作的开展提供了良好的机构基础和监管条件。

日本的证保合作也起始于兼业代理,即证券公司工作人员可以为保险公司提供客户信息从而获取佣金,作为证券公司也为保险公司的产品销售提供渠道,例如野村证券同意通过其分支机构为生命保险发行可变养老金保险。在日本,虽然证券行业与保险行业并未实现机构的混同,但可以通过金融控股公司模式实现业务的合作,[②]并且日本的金融立法已经呈现出非常明显的统合规制趋势。2006 年日本出台《金融商品交易法》,将具有投资型的金融商品包括证券、保险合同等都统一作为金融商品进行横向规制。尽管目前《保险业法》依然对保险行业和保险公司单独进行规范,但日本在不久的将来将会出现日版《金融服务与市场法》,证券、银行、保险商品将真正纳入一部法律之中。[③] 从目前来看,日本的证券公司与保险公司尚未实现机构的整合,但是已经在证保合作方面取得了大量实践成果,例如自 1984 年以来,保险风险证券化已经成为保险

---

① 参见陈柳钦:《德国金融混业经营及其监管》,载《上海金融学院学报》2008 年第 4 期。
② 参见桑榕:《日本金融业混业经营组织模式的选择及对我国的启示》,载《日本问题研究》2006 年第 3 期。
③ 参见杨东:《论金融法制的横向规制趋势》,载《法学家》2009 年第 2 期。

公司一种有效的风险管理工具,在地质灾害频发的日本为保险公司转移风险起到了重要的作用,而在证券化的过程中证券公司扮演了重要的角色。

从境外的业务实践和制度经验来看,各国的证保合作都是建立在混业经营的基础之上,通过对金融控股公司或者全能银行在执行具体业务过程中的风险防范进行规制,而并未专门对证保合作进行相关的制度设计。易言之,境外证保合作的法律制度遵循的是"机构导向"而非"业务导向",即以进行证保合作的机构运行规则而非具体业务经营规则为主要规制手段。在我国当前分业经营的金融体制下,只能围绕证券业务与保险业务的合作、融合为主要规制路径,与此同时结合混业经营趋势以及金融控股公司的实践对机构整合进行相应的制度探索。

二、 我国证保合作的现行制度框架

根据《国务院关于加快发展现代保险服务业的若干意见》(以下简称《意见》)的要求,要促进保险市场与货币市场、资本市场的协调发展,进一步发挥保险公司的机构投资者作用,为股票市场和债券市场长期稳定发展提供有力支持。鼓励设立不动产、基础设施、养老等专业保险资产管理机构,允许专业保险资产管理机构设立夹层基金、并购基金、不动产基金等私募基金。稳步推进保险公司设立基金管理公司试点。探索保险机构投资、发起资产证券化产品。探索发展债券信用保险。积极培育另类投资市场。《意见》为证券业与保险业的合作奠定了政策基础,也为证券公司与保险公司协同开展业务创新提供了政策的指引。然而从我国现有《证券法》《保险法》以及相关行政法规和部门规章来看,并无专门制度对证保合作进行明确规定。我们只能从证监会、保监会对证券公司、保险公司从事具体业务的监管规定之中梳理出一些制度线索,这些制度构成了当前我国证保合作的不完善的制度框架。

在保险公司的证券投资方面,《保险资金运用管理暂行办法》第六条明确了保险资金运用的形式限于:(1)银行存款;(2)买卖债券、股票、证券投资基金份额等有价证券;(3)投资不动产;(4)国务院规定的其他资金运用形式。尽管这一规定的目的是为了确保保险资金运用的安全性和效益性的统一,但是保险资金能够用于买卖有价证券,就为证券公司与保险公司的合作奠定了一个前提性的基础。事实上,保险资金投资证券成为可能,经历了一个长期的法律制度演变的过程。1995 年《保险法》第一百零四条规定保险公司的资金运用仅限于银行存款、买卖政府债券、金融债券和国务院规定的其他资金运用形式。1998 年,保险公司才获许参与银行间债券市场从事现券交易。1999 年,《保险公司投资证券投资基金管理暂行办法》的出台才使得保险资金能够通过购买证券投资基金间接进入证券市场。2005 年,保监会和证监会联合出台《保险机构投资者股票投资管理暂行办法》,保险资金才得以直接入市进行证券交易。2012 年,《保险资金境外投资管理暂行办法实施细则》允许保险公司投资境外的股票、证券、基金和不动产。经历以上制度变迁,保险公司终于能够直接地进行证券交易。而在保险公司进行有价证券投资时,根据保监会发布的《关于保险机构投资者股票投资交易有关问题的通知》,保险机构投资者应当通过独立席位进行股票交易。独立席位的获取可以通过两种方式,即保险资产管理公司向证券交易所申请办理专用席位,或保险机构投资者向证券经营机构租用专用席位。随着上交所、深交所出于保险机构非交易所会员而不再为保险机构提供独立席位的背景下,保险机构向证券经营机构租用席位将成为常态。

在保险公司与证券公司相互持股方面,《保险资金运用管理暂行办法》第十四条允许了保险公司可以进行股权投资,并且限定了实现控股的股权投资应当限于保险类企业、非保险类金融企业、与保险业务相关的企业。这条规定实际上也给保险公司持股、控股证券公司提供了制度上的空间。而同样的,根据《保险公司股权管理办法》第十三条之规定,境内证券公司在符合审慎监管指标要求的条件下,亦可以投资入股保险公司。

在保险资产托管方面,《保险资金运用管理暂行办法》第十九条规定保险集团(控股)公司、保险公司应当选择符合条件的商业银行等专业机构,实施保险资金运用第三方托管和监督。这条规定并未将证券公司排除在外,证券公司亦可以作为专业机构对保险资金的运用进行托管和监督。而《保险机构投资者股票投资管理暂行办法》则对保险公司的股票资产托管进行了规定,明确了由符合《保险公司股票资产托管指引》规定条件的商业银行或者其他专业金融机构作为股票资产托管人,接受保险公司委托保管股票和投资股票的资金,负责清算交割、资产估值、投资监督等事务。

在证券公司作为保险公司兼业代理方面,根据保监会发布的《保险兼业代理管理暂行办法》,保险人可以委托保险兼业代理人在从事自身业务的同时,为保险人代办保险业务。《办法》为证券公司进行兼业代理,代销保险产品提供了制度上的可能性,也正是基于该《办法》,证券公司与保险公司开始了自 2000 年以来的代理销售的合作。而证监会直到 2012 年才出台《证券公司代销金融产品管理暂行规定》,该规定对证券公司接受金融产品发行人委托,为其销售金融产品或者介绍金融产品购买人的行为进行了规范,并且要求证券公司代销金融产品的,应当按照《证券公司监督管理条例》和证监会的规定,取得代销金融产品业务资格。并且对于委托人资格审查、代销合同的约定、投资者适当性等方面进行了规范。该《规定》适用于证券公司接受保险公司委托代销保险产品,是在证券公司代理销售保险产品受保监会长达十余年的单方监管之后,证监会作为证券公司监管主体首次对代理销售业务进行规范。

发行证券补充资本以及其他投行业务合作方面,《保险公司次级定期债务管理办法》对保险公司为弥补临时性或阶段性资本不足而募集次级债的行为进行了规定。该《办法》第二十一条规定募集人可以自行或委托具有证券承销业务资格的机构募集次级债。这一规定为证券公司介入保险公司募集次级债的业务提供了制度空间。中国人民银行、银监会、证监会、保监会在 2010 年联合发布《关于进一步做好中小企业金融服务工作的若干意见》中要求进一步完善风险控制、信用增进等相关配套机制，为优质中小企业在债务融资工具发行阶段提供信用增进服务。同时，积极发展信用保险和短期抵押贷款保证保险等新型保险产品，鼓励保险机构积极开发为中小企业服务的保险产品。这能为证券公司在为中小企业发行债务融资工具时引入保险公司提供信用增进服务，通过债券保险来提高中小企业债务融资工具的信用等级，为证券公司与保险公司的业务融合提供政策依据。

以上零散的制度构成了现行体制下证券公司与保险公司开展业务合作的规范来源。尽管上述制度作为金融市场的显性规则，在规范证保合作的过程中发挥着主要的作用，但是在金融抑制和金融法制发展不完备的背景下，证保合作的实践进程在大量的隐性规则和政策指导中运行，在一定程度上脱离了金融法律制度。这一现象反映出了我国证保合作法律制度的缺失和不足，具体表现为以下几个方面：

（1）证保合作配套制度规则不完备。从现有制度体系来看，专门就证保合作事宜进行规范的法规或部门规章尚付阙如，证保合作还远未进入监管部门立规建制的时间表，甚至是就证券公司与保险公司进行的具体业务而言，也只是对零星的、浅层次的业务合作进行了原则性的提及，并无具体细致的规则。易言之，现有制度体系并未充分考虑证保合作的现实性和可能性，亦未对证保合作的具体框架和形式进行规范，相关制度的完善程度远不足以满足证保合作的已有实践和未来探索。相关制度的不完备，一方面会限制证保合作的业务发展空间，另一方面也会造成证保合作处在无序发展的状态而产生风险，均不利于证保合作的健康发展。

（2）证保合作配套制度规则不同步。在分业经营、分业监管的现有金融体制下，证监会对证券公司的业务活动进行监管，银保监会对保险公司的业务活动进行监管。然而,当证券公司与保险公司进行业务合作或业务融合等证保合作时,证监会和银保监会两大监管部门并未同步地对相关合作进行同步统一的规定。例如早期的证券公司兼业代理销售保险产品,只是在原保监会的监管规则下进行,十余年后证监会才出台相关制度从证券行业的角度予以规范。证保合作关涉证券行业和保险行业,若证监会和银保监会两大监管部门规则不同步,极易造成监管真空,或者规则冲突,不利于证保合作的有序进行。

(3)证保合作配套规则存在着显著的管制思维。事实上证保合作是证券行业与保险行业基于市场需求而自发进行的跨业合作尝试,是在市场机制作用下自发完成资源优化配置的过程。当前的相关制度尽管未明文表达对于证保合作的态度,但事实上对证保合作的实践产生着重要的影响。上述以部门规章为主要表现形式的制度并未采取“法无明文规定即可为”的应有态度,亦未对证保合作提供自我探索的制度空间,并且还通过设置各类监管指标以及泾渭分明的业别限制妨碍证保合作的合理开展,体现出了浓厚的金融管制逻辑,限制了证保合作的正常自发的发展。

(4)证保合作配套规则中存在着大量的隐性规则。由于当前金融抑制的金融法制逻辑,金融监管中的隐性规则大量存在,甚至在很大程度上会超过成文的显性规则。[①] 在相关制度规则缺位的背景下,我国金融监管对于证保合作的态度尽管未在成文规范中予以明确,但在监管实践中能够窥见监管部门的态度。以平安证券的“保单开户”试点为例,在并无法律依据的情况下监管部门仍然将其视为创新业务试点,一方面是体现出了金融管制思维,另一方面也意味着证保合作的监管尺度都系于监管部门的自由裁量。隐性规则的大量存在将证保合作的业务实践置于一种不确定的状态,这也将极大地限制证保合作的创新实践。

---

① 参见黄韬:《金融抑制与中国金融法治的逻辑》,法律出版社 2012 年版,第 10 页。

三、 证保合作进一步深化的制度障碍

尽管我国目前的金融法律制度为证保合作保留了一定的制度空间，但是我国现行的分业经营、分业监管的金融体制以及不完备、不同步的法律规范对于证保合作的进一步推进和深化形成了明显的掣肘，这种制度障碍妨碍了金融市场的融合与创新，不利于证保合作的有效开展，亦不利于金融市场竞争力的提高。

首先，分业经营模式下的业务边界限制了证保合作的进一步深化。我国《证券法》第六条明确规定：证券业和银行业、信托业、保险业实行分业经营、分业管理，证券公司与银行、信托、保险业务机构分别设立。这一规定的存在，不仅禁止了证券公司与保险公司在机构上的整合，而且限制了证券业与保险业在业务上的融合。尽管作为市场主体的证券公司与保险公司一直在进行证保合作的尝试，而且监管部门也在灵活把控监管尺度的基础上通过默许或者试点的方式为证保合作提供空间，但是基础法律制度的禁止性规范成为证保合作进入到深层次阶段随时可能触碰的红线，是高悬在证保合作之上的达摩克利斯之剑。由于分业经营的体制局限，我国证保合作难以纵深展开，只能局限于浅层次的业务合作，难以走向业务融合和机构整合，从而限制了证保合作的进一步深化。

其次，监管主体协调机制有效性不足限制了证保合作的进一步深化。与分业经营相配套的就是分业监管的金融监管体制，即证监会对证券行业和证券公司进行监管，银保监会对保险业和保险公司进行监管。在证保合作模式下，证券公司与保险公司的业务合作与融合以及机构的整合，难以避免地会造成证监会与银保监会在监管对象、监管范围和监管规则上的重叠和冲突。如果证监会与银保监会能够在证保合作的过程中进行有效的监管协调，那么证保合作才能获得有利的监管环境。然而从我国当前的实践来看，由于两大监管主体具有不同的监管利益，以及当前监管

体制分化所形成的监管竞争,证监会与银保监会之间缺乏有效的监管协调机制,从而制约了证保合作的进一步深化。一方面是证监会与银保监会对证保合作具体业务的监管规则不同步,例如证券公司兼业代理销售保险产品,在 2000 年即已根据原保监会的《保险兼业代理管理暂行办法》开始了市场实践,而证监会在 2012 年才出台《证券公司代销金融产品管理暂行规定》。另一方面是证监会与银保监会对于证保合作的实践存在不同的监管利益而时常产生分歧,例如对于保险公司在证券交易所的独立席位的处理上,2004 年以来保险机构能够直接持有或租用交易席位,而在 2011 年之后沪深交易所和中证登在监管部门的默示下对保险公司持有和租用交易席位进行了清理,这也正是两大监管部门之间缺乏协调统一的体现。证监会和银保监会两大监管部门之间缺乏有效的协调机制,会将这种不同步和冲突从监管层面投射到市场层面,导致了证券公司与保险公司难以步调一致地开展证保合作。

最后,创新型业务模式合规性不明确限制了证保合作的进一步深化。除了传统意义上浅层次的业务合作,证券公司与保险公司在业务融合与机构整合方面的合作都具有明显的创新性,而这些创新型业务模式在很大程度上都没有相关的法律法规或监管规则予以明确。创新是金融发展的动力来源,证保合作的发展也正是有赖于证券公司与保险公司的协同创新。然而在法律制度不完备的背景下,基于证保合作所开展的创新型业务模式面临着因制度缺位导致的合规性迷局。这种合规性迷局主要表现为两个方面,即确定的不合规,以及不确定的合规。所谓确定的不合规,是指在现行法律制度下证券公司与保险公司开展的证保合作明确地不符合法律规定。例如证券公司与保险公司的股权式整合,会与当前分业经营的体制相冲突。尽管混业经营是未来金融行业发展的趋势,但现行制度对此形成了刚性约束而难以逾越。所谓不确定的合规,是指尽管在现行法律制度下证券公司与保险公司开展的证保合作并无明确法律依据,但亦未违反既有的限制性规定。例如券商责任保险、保险风险证券化等业务模式的制度规则尚属空白,但按照法无明文规定即可为的原则,证券公司与保险公司亦可进行相应尝试。金融创新本质上就是在现有制度空白的基础上进行探索,或者直接就是法律规避行为,而对于证保合作中的创新型业务模式,法律制度以及监管部门本应采取鼓励与宽容的态度以利于金融创新的发展,并且适时予以制度认可。然而由于合规性的困惑,以及对于监管部门的忌惮,导致了证券公司与保险公司在开展创新型证保合作时缺乏足够的动力和勇气,从而制约了证保合作中的创新。

第十九章　证保合作制度保障体系的构建与完善

　　我国证券公司与保险公司进行合作开展业务创新,是证券公司业务瓶颈逐渐凸显,保险公司规模日益扩大、混业经营趋势不断发展以及金融创新蓬勃发展的背景下的必然选择。然而由于我国当前证保合作配套法律制度缺位以及监管协调机制不畅,证券公司与保险公司的创新合作受到了较大的限制。因此,为了给证保合作中的证券公司业务创新提供有利的制度环境,需要对证保合作法律保障体系进行构建和完善。

一、 证保合作制度构建与完善的路径与阶段

　　法律制度的构建与完善从来不是一蹴而就的,而是一个循序渐进的过程。与证保合作业务模式从业务合作基础层次向业务融合的深化层次发展,最终完成终极层次的机构整合的进程同步,保障证保合作顺利有序开展的法律制度体系也需要按照市场实践的进程来实现不断完善的过程。因此,我国证保合作法律保障体系的构建,应当考虑现实情况按照证保合作业务模式的演进路径分阶段地完成。

(一)从业务合作到业务融合的制度保障

　　在现行制度框架下,证保合作的主要领域还局限为简单的互为客户式的业务合作模式,即证券公司与保险公司只是在相关监管规则的范围

内,以各自能够开展的相应业务为基础开展合作,尚未深化到融合证券行业和保险行业新型业务和产品的开发层面。究其原因,在于严格的分业经营原则下的业务活动的严格界线造成了证券业和保险业之间的藩篱与鸿沟。因此,要推动证保合作以及依托于证保合作的证券公司业务创新,亟须打破证券公司与保险公司在业务融合方面的障碍。具体而言,一方面是要放松金融管制,消除证券公司与保险公司深度合作的制度红线,允许证券公司与保险公司共同探索可行的业务融合模式,使证券公司与保险公司之间能够整合各自优势,实现资金和业务等方面的无缝对接。另一方面则是要通过开放试点,允许证券公司与保险公司共同创新业务模式,开发和推广包括券商责任保险、债券保险、保险资产证券化、保单开户等创新型业务,使证券公司与保险公司能够开拓全新的业务领域以实现互利共赢。由于业务融合并未在根本上动摇现行的分业经营体制,因此从业务合作向业务融合的转变,并不需要大幅度地调整现行法律制度,只需要修改或出台相应的监管规则,赋予证券公司与保险公司在业务创新上的自主权和先行先试的权利,同时在资金安全、金融消费者保护等方面妥善地进行配套制度安排即可实现。

(二)从业务融合到机构整合的制度保障

尽管当前我国仍实行分业经营的金融体制,但是随着金融创新和混业经营趋势的不断发展,未来证券公司与保险公司实现机构整合并非空想。作为证保合作的终极层次,证券行业与保险行业需要提前对机构整合做好相应的评估和准备,在制度建设层面也需要将机构整合纳入考量范围。机构整合在事实上会突破现有金融法律法规的明确规定,而且考虑到当前证保合作发展阶段,机构整合也并非眼下法律制度调整的现实目标。因此,可以将机构整合作为未来证保合作发展到相应阶段后制度变革的任务。但是从未雨绸缪的角度来考虑,当下探讨机构整合的制度保障也并非毫无意义。要实现证券公司与保险公司的机构整合,需要从以下几个方面来完善相关制度：首先，需要对现有法律包括《证券法》《保险法》等的修改，删除证券公司、保险公司只能从事证券业务或保险业务的分业经营的原则性规定，以清除机构整合的障碍，使证券业务与保险业务由整合后的机构统一开展获得合法地位。其次，需要适应机构整合后混业经营的金融服务的统和法律体系，包括对于整合了证券公司与保险公司的新型金融组织的统和规制、整合了证券业务与保险业务的金融商品与服务的统和规制，以及明确监管责任和监管范围的金融监管的统和规制和金融消费者保护体系的构建等。[①]　最后，需要明确证券公司与保险公司在进行机构整合中的准入条件、内部治理、审慎监管指标以及内部业务隔离等相关制度，以避免机构整合过程中的利益冲突和金融风险的累积。

二、 证保合作制度构建与完善的基本原则与逻辑

构建和完善适合证保合作发展的法律制度体系，保障证券公司在证保合作中的业务创新，需要围绕把握业务模式的创新本质以及其所涉及的混业经营与监管的特征，有针对性地对当前金融法制进行调整。具体而言，相关制度的构建和完善需要遵循如下基本原则和逻辑。

首先，证保合作制度保障体系需要符合金融创新的需求，支持和规范金融创新。作为分业经营模式下证券公司和保险公司自发完成的业务模式创新，证保合作体现着金融创新的内在要求和现实发展。不管是在各自业务范围内开展的联合与融合，还是合作开发新型产品和服务，都属于证券行业与保险行业进行金融创新的成果。从制度设计的逻辑来看，围绕证保合作所制定的相关制度规范，需要具备支持和规范金融创新的价值取向。一方面，证保合作制度保障体系必须要为金融创新提供法律依

---

① 参见杨东：《金融消费者保护统合法论》，法律出版社 2013 年版，第 36 页。

据,并且为证券行业和保险行业开展合作提供相应的制度空间。由于金融行业作为国民经济的命脉具有其特殊性和重要性,金融行业的管理呈现出严格的管制倾向,金融法制也相应地具有明显的管制思维。[①] 金融管制对于金融创新持有谨慎的态度,业务范围的严格框定、金融产品和服务的严格审批,金融机构业务活动的严格限制,都在很大程度上抑制了金融创新的积极性和可行空间。因此,要推动和保障具有典型金融创新特征的证保合作以及证券公司的业务创新,就需要在一定程度上调整对于业务创新的过度管制,为金融创新的发展留下充足的制度空间。另一方面,证保合作制度保障体系亦需要对金融创新进行规范,以避免过度创新、盲目创新过程中出现法律规避行为,造成金融风险的累积进而危害金融安全和损害金融消费者利益。事实上,金融创新本身就具有很强的规避监管的倾向。金融创新具有的灵活多变且纷繁复杂的特性,对于相对稳定且滞后的监管制度会形成一定的冲击,后者往往难以对前者进行有效的应对。因此,在为证保合作的金融创新提供制度支持的同时,也需要合理地评估证保合作中可能产生的风险,并且提前进行有效的制度设计予以防范和控制。

其次,证保合作制度保障体系需要适应跨业合作与混业经营趋势,消除证保合作中的制度障碍。自 2002 年以来按照分业经营、分业监管的金融体制进行的制度设计,实际上形成了不同金融业别条块分割的制度体系。证券业、保险业泾渭分明的业务范围和监管体系,成为证保合作深化发展的最主要障碍。然而随着金融行业内部之间存在着跨业合作的现实需求和初步实践,以及金融业整体混业经营趋势不断明朗,金融法律制度体系也面临着确认跨业合作和混业经营的外部要求。在现有制度体系下,证券公司与保险公司的合作既存在着诸多业务红线,又面临着创新型合作的产品和服务的制度缺位的问题,同时还可能因证监会和银保监会

---

① 参见冯果、袁康:《走向金融深化与金融包容——全面深化改革背景下金融法的使命自觉与制度回应》,载《法学评论》2014 年第 2 期。

的双重监管而存在监管重叠和冲突,这些现实的障碍都在很大程度上限制和妨碍了证保合作的顺利推进,也导致了证券公司按照证保合作模式开展业务创新面临诸多困难。因此,要保障证保合作的顺利开展,需要对现有金融法律体系进行系统性、分阶段的调适。在当前阶段,可以对分业经营的金融体制进行适度调整,允许证券公司与保险公司开展业务合作与融合,为证保合作的深入开展提供制度空间,使得证券公司与保险公司发挥自身优势进行业务融合成为可能。在金融体系发展到达一定阶段,混业经营的条件已经具备时,再对证券公司与保险公司的机构整合进行相应的制度规范。

最后,证保合作制度保障体系需要采用功能监管理念,完善跨业合作中的监管体制。证券公司在证保合作模式下开展业务创新,面临的最直接的问题就是金融监管。由于证保合作所涉及的业务和机构横跨证券行业与保险行业,在现有分业监管体制下,既会进入证监会的监管范围,同时也会进入银保监会的监管范围,由此就出现了监管重叠的问题。在这一情况下,若监管部门之间未能实现有效协调,则极易出现监管冲突或监管真空:若证监会与银保监会都主张对于创新业务的管辖权,则会增加证券公司证保合作创新业务的合规成本,也会导致监管资源的浪费;若证监会与银保监会均不对证券公司证保合作的创新业务进行监管,则容易使该业务合规性存在不确定性,且可能因监管缺位而产生风险。因此,传统的条块分割的机构监管理念显然并不适合证保合作中证券公司创新业务的监管,需要根据该业务的具体实质以及在金融产品和服务提供过程中所涉及的具体功能,明确相关的监管部门,以确保对证保合作模式下的创新业务实施有效监管。建立和完善证保合作制度保障体系,就需要按照功能监管的理念对金融监管体制进行调整,将金融监管职权和范围的划分标准确定为金融活动所反映的经济实质与功能之上,而不再是基于金融机构性质和金融业务类型的简单区分,从而使证保合作中证券公司的业务创新所涉及的监管主体更加明确。

三、 证保合作制度构建与完善的重点内容

构建和完善证保合作的制度保障体系,为证券公司在证保合作模式下开展业务创新提供制度空间和行为规范,需要在准确把握制度调整阶段和基本逻辑的基础之上,将以下几方面的重点内容作为主要任务:

(一)消除业务创新的障碍

证保合作的深化推进以及证券公司利用证保合作模式开展业务创新,尽管在当前制度体系下能够进行初步的探索,但是依然存在着制度上的障碍。证券公司与保险公司之间进行跨业合作缺乏明确有效的法律依据,分业经营红线使得证券公司与保险公司的信息和资金互通存在合规性难题,创新业务的开发与推广在严格的管制下难以推进。因此,要保障证券公司在证保合作模式下进行业务创新,首先就是要打破分业经营所人为制造的障碍,使证券公司与保险公司之间形成资金、信息、业务顺畅流通和优化配置的格局。具体而言,消除业务创新的障碍,需要在以下几个方面进行制度的完善:(1)对证保合作进行原则性的肯定。尽管《证券法》《保险法》等都明确规定了证券业、银行业、保险业实行分业经营、分业监管的原则,但是并未就不同金融业别之间进行跨业合作进行明确肯定或明确禁止。由于缺乏基础性法律对证保合作的认可与肯定,证券公司与保险公司开展证保合作并在此基础上开展业务创新就缺乏合法性基础。尽管已有证券公司代理销售保险产品等基础层次的合作,但是更深层次的证保合作始终由于分业经营红线导致的合规性难题而踟蹰不前。因此,只有在基础法律层面对证保合作进行原则性的认可与肯定,允许在坚持分业经营原则的基础上进行业务合作与业务融合,从而在根本上消除证保合作的合规性难题,确认证保合作的合法地位,为证券公司利用证保合作模式开展业务创新奠定基础。(2)明确证券公司在保险资产托

管、管理等方面的业务资格。保险资产托管、保险资金运用的相关规则均由保监会制定,尽管这些规定并未将证券公司排除在外,但是从市场实践来看,保险资产托管多为商业银行承担,而保险资金运用也主要以保险资产管理公司为主,证券公司在事实上并未进行这些业务。究其原因,是由于保监会的《保险资金运用管理暂行办法》和《关于规范保险资产托管业务的通知》等均为明确证券公司可以接受保险公司委托从事资产托管和委托投资等业务,而证监会仍在征求意见的《证券公司资产托管业务试行规定》也未明确将保险资产托管纳入证券公司资产托管业务范围,这都在一定程度上影响了证券公司在这些业务领域的实践。因此,证监会与保监会可以联合就证券公司在保险资产托管和保险资金运用方面的业务进行授权与规范,以此保障和促进相关业务的开发与探索。(3)放开创新型业务试点的范围。在严格的业务准入管制下,除了传统的互为客户型的证保合作之外,证券公司与保险公司开展证保合作下的创新型业务模式都需要经过监管部门的审批,且多以试点的形式予以推动。以平安证券利用其综合性金融集团优势和平安保险的支持所进行的"保单开户"业务为例,目前只有被监管部门确定作为试点券商的平安证券才能推出。而事实上,建立在代销保险产品的合作基础之上的证券公司与保险公司,都能够进行信息的有效交换,因而也具有开展保单开户业务的基础。监管部门确定保单开户业务试点,实际上也限制了其他有条件的券商开展同类业务,不利于证券行业进行普遍性的业务创新。因此,可以考虑放开创新型业务试点的范围,让更多的有创新意愿和创新能力的证券公司参与到业务试点之中,从而激发其主动性与创造力,更好地推动证券公司创新业务的发展。

(二)规避跨业合作的风险

尽管证券行业与保险行业进行跨业合作能够带来优势互补和规模经济等积极效果,但是不可否认的是在进行跨业合作的过程中,随着跨业交又类金融产品和业务的不断增多,监管冲突和监管真空的存在以及监管标准的不统一,以及协调机制和信息交流不健全等问题,可能会造成大量的监管套利、金融风险累积和跨业传导。[①] 在证券公司与保险公司开展跨业合作,以及证券公司利用证保合作模式进行业务创新的过程中,也会存在着证券行业与保险行业对于风险的偏好程度差异以及业务类型的不同特质带来的跨界合作的风险。因此构建和完善证保合作的制度保障体系,必须将跨业合作的风险防控作为制度建设的重点内容,确保证保合作有序进行。具体而言,需要从以下几个方面构建和完善相关制度以规避证保合作中的风险:

(1)调和保险行业的安全性需求和证券行业的风险性特征。保险行业本质上是为了防御风险、管理风险而产生和存在的,因此保险公司在经营过程中对偿付能力的维持以及安全性的坚持是贯穿始终的,因此保险公司在证保合作的过程中需要确保保险资金的安全。而证券行业却是具有一定的风险偏好属性的金融市场,证券公司的业务活动也相对较多的属于高风险、高收益的范畴。因此证券公司与保险公司进行合作,必须要有效地调和保险业的安全性需求与证券业的风险性特征。尽管证保合作的具体业务类型多元且形式不一,但从整体上仍可对证保合作中保险资金运用的比例与投向、保险公司在对接证券公司业务中的风险控制指标等予以规定,从而在证券公司与保险公司在进行合作的过程中实现安全性与风险性的调和。

(2)建立证保合作业务风险隔离防火墙,避免风险跨业传导。按照传统分业经营的模式,证券公司业务与保险公司业务之间泾渭分明,基本上不会出现风险跨业传导的问题。但是当证券公司与保险公司开展跨业合作,则会由于信息、资金、产品等的跨业流动以及经营活动的联合而出现经济结果和法律责任的交叉,从而导致风险承担不明确的问题。因此,

---

① 参见方传刚:《跨界经营风险防控不容忽视》,载《中国农村金融》2015 年第 17 期。

证券公司在利用证保合作模式开展业务创新的过程中,需要根据具体的合作模式明确证券公司与保险公司之间的权利义务安排。同时从制度设计的层面来看,亦需要确保证券公司与保险公司的合作是建立在彼此业务独立、权责明晰的基础之上。对于互为客户型的业务合作,按照合同法的原则进行处理即可,而对于共同客户型的业务融合,则需要按照人员隔离、信息隔离、资金隔离的原则设置防火墙,以确保相关创新业务的开发与推进都是基于证券行业和保险行业的独立且合理的判断与决策,从而避免证保合作中可能存在的利益冲突而导致金融消费者或其他投资者利益受损,防范监管套利所带来的风险累积与扩散。尤其是在混业经营不断发展,证保合作进入机构整合的阶段后,证券业部门与保险业部门之间更是需要在治理结构方面严格规范,通过防火墙的设置来建立有效的内部控制制度。①

(3)建立证保合作信息披露制度。证券公司利用证保合作模式进行业务创新,会涉及证券公司与保险公司之间的权利义务安排,同时创新型的产品和服务也与传统证券公司所提供的产品与服务具有显著的不同,此外当证券公司与保险公司发生机构整合时其内部运作模式以及决策形成机制也都关涉证保合作中可能存在的风险。而通过信息披露,即一方面向金融消费者与投资者披露证保合作的模式与产品服务细节,另一方面也向监管部门披露和报告证保合作中的各类安排,可以使金融消费者和监管部门能够充分了解相关创新业务的具体情况,同时也能够对证券公司与保险公司形成外部约束,从而确保其采取有效措施防范和规避风险。②

(4)确定证保合作审慎监管指标,合理设置证保合作准入门槛。证

---

① 参见姚军:《我国金融控股集团发展模式选择及治理结构的再造》,载《暨南学报》(哲学社会科学版)2015年第8期。

② 参见刘瑛:《论后次贷危机时期金融控股集团内部交易的法律监管》,载《政法论丛》2011年第2期。

券公司利用证保合作模式开展业务创新,对于证券公司的专业实力和业务能力方面具有较高的要求,为了确保在证保合作模式下的证券公司业务创新取得良好的效果,同时维护资本市场稳定避免风险的发生和传递,有必要设定合理的准入门槛和审慎监管指标。在这个问题上要注意两方面的问题:一是需要针对不同的证保合作模式有区别地设置准入标准。对于以证券公司和保险公司自身业务为基础的互为客户型的证保合作而言,相应的业务合作是在符合监管部门对既有证券业务或保险业务的监管要求的基础之上完成的,因此无需额外再设置准入标准。而对于将证券业务与保险业务进行融合的共同客户型的证保合作而言,监管部门对于创新型业务的监管规则尚付阙如,因此就需要围绕业务融合风险的防范另行专门规定相关的准入标准。二是需要合理地设定准入标准,不宜设置过高的标准限制中小规模券商的业务创新活动。

（三）加强监管协调

由于证券公司与保险公司合作进行业务创新涉及证券业与保险业的双重业务范围,因此相关业务创新模式面临着证监会和银保监会的双重监管。但是由此可能造成的监管重叠和监管真空会导致证保合作过程中的监管难题。因此,为了给证券公司利用证保合作模式开展业务创新提供良好的监管环境,同时有效防范证保合作业务创新的风险,有必要在现行监管体制下加强证券监管部门和保险监管部门之间的协调,并探索未来混业经营模式下的统合监管。具体而言,加强监管协调需要从以下几个方面进行制度完善:

（1）按照功能监管理念明确监管主体。证保合作模式下的业务创新,体现着跨产品、跨机构、跨市场的特点,这给金融监管的有效性尤其是监管主体的确定带来了巨大的挑战。证券公司与保险公司的业务融合,形成兼具保险业务和证券业务属性的跨界业务。如果按照传统机构监管思路,容易产生证监会和银保监会两大监管部门均主张监管权,或者均不主张监管权的情况,即监管主体难以明确。要解决这一问题,需要证监会会同银保监会共同对证保合作中产生的新型业务进行审慎判断,根据该项业务所体现的金融业务本质和具体金融功能,在功能监管的理念和原则下明确监管主体,从而有效划分监管权限,避免监管真空和监管冲突,进而对证保合作下的业务融合进行有效监管。

(2)建立信息共享机制。在对证保合作下的业务创新进行监管的过程中,由于监管范围和关注重点的差异,证监会和银保监会之间就证保合作所搜集和关注的信息会有区别。为了确保监管部门对相应监管信息的充分掌握和有效运用,证监会和银保监会之间应当建立信息共享的协议与制度,共建信息通道,完善日常信息报送和共享机制,在共享机制下共享信息要及时向对方通报,保证监管部门能够全面了解其他方的风险状况,化解监管部门之间的信息不对称,避免增加重复收集信息的成本,也能提高信息的使用效率。① 此外,还要建立紧急情况处置机制,在遇到突发性事件时能够迅速启动应急方案,按预定程序保证各部门参与风险化解,避免引发全局性风险甚至危机。在实际操作上,还应充分应用现代信息系统和网络平台以提高数据共享效率。

(3)建立监管部门间协调机制。在2018年金融监管体制改革之前,银监会、证监会和保监会签订了《银监会、证监会、保监会金融监管分工合作备忘录》,建立了三会共同参加的监管联席会议机制和经常联系机制,但是由于强制效力和参与主体等因素的局限,依然存在着诸多不足与缺陷。② 一方面是三会之间的联席会制度并无实质性的内容且未实现常态化,另一方面是该联席会制度并不一定能够适应证券业与保险业开展业务合作与业务融合的特点。银保监会合并后,该联席会议机制更加形

---

① 参见刘来吉、张童:《国外金融监管协调合作的成功经验及启示》,载《海南金融》2011年第7期。
② 参见翟彦杰:《论中国场外金融衍生品市场监管法律框架的构建》,载郭峰主编:《全球金融危机下的中国证券市场法治》,知识产权出版社2009年版,第161页。

同虚设。因此,为了充分应对证保合作中业务创新所带来的新的挑战,证监会与银保监会应当建立充分、高效、常态的监管协调机制,由此实现对证保合作中的监管问题进行有效的信息交流与沟通协调,从而实现无缝监管,保障证保合作业务创新的有序进行。

(4)探索统合监管方向。证保合作模式下的业务创新实际上体现着综合经营的整体趋势,金融监管也必须要适应综合经营下金融业务交叉的趋势。随着混业经营的趋势日渐明显,对于建立统一化的金融监管体制的呼声也日益增长。[①] 尝试探索统合监管体制的创新,既是有效应对证保合作模式下业务创新所体现的机构交叉和业务交叉给有效金融监管带来的挑战的因应之策,亦是顺应混业监管和统合监管潮流的可行探索。对于证保合作中的业务创新,可以从以下两个层面按照统合监管的思路进行体制完善。第一个层面可以由证券业监管部门和保险业监管部门联合设立专门机构,发挥联合监管和监管协调的职能,专司证券业与保险业跨界合作中的监管事务。随着国家金融监管体制改革取得一定进展,当证券业和保险业监管职能统一到单一监管部门时,监管冲突和监管空白的问题也就不复存在了。第二个层面则是在监管体制难以实现突破的情况下,将证券行业与保险行业的业务合作和业务融合的监管任务有重点地交给自律监管组织,即由证券业协会与保险业协会进行协同与整合,联合设置证保合作专业委员会,由行业自律监管组织先行承担起相应的统合监管职能,从而弥合监管冲突并填补监管空白。

---

① 参见杨东、陆徐元:《我国金融业统合监管的实现路径分析》,载《社会科学研究》2010年第6期。

主要参考文献

一、中文著作

[加]唐·塔普斯科特、[加]亚历克斯·塔普斯科特:《区块链革命:比特币底层技术如何改变货币、商业和世界》,凯尔、孙铭、周沁园译,中信出版社2016年版。

[美]路易斯·罗斯、乔尔·赛里格曼:《美国证券监管法基础》,张路等译,法律出版社2008年版。

万建华:《金融e时代:数字化时代的金融变局》,中信出版社2013年版。

毛海栋:《股权众筹规制问题研究》,北京大学出版社2018年版。

冯果、袁康:《社会变迁视野下的金融法理论与实践》,北京大学出版社2013年版。

冯果:《网上证券交易法律监管问题研究》,人民出版社2011年版。

冯果:《证券法》,武汉大学出版社2014年版。

邢会强:《互联网金融风险防范法律问题研究》,中国金融出版社2018年版。

刘志坚:《2017金融科技报告:行业发展与法律前沿》,法律出版社2017年版。

杨东:《金融消费者保护统和法论》,法律出版社2013年版。

杨东:《链金有法:区块链商业实践与法律指南》,北京航空航天大学出版社2017年版。

吴晓求:《中国资本市场研究报告(2014)——互联网金融:理论与现实》,北京大学出版社2014年版。

沈朝晖:《证券法的权力分配》,北京大学出版社2016年版。

赵志钢:《公司集团基本法律问题研究》,北京大学出版社2006年版。

郭峰:《全球金融危机下的中国证券市场法治》,知识产权出版社2009年版。

郭峰主编:《全球金融危机下的中国证券市场法治》,知识产权出版社2009

年版。

黄韬:《金融抑制与中国金融法治的逻辑》,法律出版社 2012 年版。

黄震、邓建鹏:《互联网金融法律与风险控制》,机械工业出版社 2016 年版。

彭冰:《投资型众筹的法律逻辑》,北京大学出版社 2017 年版。

雷吉·德·范尼克斯、罗杰·佩弗雷里:《重塑金融服务业——消费者对未来银行和保险业的期待》,中国工商银行城市金融研究所译,中国金融出版社 2014 年版。

管斌:《金融法的风险逻辑》,法律出版社 2015 年版。

廖理:《全球互联网金融商业模式:格局与发展》,机械工业出版社 2017 年版。

二、中文论文

王兆星:《结构性改革:金融分业混业的中间路线》,《中国金融》2013 年第 20 期。

王保树:《公司法律形态结构改革的走向》,《中国法学》2012 年第 1 期。

王焯、汪川:《区块链技术:内涵、应用及对金融业的重塑》,《新金融》2016 年第 10 期。

方传刚:《跨界经营风险防控不容忽视》,《中国农村金融》2015 年第 17 期。

甘培忠、周游:《论当代企业组织形式变迁的趋同与整合——以国家需求与私人创新的契合为轴心》,《法学评论》2013 年第 6 期。

冯果、袁康:《走向金融深化与金融包容——全面深化改革背景下金融法的使命自觉与制度回应》,《法学评论》2014 年第 2 期。

冯果:《网络时代的资本市场及监管法制之重塑》,《法学家》2009 年第 1 期。

台冰:《论我国证券业信息隔离监管制度的缺失与完善》,《深交所》2007 年第 5 期。

朱太辉、陈璐:《FinTech 的潜在风险与监管应对研究》,《金融监管研究》2016 年第 7 期。

任高芳:《美国第三方支付监管体系对我国的启示》,《金融发展评论》2012 年第 10 期。

刘来吉、张童:《国外金融监管协调合作的成功经验及启示》,《海南金融》2011 年第 7 期。

刘瑛：《论后次贷危机时期金融控股集团内部交易的法律监管》，《政法论丛》2011 年第 2 期。

刘瑜恒、周沙骑：《证券区块链的应用探索、问题挑战与监管对策》，《金融监管研究》2017 年第 4 期。

刘德林：《区块链智能合约技术在金融领域的研发应用现状、问题及建议》，《海南金融》2016 年第 10 期。

李卫东：《互联网金融：国际经验、风险分析及监管》，《金融会计》2014 年第 7 期。

李文红、蒋则沈：《金融科技发展与监管：一个监管者的视角》，《金融监管研究》2017 年第 3 期。

李泽广、王刚：《金融创新与金融监管的结构性错配问题研究——理论逻辑与经验证据》，《上海财经大学学报（哲学社会科学版）》2014 年第 4 期。

李雪静：《众筹模式的发展与探析》，《上海金融学院学报》2013 年第 6 期。

杨东、陆徐元：《我国金融业统合监管的实现路径分析》，《社会科学研究》2010 年第 6 期。

杨东：《区块链带来金融与法律优化》，《中国金融》2016 年第 8 期。

杨东：《论金融法制的横向规制趋势》，《法学家》2009 年第 2 期。

吴欣荣：《混业经营模式下证券业务的发展》，《中国金融》2009 年第 22 期。

吴晓求：《中国金融的深度变革与互联网金融》，《财贸经济》2014 年第 1 期。

张晓朴：《互联网金融监管的原则：探索新金融监管范式》，《金融监管研究》2014 年第 2 期。

陈柳钦：《德国金融混业经营及其监管》，《上海金融学院学报》2008 年第 4 期。

罗培新：《美国金融监管的法律与政策之反思——兼及对我国金融监管之启示》，《中国法学》2009 年第 3 期。

胡吉祥：《互联网金融对证券业的影响和对策——以证券销售电商化为例》，《中国金融》2013 年第 16 期。

姚军：《我国金融控股集团发展模式选择及治理结构的再造》，《暨南学报（哲学社会科学版）》2015 年第 8 期。

姚前：《数字加密代币 ICO 及其监管研究》，《当代金融家》2017 年第 7 期。

袁康：《互联网时代公众小额集资的构造与监管——以美国 JOBS 法案为借

鉴》,《证券市场导报》2013 年第 6 期。

　　袁康:《资本形成、投资者保护与股权众筹的制度供给——论我国股权众筹相关制度设计的路径》,《证券市场导报》2014 年第 12 期。

　　袁康:《互联网综合理财平台的业务模式与监管路径》,《证券市场导报》2016 年第 4 期。

　　徐文德、殷文哲:《英国金融行为监管局"监管沙箱"主要内容及对互联网金融的启示》,《金融监管》2016 年第 11 期。

　　曹硕:《RegTech:金融科技服务合规监管的新趋势》,《证券市场导报》2017 年第 6 期。

　　蒋大兴:《公司组织形态与证券(融资)权利——摒弃有限公司"改制上市"的法律习规》,《现代法学》2013 年第 1 期。

　　蒋思聪、蒋永辉:《关于建立我国券商保险制度的构想》,《中国保险》2013 年第 7 期。

　　谢平:《互联网金融模式研究》,《新金融评论》2012 年第 1 期。

　　廖泽群:《我国证保关系现状与发展趋势分析》,《证券市场导报》2003 年第 3 期。

三、外文著作

Niamh Moloney, Eilís Ferran, and Jennifer Payne, The Oxford Handbook of Financial Regulation, 2015.

Howard M. Friedman, Securities Regulation in Cyberspace, Aspen Publishers, 2003.

James D.Cox et al., Securities Regulation:Cases and Materials, Aspen Publishers, 6th edition, 2009.

Jeff Howe, Crowdsourcing:Why the Power of the Crowd Is Driving the Future of Business, Three Rivers Press, 2008.

Larry E.Ribstein, The Rise of the Uncorporation, Oxford University Press, 2009.

Simon C. Parker, The Economics of Entrepreneurship, Cambridge University Press, 2009.

四、外文论文

Abraham J.B.Cable, Fending for Themselves:Why Securities Regulations Should

Encourage Angel groups, U.Pa.J.Bus.L.Vol.13, 2010.

Andrew C.Fink, Protecting the Crowd and Raising Capital Through the JOBS Act, University of Detroit Mercy Law Review, Vol.90, 2012.

Andrew Verstein, The Misregulation of Person-to-Person Lending, University of California Davis Law Review, Vol.45, 2011.

Andy Cosh et al., Outside Entrepreneurial Capital, ECON.J.Vol.119, 2009.

Angela Walch, The Bitcoin Blockchain as Financial Market Infrastructure: A Consideration of Operational Risk, Legislation and Public Policy, Vol.18, 2015.

Bernard S.Black, Information Asymmetry, the Internet, and Securities Offerings, J. SMALL & EMERGING BUS.L.Vol.2, 1998.

C.Steven Bradford, Crowdfunding and the Federal Securities Laws, Columbia Business Law Review, No.1, 2012.

C. Steven Bradford, The New Federal Crowdfunding Exemption: Promise Unfulfilled, SEC.REG.L.J.Vol.40, 2012.

Darian M.Ibrahim, The Puzzling Behavior of Angel Investors, Vand. L. Rev. Vol. 61, 2008.

Edan Burkett, A Crowdfunding Exemption? Online Investment Crowdfunding and U.S.Securities Regulation, Transactions: The Tennessee Journal of Business Law, Vol. 13, 2011.

Stuart R.Cohn, Gregory C.Yadley, Capital Offense: The SEC's Continuing Failure to Address Small Business Financing Concerns, New York Journal of Law and Business, Vol.4, 2007.

George W.Dent, Venture Capital and the Future of Corporate Finance, Wash.U.L. Q.Vol.70, 1992.

Howard M.Friedman, On Being Rich, Accredited, and Undiversified: The Lacunae in Contemporary Securities Regulation, Okla.L.Rev.Vol.47, 1994.

Jeffrey J.Hass, Small Issue Public Offerings Conducted Over the Internet: Are They 'Suitable' for the Retail Investor? S.Cal.L.Rev.Vol.72, 1998.

Jill E.Fisch, Can Internet Offerings Bridge the Small Business Capital Barrier? J. Small & Emerging Bus.L.Vol.2, 1998.

Joan MacLeod Heminway, Shelden Ryan Hoffman, Proceed at Your Peril: Crowdfunding and the Securities Act of 1933, Tenn.L.Rev.Vol.78, 2011.

John C. Coffee, Brave New World? The Impacts of the Internet on Modern Securities Regulation, Business Lawyer, Vol.52, 1997.

Kevin E.Davis, Anna Gelpern, Peer-to-Peer Financing for Development: Regulating the Intermediaries, N.Y.U.J.Int'l L.& Pol.Vol.42, 2010.

Nino Odorisio, ASIC and ASX Hot on Distributed Ledger Technology, Governance Directions, Volume 60, 2017.

Paul Belleflamme, Thomas Lambert, Armin Schwienbacher, Crowdfunding: Tapping the Right Crowd, Center for Operations Research & Econometrics, Discussion Paper No.2011/32.

Richard Gendal Brown, James Carlyle, Ian Grigg, Mike Hearn, Corda: An Introduction, The Corda Non-technical White Paper, R3, August, 2016.

Ronald J.Colombo, Merit Regulation Via The Suitability Rules, Journal of International Business and Law, Vol.12, 2013.

Ronald J.Gilson, Engineering a Venture Capital Market: Lessons from the American Experience, Stan.L.Rev.Vol.55, 2003.

Rosabel Ng, Jeffery Lim, Tian Sion Yoong and Hannah Ng, Inside and Outside Singapore's Proposed FinTech Regulatory Sandbox: Balancing Supervision and innovation, Journal of International Banking and Financial Law, No.10, Nov.2016.

Stephen B.Cohen, The Suitability Rule and Economic Theory, The Yale Law Journal, Vol.80, 1971,

Susanna Khavul, Microfinance: Creating Opportunities for the Poor, Academy of Management Perspectives, Vol.24, 2010.

Thomas Lee Hazen, Crowdfunding or Fraudfunding? Social Networks and the Securities Law: Why the Specially Tailored Exemption Must Be Conditioned On Meaningful Disclosure, North Carolina Law Review, Vol.90, 2012.

Tim Bradbury, Robo-advice is coming: What it means, who will buy it and why, Professional Planner, No.69, 2014.

Tim Kappel, Ex Ante Crowdfunding and the Recording Industry: A Model for the U.S.? Loyola of Los Angeles Entertainment Law Review, Vol.29, 2009.

Stuart R.Cohn, Gregory C.Yadley, Capital Offense: The SEC's Continuing Failure to

Address Small Business Financing Concerns, New York Journal of Law and Business, Vol.4, 2007.

Victor Fleischer, Regulatory Arbitrage, Texas Law Review, Vol.89, 2011.

William K.Sjostrom, Going Public Through an Internet Direct Public Offering: A Sensible Alternative for Small Companies? FLA.L.REV., Vol.53, 2001.

五、外文报告

Douglas W.Arner, Janos Nathan Barberis, Ross P.Buckley, FinTech, RegTech and the Reconceptualization of Financial Regulation, University of Hong Kong Faculty of Law Research Paper NO.2016/035.

Eleanor Kirby, Shane Worner, Crowdfunding: An Infant Industry Growing Fast, Staff Working Paper of IOSCO Research Department, 2014, p.59.

FINRA: Distributed Ledger Technology: Implications of Blockchain for the Securities Industry, January 2017.

ESMA, The Distributed Ledger Technology Applied to Securities Markets, Discussion Paper, June 2016.

ESMA, The Distributed Ledger Technology Applied to Securities Markets, Report, January 2017.

FINRA: Distributed Ledger Technology: Implications of Blockchain for the Securities Industry, January 2017.

FCA, Financial Conduct Authority Unveils Successful Sandbox Firms On the Second Anniversary Project Innovate, Press Release, Nov. 7, 2016 FCA, Regulatory Sandbox, November, 2015.

IOSCO, Objectives and Principles of Securities Regulation, June 2010.

IOSCO, Report on the IOSCO Social Media and Automation of Advice Tools Surveys, FR04/2014.

IOSCO: IOSCO RESEARCH REPORT ON FINTECH, FEBRURAY 2017.

Liam Collins, Crowdfunding: Innovative Access to Finance and Regulatory Challenges, The Innovation Policy Platform, World Bank, 2014.

OCC, Bank-Provided Account Aggregation Services, OCC BULLETIN, 2001-12.

OECD, Improving Financial Literacy: Analysis of Issues and Policy, Nov.2005.

Schwab Wealth Investment Advisory, Inc., Schwab Intelligent Portfolios Disclosure Brochure, Feb.20, 2015.

WFE, Financial Market Infrastructures and Distributed ledger Technology, Report, August 2016.

后　记

　　创新是市场发展的重要动力源泉。我国证券市场从建立到逐渐成熟的改革发展史，就是一部证券市场创新史。我国证券行业进一步深化改革和创新发展，既是金融市场不断完善的内在要求，也是我国金融行业加快全面对外开放下的紧迫任务。如何在新的经济形势、新的技术条件、新的市场格局、新的时代特征下探索证券业务创新，是我国证券行业面临的重大机遇与挑战，也是不断提高我国证券行业竞争力、增强证券行业服务实体经济能力的重要命题。

　　近年来，我国证券市场创新取得了显著的成绩。多层次资本市场已经建立并逐步完善，设立科创板并试点注册制重大改革成功落地，资本市场双向开放稳步推进，各类证券创新业务效果明显，证券市场创新已经成为市场发展的主旋律。除了政策推动和制度变革之外，技术的进步也在为证券市场创新提供动力支持，尤其是互联网的快速发展和金融科技的加速应用，为证券市场活动成本的降低和效率的提升创造了有利的技术条件，并且为全新的证券业务模式提供了可能，成为了未来证券行业内生创新的重要增长点。作为证券市场最为活跃的主体，证券公司在未来如何拥抱互联网时代，积极稳妥地开展业务创新与实践，在很大程度上会塑造整个证券市场的业务结构和发展空间。而对于立法机关和监管部门而言，如何有效地因应证券公司创新业务并探索合理有效的监管路径,也决定了其在何种程度上能够平衡行业创新、金融安全与消费者保护。

承蒙各方信任,我于2014年、2015年、2016年与长江证券合作承担了中国证券业协会重点课题"证券行业开展股权众筹业务的立法与相关实践问题研究""证券行业建立互联网综合理财平台的相关业务实践与法律问题研究""证保合作中证券公司的业务创新与制度保障研究",2017年与天风证券合作承担了中国证券业协会重点课题"区块链在我国证券市场的关键应用与监管研究"。其中2014年、2015年和2017年的课题成果经中国证券业协会组织专家评审,都被评为了"优秀"。尽管数年匆匆过去,这些业务创新可能在日新月异的市场发展中已经不再那么新颖,但研究中形成的思考和建议在现在看来依然是具有一定的意义。在同事和朋友们的鼓励下,在中央高校基本科研费用支持下,我不揣浅陋将这些课题结项报告整合成书,聊作对过去研究的一个阶段性总结,也算作对自己和合作团队的一个交代。

承担中国证券业协会重点课题研究,让我有机会与来自券商的实务专家从市场实践的角度共同研究证券业务创新,能够在一定程度上为我的学术研究提供更为贴近实践一线的视角和素材。长江证券的董腊发、陈水元、梅咏明、周纯、程敏、刘智连、张彬、钟雪玲等领导和同事,天风证券的翟晨曦、徐伟、肖函、徐坤、杨阳、王绪刚、张文博、许源佳、梁晨、薛晓东等领导和同事都是本书的重要合作者。他们对证券行业的精深理解和对业务创新的敏锐把握,以及在课题研究中的认真投入,都让我深感钦佩。我指导的研究生吉克克主、唐峰参与了本书的后期调整与整理校对。在此一并致谢。

创新总是相对的,在变动不居日新月异的证券市场尤其如此。本书中的证券业务创新的具体方案终究会归于传统,但对于证券行业以及证券法研究者而言,创新意识与创新精神永远历久弥新。

　　此记。

袁　康

2020 年 2 月于珞珈山

责任编辑:张　立
装帧设计:姚　菲
责任校对:陈艳华

图书在版编目(CIP)数据

互联网时代的证券业务创新与法律监管/袁康 著. —北京:人民出版社,
　2020.10
ISBN 978－7－01－022385－8

Ⅰ.①互…　Ⅱ.①袁…　Ⅲ.①证券法-研究-中国②证券业-监管制度-
研究-中国　Ⅳ.①D922.287.4②F832.51

中国版本图书馆 CIP 数据核字(2020)第 141767 号

互联网时代的证券业务创新与法律监管
HULIANWANG SHIDAI DE ZHENGQUAN YEWU CHUANGXIN YU FALÜ JIANGUAN

袁　康　著

人民出版社 出版发行
(100706　北京市东城区隆福寺街 99 号)

中煤(北京)印务有限公司印刷　新华书店经销

2020 年 10 月第 1 版　2020 年 10 月北京第 1 次印刷
开本:710 毫米×1000 毫米 1/16　印张:22.75
字数:320 千字

ISBN 978－7－01－022385－8　定价:79.00 元

邮购地址 100706　北京市东城区隆福寺街 99 号
人民东方图书销售中心　电话 (010)65250042　65289539